QDQM
青
球

島市
协会

顾　　问　程友新　王增荣　臧爱民　蒲　强　马元培　刘学才　刘青文
金志国　谢保家　孙志周　矫胜法　周鹏举　陈敬莘
全案策划　丛　云
文字统筹　丛　云
人物小传　苗卫国
图片特约　孙　立　袁　蒙
资料翻拍　孙　立
运　　营　青岛镇洲啟瑞体育文化发展有限公司

我与
青岛足球的
黄金岁月

秦宁 著

青岛出版社

2002年11月16日晚，青岛颐中海牛队夺得足协杯冠军后，臧爱民和教练、队员等庆祝胜利。　　摄影/袁蒙

序 Preface

一张城市名片　几多激情梦想

足球是青岛人最喜爱的运动之一，足球之城是青岛人引以为傲、深感自豪的城市名片。

1992年红山口中国足球改革会议召开，1993年青岛海牛足球俱乐部成立，1994年青岛足球正式步入职业联赛，一段激情燃烧的岁月开始了。

1998年至2008年，我在担任青岛市副市长期间，分管体育工作，参与和见证了这十年间青岛足球的发展历程。我像所有的球迷一样，是看台拉拉队中的一员，为胜利而欢呼，为失败而遗憾，我不会忘记那个难忘的日子：青岛足球获得足协杯冠军的光荣时刻。

在那一天山呼海啸的呐喊声中，时任青岛颐中海牛足球俱乐部总经理秦宁的心情可想而知。34岁，他成为中国职业足球俱乐部为数不多的“少帅”；39岁，他踢完了这场将近六年的“足球赛”；56岁，他写下了关于职业生涯的第三本书。这本书中真实地记录了我们最难忘的那一天，也真实地记录了青岛足球砥砺奋进的很多年。跟随着他的笔触，人们会不由得将自己脑海中的足球记忆，进行一番梳理，重温那些充满激情和梦想的日子，感受那跌宕起伏，充满喜怒哀乐、艰难曲折的足球改革之路。字里行间，我们能清晰地了解他的心路历程和很多幕后的酸甜苦辣，也能看到几代青岛足球工作者前仆后继的投入与付出、努力与探索、艰辛与无奈以及对未来青岛足球发展的希冀和期盼。

记得卡耐基的一句至理名言：人生的价值，就是创造有价值的人生。正因为如此，人生最值得回味的地方并不在功成名就之时。秦宁能成为站在改革大潮风口浪尖上的践行者，我想这段不平凡的经历，将会成为他一生最有价值的宝贵财富，这本书也会为青岛足球留下了一份特殊的、富有感情的回忆。

借此机会，向关心、支持、参与青岛足球事业发展的各位老前辈、老领导、企业家、新闻工作者、教练员、裁判员、运动员、工作人员和广大可爱的球迷们致以崇高的敬意！有你们，青岛足球大有希望！

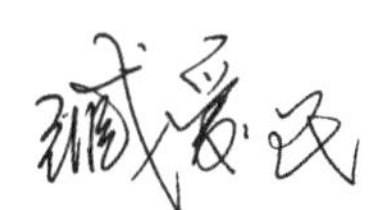

2021年1月

序　Preface

青岛足球的青春与传承

看了秦宁这一页页的“足球课”，我的思绪不禁瞬间飘到了生机勃勃、活力四射的绿茵场，飘到了那激情燃烧的岁月、阳光灿烂的日子。青岛海牛、青岛颐中海牛、青岛中能，过去27年，这支承载着青岛足球光荣与梦想的球队虽两度更名，却不忘初心，在伴随一代代球迷成长的同时，朝着打造百年俱乐部的目标不断前进，成为青岛这座“足球城”的象征。

牵手是在1996年的冬天，暂别是在八年后的冬天，颐中集团与青岛足球的这段情缘，有不少事情注定会被铭刻在人们的记忆当中：1996年底的正式挂牌，1999年的神奇保级，2002年的中国足协杯冠军……功过沉浮，自有评说。在投身青岛足球的八年中，颐中集团谱写了青岛职业足球历史的华丽篇章，也见证了青岛业余足球和青训事业蓬勃发展的黄金时代。

颐中集团全面接管海牛俱乐部的元年便取得了甲A联赛第6名的队史最好成绩。4年后的中国足协杯冠军，为“足球城”描绘了浓墨重彩的一笔，这也是青岛职业足球史上首个全国顶级赛事冠军。

青岛和八次称霸中国足协顶级联赛的大连并称为国内的两大“足球城”，这绝不是仅靠着在2002年夺过中国足协杯冠军，更多是因为青岛足球的人才贡献对中国足球的发展起到了不可替代的作用。颐中集团进军足坛的八年，为青岛足球后备人才体系的不断完善奠定了坚实的基础。2002年进军韩日世界杯的中国国家队，从预选赛到决赛圈共有七名青岛籍运动员参加，数量名列全国第一，颐中海牛居功至伟。在1995年第三届、1999年第四届、2011年第七届全国城市运动会上，由青年才俊组成的青岛男足3次获得冠军，彰显了青岛足球的青春力量。

颐中集团进军中国足坛的八年，还助推了青岛业余足球、校园足球和足球青训的井喷式发展：2005年，青岛成为首批亚足联“中国展望”计划试点城市之一；2009年，全国青少年校园足球联赛开幕式及全国足球工作会议在青岛举行，时任国务委员的刘延东出席了此次活动；2012年12月，青岛成为全国首批五个中国足球发展试点城市之一。

2004年底，中能集团接过颐中海牛的接力棒后，连续9年代表青岛参加中超联赛，薪火

2004年底，青岛中能集团从颐中集团手中接过青岛足球的旗帜，图为交接时相关领导合影。前排左起：蒲强、程友新、王增荣、臧爱民、刘学才，后排左起王久廉、秦宁、周鹏举、矫胜法、薛杰举、刘青文、马元培、赵维良、陈敬莘、郝光彦、乔伟光。

相传至今已有17年，正是得益于颐中海牛良好的青训基础和青岛深厚的足球文化底蕴。打造百年俱乐部，振兴青岛足球城！中能俱乐部矢志延续海牛血脉、传承海牛精神，为“振兴青岛足球，燃放城市激情”做出新的更大贡献。

周鹏举

2021年1月

前言 Preface

致我们上过的足球课

2016年，我要写这本书的愿望越来越强烈。

这一年发生了几件触动我的事情。

2016年7月23日凌晨4时4分，青岛早报体育部主任马洪文因为突发心梗，抢救无效猝然离世，年仅46岁。闻听这一噩耗，我震惊又悲痛。

在我担任青岛颐中海牛足球俱乐部总经理期间，马洪文是和我合作最多的记者之一。他在青岛港上很有名气，没受过大学教育，但因为痴迷足球进入媒体行业，勤奋、执着、真诚、敬业，让他成为那一代足球记者中非常优秀的一员。在那些日子里，每一天我都能看到他胖胖的身影，随时都会被他的电话“骚扰”。青岛人爱青岛足球，青岛人懂青岛足球，青岛人写青岛足球，马洪文是代表。

他的离去，让我感觉青岛足球的一个时代似乎结束了。

接下来在10月16日，中甲联赛结束第二轮角逐，青岛中能队客场1比1战平北京北控，提前一轮降入乙级联赛。2004年底中能集团从颐中集团手中接过青岛足球的大旗，2013年11月3日中能降到中甲，三年后降到半职业的中乙，这一消息，让我这个曾经的青岛足球的参与者不胜唏嘘。

令人扼腕的还有中国足球，2016年10月11日，在2018年世界杯预选赛亚洲区十二强赛中，中国队客场以0比2不敌乌兹别克斯坦队，4轮仅积1分，主教练高洪波赛后宣布辞职。后来足协请来世界名帅里皮，誉满天下的里皮不是救世主，2017年9月6日，十二强赛A组末轮对决，国足首次在客场2比1战胜卡塔尔，但依旧出局，连续四届无缘世界杯。

对中国足球而言，2001年沈阳五里河的荣耀成为昙花一现。十几年过去，冲出亚洲、走向世界变成一个越来越遥远的梦。

对青岛足球而言，2002年11月16日获得足协杯冠军成为昙花一现；十几年过去，继承当年衣钵的青岛中能队，一度坠落到乙级联赛；2019年青岛黄海足球俱乐部冲超成功，青岛足球时隔六年才重回超级联赛。

为什么？

写这本书不是要寻找答案。这本书只是一个忠实的亲历者记录，从1997年颐中集团接手青岛足球，我作为其中一员进入海牛足球俱乐部，到2003年2月14日，我以前任俱乐部总经理的身份离开，这个时期是中国足球职业联赛最火爆的时候，是甲A联赛被8000多位记者围观的时候，是职业联赛看上去富得流油其实也穷得要命的时候，是黑哨、假球问题丛生的时候，是中国有史以来第一次冲进世界杯的时候，是所有参与职业联赛的俱乐部最雄心壮志、最深谋远虑、最焦头烂额也最一言难尽的时候。我身在其中，如今以点带面，要说的就是搞足球这回事。

无数次和同事们一起，面对一张“白纸”，共图发展大计。
前排从左到右为李传琪、杨为健、王维满。

搞足球，青岛人是认真的，颐中集团是认真的，教练和队员是认真的，球迷和媒体是认真的。当我梳理完手头上所有的资料，用“一”字开头，写下每一个章节的时候，我感觉每个章节都是一堂内容深刻的课程，有历史课、职业课、人情课、品牌课、经营课、管理课、心理课、公关课、法律课、财会课，每一堂课我们都一起认真去上了，却没有交出一份令人满意的答卷。一座有名的足球之城，向来群众基础深厚，足球人才辈出；向来领导深切重视，企业不吝财力；向来业余比赛参与者踊跃，职业赛场上却被动挨打；向来青少年队捷报频传，成年队却难言霸气。如果我们难以为这些反差找到答案，那么能从曾经上过的这些课程中看到蛛丝马迹吗？

或许有人认为那些陈年往事，不过是一地碎片，但我认为碎片中能折射出的东西，依旧值得我们思考。此书的内容，涉及很多旧人旧事，其中不少人都是我十分尊重的前辈，我完全是从尊重事实的角度出发，没有任何褒贬之意，也并非要讨论是非曲直，如有言语不当之处，还望海涵。在一些新闻事件的叙述中，我参考了部分媒体的报道，在这里一并说明。

由于工作繁忙，此书从酝酿、架构到成稿，历时五年之久，整个过程中，我得到了媒体人丛云女士的大力帮助。职业联赛初期，她就职于青岛日报，激扬文字、潇洒篇章，记录了青岛足球和中国足球的侠气年代。感谢她和我一起埋首于资料堆中，重走青春路、重温海牛魂。我们一致认为，唯有“海牛”两个字，最能链接大家对青岛足球的美好回忆。

于我而言，作为一名学法律出身的企业人，在人生最年富力强的30岁到40岁之间，阴差阳错地有了这么一段特殊的经历。视野的开阔、心理的锤炼、能力的磨砺、阅历的提

2002年1月，在海南博鳌举行的首届中国足球甲级俱乐部总经理高级研修班上，我与时任中国足协副主席张吉龙合影。

升——这5年多的足球“大学”对我职业生涯的影响是显而易见的。在此，我向那些带我上路并帮助我成长的领导、前辈，还有当年陪我一起战斗的同事们，表示深深的谢意。我只想说，那一段难忘的时光，我们没有虚度。

此书出版之际，2021赛季即将开始，青岛足球有四支职业队出现在中国足坛各级别的职业联赛，这也是青岛足球的一个新纪录；这个赛季，根据中国足协的足球俱乐部中性化更名政策，四支球队的名字分别为青岛队（原青岛黄海）、青岛海牛队（原青岛中能）、青岛红狮队和青岛青春岛队（原青岛中创恒泰）。海牛这个名字又回来了，这是一份情感、一份传承、也是一份期待。

于万千青岛足球人、中国足球人来说，足球的追梦之旅，还将坚定不移地进行下去，因为这里面凝结着国人太多的期待。2017年6月14日，习近平总书记在会见国际足联主席因凡蒂诺时指出：现在中国足球普及程度和竞技水平与足球强国相比差距还很大。足球运动的真谛不仅在于竞技，更在于增强人民体质，培养人们的爱国主义、集体主义和顽强拼搏的精神。近年来，我们集中力量制订足球改革和发展的总体方案，坚决推进改革。我们正在培养全社会足球文化，深化足球管理体制改革，建立符合世界足球发展规律和中国国情、专业高效的组织管理体系，大力发展青少年足球，完善足球场地等基础设施，加强国际交流借鉴，通过扎扎实实的努力，久久为功，逐步提高中国足球水平，让积极向上的足球文化成为中国人民实现中国梦的正能量。

久久为功，任重路远。为中超强队梦，青岛足球加油；为世界强队梦，中国足球加油。

2021年1月

目录 Contents

Chapter

01

第一章

一座城市的郑重

1997年1月，青岛市人民政府办公厅下发青政办字〔1997〕1号文件《关于海牛足球俱乐部改制的通知》，确定原青岛海牛足球俱乐部由颐中烟草（集团）有限公司接管并经营。从“海牛”到“颐中海牛”，青岛足球正式步入职业化改革轨道。

1996年12月31日发布

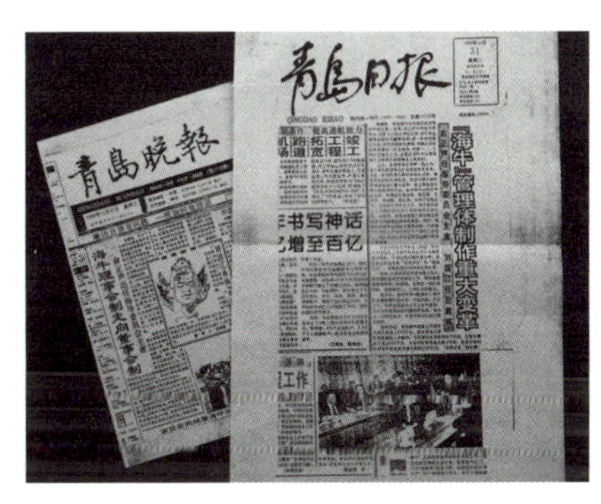
青島晚報
青島日报
海牛管理体制作重大变革

泛黄的剪报上，记录了青岛足球职业化发展中的一个历史性时刻。

1996年的最后一天，青岛日报头版头条发布这样一条消息：“海牛”管理体制作重大变革。时任市委书记的俞正声担任青岛海牛足球俱乐部指导委员会的主席；俱乐部改为董事会制，进 ·步向市场化过渡；从1997年开始，俱乐部日常经营管理由青岛颐中烟草集团负责，颐中每年为俱乐部注入650万元，其余资金从俱乐部经营收入中解决，不足部分由市政府给予补助，但每年最高不超过300万元。

剪报一直保存在我的资料库里，直到慢慢泛黄。我没有想到有一天要写一本书的时候，回忆起颐中和青岛足球、我和青岛足球连接的开始，这份剪报会成为见证。

进入正题之前，作为一个土生土长的青岛人，我必须念叨一下青岛足球的历史。

关于青岛的定语，通常都是“美丽的海滨城市”，但青岛也是非常活跃的足

国作金（左图前）、矫春本、汤乐普、左文清、王国栋、范学伟等人开始冲甲征程。

球之城。20世纪50年代，大街上随处可见由书包摆成的球门，除了踢野球锻炼身体的，小学、中学、职工的业余联赛开展得也是火热有序。足球人才辈出，比如李天恩、李霄鹏父子，相恒庆、相福军父子，这么一代一代影响着，“足球”成为这个城市可以拿出去说一说的一个特殊标签。

中华人民共和国成立后，青岛一直是山东足球甚至全国足球的主要人才输出地。以城市的名义出去征战，最早是在1989年，国作金、刘乐阳、矫春本、左文清等一批从专业队退役的老队员，由青岛艺华旅游公司出资赞助，组建了一支青岛足球队去参加甲级联赛。由于组队时间短、条件不成熟，这支足球队没能在小组预赛中出线，但这奏响了青岛足球冲击全国足球职业联赛的序曲。

20世纪80年代末，山东省机械进出口公司一直是青岛职工足球联赛的冠军球队。1990年，在公司总经理刘学才的关心支持下，公司吸纳整合了从山东队退役下来的一批队员，成立了“青岛山东外贸机械足球队”，开始征战乙级联赛。

1992年，为了尽早实现冲甲梦，青岛市政府及省经贸委予以大力关怀与支持，球队更名为“山东经贸委足球队”，由原八一队教练——青岛籍的刘国江出任主教练。与此同时，汤乐普、李强、王海芳等纷纷回归家乡效力，队伍整体实力大大提升，从预赛到决赛一路高歌，以全年不败的战绩成功晋级。自此，青岛足球队跻身中国足球甲级队的行列。

1992年6月全国足球工作会议在北京红山口召开，会议确定建立足球俱乐部体制，推行职业联赛。根据这一精神，青岛市政府决定以山东省经贸委足球队为主体成立职业球队，命名为“青岛海牛足球俱乐部”。1993年12月31日青岛海

1994年，征战甲B联赛的海牛队在11月12日最后一轮比赛中客场1：0击败天津二队，历史上首次晋升甲A。俱乐部主任郭承文（中）率队载誉归来，市领导程友新（右）到火车站迎接。摄影/孙立

牛俱乐部正式挂牌成立，山东省经贸委副主任张仁琪任理事长，山东省机械进出口公司总经理刘学才任常务副理事长。俱乐部由青岛市政府领导，实行理事会领导下的主任负责制，理事会由16个常务理事单位和若干个理事单位组成。

海牛队1994年以甲B第一的战绩冲A成功，1995年由于管理体制未理顺、所有权不清晰，山东省经贸委不再为俱乐部拨款，当年球队在著名的成都保卫战中输给四川全兴，降回甲B。同年11月6日，球队由山东外经贸委注册改为青岛市政府注册，成了名副其实的青岛队。1996年10月19日，甲B联赛倒数第二轮，青岛海牛队客场2：1战胜湖北美尔雅队，提前一轮冲A成功，老帅吴洪月和杨为健等人在武汉市新华路体育场留下一张经典合影。海牛队成为中国足球职业联

1996年，球队重回甲A的历史时刻。

赛历史上第一支降级后第二年便重返顶级联赛的球队。这对于球队可喜可贺，但“后面的路怎么走”，尤其是“真正的职业化运营应该如何进行”，这些问题成为青岛这座足球城必须面临的一个课题，也成为市委常委会讨论的一个议题。

政府搭台、企业唱戏、社会参与，这个调子确立之后，颐中烟草集团的董事长蒲强接到了市委书记俞正声的电话。足球这个课题，摆在了颐中人的面前。

1996年12月21日晚，我接到蒲总的电话后，匆匆赶到海天大酒店。蒲强、刘青文（时任集团副总裁）和我（时任集团公关部主任），三个人对着一壶热茶，也对着一个热腾腾的话题。当时公司的高管里面，刘青文算半个体育人，在乒乓球、羽毛球、田径方面都有两把刷子，但足球经营可是全新的事务，从体工队向市场化过渡没有任何经验可以借鉴。接不接这个课题？接了之后又怎么办？

第一个问题，经过反复讨论，为全局考虑，分析了足球可能带来的品牌效应、边际效应，颐中从荣誉、使命、责任的角度决定接，但需要通过企业决策程序。至于第二个问题，既然没有可以借鉴的经验，那就勇敢地去面对这个全新的开始。抱着学习的精神和负责的态度，我们有啃硬骨头的决心。

12月30日，新闻发布会在市政府大楼召开，俞正声书记亲自主持。青岛足球指导委员会，俞书记任主席，市老领导牟周任名誉主席，程友新（市委常委、秘书长）、王增荣（青岛市副市长）、周迪颐（青岛市副市长）、张仁琪（山东省经贸委副主任）、刘学才（山东机械进出口公司总经理）等任副主席。王增荣负责常务工作；孙志周（市委副秘书长）、陈敬莘（体委副主任、足协主席）、马元培（市委办公厅副主任）、谢保家（市编制委员会副主任）任委员；马元培兼任秘书长，谢保家兼任副秘书长。

俱乐部方面，蒲强担任董事长，刘青文和我担任董事。颐中和海牛，颐中和青岛足球，就这样紧密联系在一起了。暂且不管什么是职业化足球，拥有这座城市从上到下的支持，在前所未有的热烈氛围中，所有人都觉得，青岛足球的未来一定很美好。

一封信的故事

当时的确是青岛足球的甜蜜期。

先看队伍的组成，王东宁、刘乐阳、汤乐普、王海芳、杨为健、矫春本、左文清、王国栋、冷波等一批队员从专业队退役回到家乡。以前的职业环境中，他

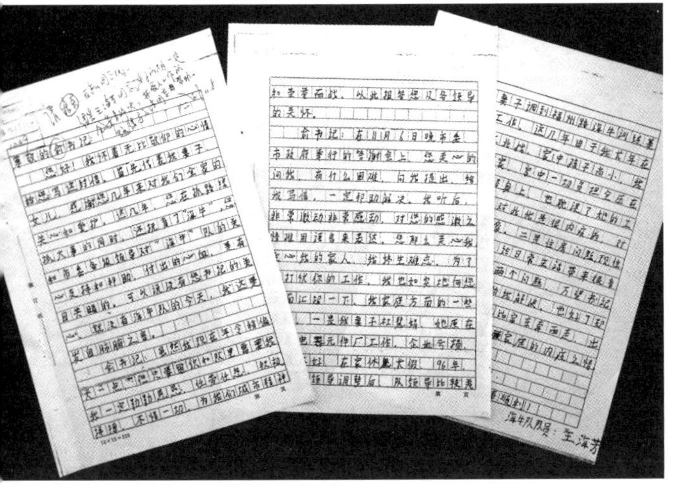

王海芳写给俞正声书记的信。

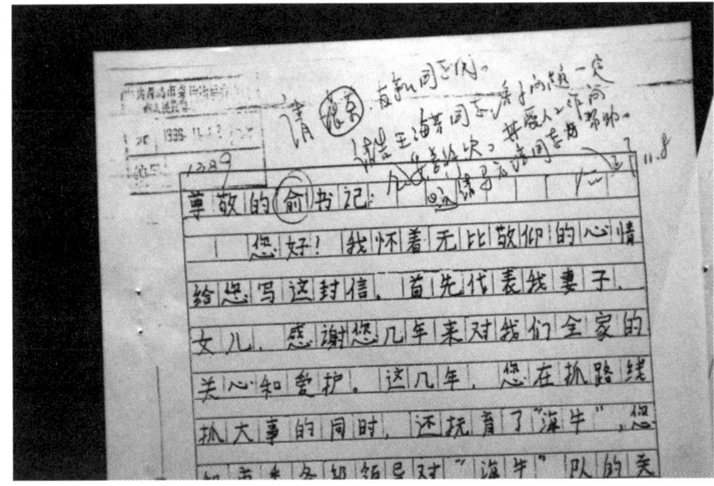

尊敬的俞书记：

您好！我怀着无比敬仰的心情给您写这封信，首先代表我妻子、女儿，感谢您几年来对我们全家的关心和爱护，这几年，您在抓路线抓大事的同时，还抚育了"海牛"，您

俞正声书记给王海芳的批复。

们只能为省队征战，现在能披上战袍为家乡球队出力，条件再苦也没人说什么，一度大家就驻扎在外贸机械车队的宿舍里，做完各自的本职工作后抓紧时间凑到一起训练，连买球衣都要四处"化缘"。一起踢球的快乐超越了一切，球队能用三年的坚持赢来一个甲A的名额，靠的就是这种精神。

然后是城市的氛围，20世纪90年代初，人们物质生活渐渐丰富，对精神生活的需求越来越高，足球本身在青岛有深厚的群众基础，再加上球队冲A的努力，自然而然成为城市的焦点。1994年球队冲A成功，从天津回青，在青岛火车站，球队享受的是英雄凯旋般的欢呼，那会儿谁能要到球队的签名球，简直是至高无上的荣誉。

这种气氛，也不可能不感染颐中人，不可能不感染我。在接手这支队伍的过程中，有无数需要交接的材料，其中有一封信给我留下深刻印象。这封信是1996年球队重返甲A之后，队中的老队员王海芳写给俞正声书记的，三页信整整齐齐写在带格子的稿纸上。

敬爱的俞书记：

您好！我怀着无比敬仰的心情给您写这封信。首先代表我妻子、女儿，感谢几年来您对我们全家的关心和爱护。这几年，您在抓路线抓大事的同时，还一直牵挂着"海牛"，您和市委各级领导对海牛队的关心、支持和帮助，付出的心血，是有目共睹的。没有您的关心，就没有海牛队的今天，这是我的肺腑之言。

俞书记，虽然我现在年龄偏大，但只要组织和队里需要我，我一定勤勤恳恳任劳任怨，积极拼搏不惜一切，为我们城市的精神和荣誉而战。

俞书记，在11月6日晚市委市政府举行的答谢会上，您关心地问我，有什么困难可以向您提出，给您写信，您一定帮助解决。我听后非常激动也非常感动，您那么关心我们这些队员，我终生难忘。为了不打扰您的工作，我也如实地向您书面汇报一下我家庭方面的一些困难。一是我妻子，她原在青岛电器元件厂工作，企业亏损，效益不好，她在家休长假，1996年海牛队领导调整后，队领导比较关心我，把我妻子调到福州路训练基地临时工作。这几年由于我常年在外，南征北战，家中孩子尚小，我也顾不了家，家中一切负担全压在她身上，也耽误了她的工作和学习，对此我是很内疚的，对她我负债太多。二是住房问题，现住房窄小不便，给日常生活带来很多困难。对以上两个问题，万望书记帮助我解决，也好了却我经常参加训练、比赛东奔西走，出门在外无暇照顾家庭的内疚之情。别不多写。

祝您身体健康，万事顺利！

海牛队队员　王海芳

在这封信的第一页上，有俞书记在11月8日就做出的批示："请增荣、友新同志阅。请告王海芳同志，房子问题一定会妥善解决。其爱人工作问题请马元培同志帮助解决。"

王海芳和袁生（左一）、范学伟（左二）、纪玉杰（右二）在青岛第一体育场训练时的场景。这张老照片，记录了青岛海牛老队员的初期风貌。摄影/孙立

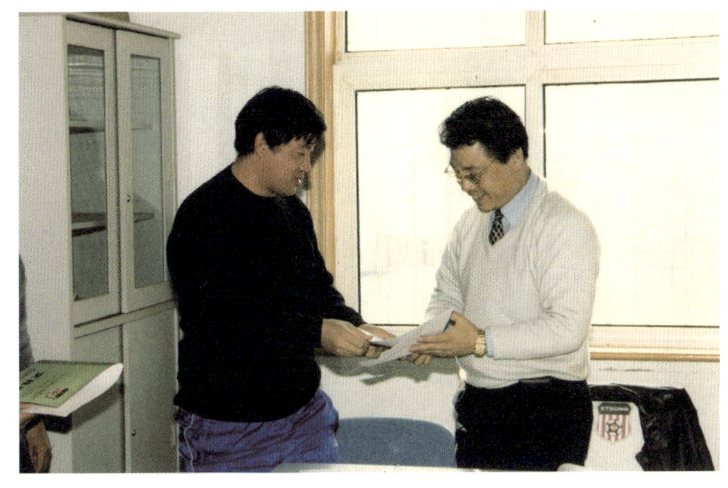

王海芳担任颐中海牛俱乐部梯队教练时，我代表俱乐部和他签约时的合影。

王海芳是大家公认的青岛足球的“老黄牛”，这么多年过去，只要看到这三个字，我眼前就能浮现出他朴实的面孔，他见人总是先腼腆地笑，因为不善言辞，他说话前总得斟酌一番。一年四季他穿着运动装，但一到了训练场马上变得十分精神。他从海牛一线主力队员到后来的梯队教练，从不惜力，可以说他把身心都投入到了足球上。他的侄子是知名球员王永珀，王永珀的成功和海芳的传帮带有很大关系。

2011年6月3日，我和岛城足球圈的很多人一起得知一个噩耗，中甲贵州智诚俱乐部主教练王海芳于头一天晚上9时许，在驾车赶往基地的路中，由于天色较黑，车子撞到路边的一栋民房上，王海芳因抢救无效身亡，这一天距离他48岁的生日还有一周时间。

后来我看新闻，王永珀是这样说的：“收拾俺叔的东西，全是关于足球的，除此之外，什么也没有。全是比赛资料、阵型什么的，俺叔是发自内心地喜欢这一行。”

翻看这封信，想起已经不在的王海芳，除了深深的怀念，我认为他代表的就是青岛足球的那段过去：队员任劳任怨认真奉献，球迷对“老黄牛”一般的他们喜爱又尊重，社会各界自上而下鼎力支持。后来俱乐部建设了海牛花园小区，给包括王海芳在内的冲A功臣分配了住房。在这种氛围的感染下，颐中人能参与足球自然与有荣焉，大家当时齐心协力，就是想怎么把青岛足球的故事书写得更加荡气回肠。

他们都是拉拉队

俞书记对队员的关心和照顾体现在细节，其他的市领导，也都甘愿做青岛足球的拉拉队。

这里首先要提的，是青岛市的老领导牟周，他充分地认识到了足球对于这座城市的意义。俞正声书记刚到青岛工作的时候，牟周和他有过一番长谈。当时青岛正处于经济转型期，多年来在全国处于领先地位的纺织业没落，职工大批下岗，老百姓需要精神上的鼓舞。在这座城市里如果说有什么东西最能牵动人心，那就是足球。在海泊河体育场、第一体育场、第三公园工人文化宫，只要有场地的地方都有人在踢足球，老百姓喜欢的事情，当领导的一定更要喜欢，而且要加大力气去做好。

在青岛队比赛的看台上，经常有牟老的身影，那时他已经身患帕金森综合征，头会有轻微的摇晃，但只要身体允许，他一定会去现场。他还督促其他领导只要有时间都去捧场，大家的关注度越高，青岛足球才越能被带动起来。我进入俱乐部工作之后，他和我说的最多的话就是："小秦你看，这球场的气氛多好啊，那么多球迷赶来给你们吆喝，你们可一定要把工作做好啊。"

牟老一直有个心愿，就是希望强化海牛队的青岛特色，他经常念叨着像宿茂臻等这样的优秀球员，应该回来成为青岛队的一员。青岛以前只能往省里或者部队输送球员，现在有了自己的球队，一定要解决球员流失的问题，把好苗子都留下来。让宿茂臻等一批青岛球员回家乡踢球，后来俱乐部不是没有考虑过，也着手行动过，尤其是1998年，我们和宿茂臻本人还有他的父母都接触过。但随着联赛职业化的进程，队员的身价水涨船高，颐中能给出的待遇还不足以和当时的鲁能抗衡，再加上球队自身实力问题，牟老的这个愿望一直没有实现，但为青岛足球多培养些好苗子，这个工作我们一直努力在做，后来的姜宁、刘健、李帅等优秀球员，都是当年撒下的种子。

2000年，牟老去世，当天因为驾驶员在忙一些别的事情，我自己驾车去殡仪馆。回来的路上，我满脑子都想着每次赢球进球，老人都会高兴得像个孩子，咧嘴大笑的样子；想着每次对球队有什么建议，他都直接打电话过来交流，后来身体不允许了，就让女儿牟红岩代替转达他的想法和意见；对每个球员的特点他都了如指掌，对他们的训练、生活都关心颇多。不知不觉中，我竟然把车开进了单行道里，直到被警察把车子拦下，我才如梦初醒，于是我干脆找地方把车停下，好不容易才平复了心情。

市委副书记程友新被队员们偷偷地称作"热情的小个子"，他去俱乐部次数最多，每次都是以鼓励为主，赛前他会拍打每个人的肩膀，赢球了他一定会送给

牟周和王增荣（左二）、程友新、臧爱民、矫胜法、张国胜等到训练场地，为球队加油鼓劲。 摄影/孙立

2002年颐中海牛队夺得足协杯冠军后的合影，右起蒲强、臧爱民、李章洙、程友新、刘青文、秦宁。

每人一个热情的拥抱。大家啥事都可以跟他说，只要要求合理，程书记总是想方设法帮大家解决，给俱乐部和球员当好后盾。

1992年红山口会议，程书记是六名发言代表之一，如何把中国足球的使命和青岛足球的发展连接在一起，如何发扬青岛足球城的特色，他有深度思考，也倾注了很多心血。2002年的时候，球队终于夺得足协杯冠军，当时他情不自禁地流泪了，当晚我最难忘的一幕，是他紧紧抱着那个奖杯念叨，“青岛足球，青岛是冠军，我终于实现了这个愿望。”

副市长王增荣则主要为钱操心。最开始海牛俱乐部是理事制，作为分管工业的副市长，他得协调十个理事单位给俱乐部财力支持。每次赢球，他就带着俱乐部的工作人员，拿着俱乐部的收据，亲自跑各个单位去要奖金，有时为了五万块他都会上门。最开始听到这些故事的时候，我很不理解，堂堂一个副市长，怎么能为了足球这么四处化缘。后来我加入俱乐部工作之后，渐渐明白了他的苦心，他分管工业领域，青啤、海尔、海信、双星、港务局、澳柯玛，说出去都是响当当的青岛企业，代表着青岛的实力和霸气，他非常希望这种霸气也能体现在足球上，他对球队说的最多的话，就是输不要紧，但表现得要有骨气、有士气、有霸气，有北方汉子的血性。遗憾的是，直到现在，青岛足球都距离“霸气”这两个字还有一段不小的距离。

特殊的外援引进通道

正是依靠这样强有力的拉拉队，青岛足球得以在最初引进外援的过程中，打通了一条特殊的通道。

当年招募赞比亚外援，就是因为青岛市政府在赞比亚有一个援外项目，青岛市纺织总公司在当地援建纺织厂。这一时期整个中国足坛的外援引进工作尚属试运行阶段，由于相关运作程序还不完善，许多球队的外援引进渠道都是由当地政府开拓的，青岛队就是一个典型。

当时赞比亚还很贫穷也很落后，但他们球员的身体素质非常好，足球便在这块土地上扎下了根。当地的球队训练条件极为艰苦，各俱乐部平时训练用的球都非常差，只有在正式比赛时，才能踢上宝贝一样的阿迪达斯球。关于这一点，最初担任海牛俱乐部主任的

足球历来是青岛各界领导的心头大事。上图为1997年，市委书记张惠来看望队中赞比亚外援；下图为1998年，市长王家瑞走访青岛颐中足球俱乐部。摄影/孙立

谢保家（前排左一）、刘国江、蒲强等和赞比亚外援合影。

去赞比亚挑选外援时，我与当地足球少年的合影。

王守业经常拿出来教育队员。他第一次去引进外援时，带了很多足球，每到一家俱乐部便送给他们两个，球员们高兴得抱着球亲吻，你传给我我传给你，都舍不得松手。条件差异如此之大，赞比亚外援到中国后，怎么可能不珍惜机会好好表现，后来他们看到青岛的孩子一身名牌，被各种轿车拉着去参加训练，先是惊讶然后不解，因为他们都认为足球是一项吃苦的运动，这么娇惯的孩子在球场上是成不了真正的男子汉的。

依靠着这个特殊通道，1997年引进外援的过程非常顺利。1月7日，前一年就在海牛效力的卡兰迪带着戴维和希德尼两位新外援到达青岛，一名中场、一名前锋、一名后卫，他们三人在场上恰好是一条中轴。

这一年的三名外援成为青岛引援史上非常闪亮的一笔，至今青岛球迷还在怀念他们，尤其是希德尼，他连续在队中效力三年，以其良好的意识、精准的卡位，成为海牛队后防线的大闸。让岛城球迷难以忘怀的，是1997赛季倒数第二轮保级关键战中，海牛主场惜平四川全兴，当时希德尼躺在枯黄的草皮上，哭个不停，最后被助理教练杨为健和翻译王凯健硬拽才起来的。

但随着时间的推移，这位热血的非洲汉子，渐渐成为一个老油条。第一年，他学会用“出去吃个饭儿吧”“你请个客吧”这样的青岛话和队友逗贫；第二年，他对环境已经十分熟悉也适应了，有些青岛热心球迷也会在比赛间隙请他出去吃饭，这让他充分意识到了自己在球迷心目中的“英雄地位”。他开始不断和俱乐部讨价还价，出去参加教学比赛都要问问教练有没有出场费。这一年他提出让妻儿到青岛观战、游览，两次的往返机票和吃、住、行都是俱乐部负责；到1999

希德尼场上表现勇猛，被认为是青岛迄今为止最好的外援之一。
摄影/袁蒙

希德尼在和青岛球迷告别时，真情流露。 摄影/袁蒙

希德尼和队友们相处愉快，图为他和后防搭档袁生的合影。
供图/袁生

年，他为提高薪水甚至用罢赛做过威胁，还要求俱乐部和在赞比亚的纺织厂打交道，把他的岳母和妻妹都安排到那里工作。接受记者采访的时候，希德尼也开始懂得利用媒体宣泄情绪、表达自己“要求得不到满足”的郁闷，诉说自己妻子癌症去世、又要养老又要养小的生活苦衷；诉说自己在队伍中的价值和目前的待遇不成正比。不过他对比的不是队友也不是自己翻了三番的薪水，而是对比其他球队的外援价格，他甚至告诉记者应该参考英足总那样的政策，实行每月加薪。

1998年，同样来自赞比亚的门将詹姆斯，场上表现不错，但整个赛季却玩过两次溜号。一次他以回国奔丧为借口向俱乐部告假，最后超假好长时间；第二次他对俱乐部讲他的妹妹生病，其实是沙特阿拉伯一家俱乐部邀请他。俱乐部察觉有异，经中国驻赞比亚大使馆的工作人员了解到实情，赶紧做出预案，一方面紧急寻找替补门将，一方面与他在赞比亚的俱乐部取得联系，如果詹姆斯执意毁约转投沙特球队，海牛方面将按照合同要求赔偿。

没想到后来詹姆斯改变了主意，打电话到俱乐部表示歉意，并要求归队继续

希德尼和家人的温馨瞬间。

我与赞比亚国家保险公司俱乐部的官员谈判时场景。

效力。原本队伍已打算彻底放弃他，没想到这位门将“神通广大”，他动用了外交手段，先后找来原本效力的赞比亚国家保险公司俱乐部老板、赞比亚青年体育部的官员来给他求情，中国驻赞使馆和赞比亚驻华使馆也都希望海牛俱乐部能够再给詹姆斯一次机会，毕竟这事关两国的文化交流，最后事情以詹姆斯认错回归告终。

同样是这个詹姆斯，赛场之外自己还开发了一个买卖，他到青岛后发现小商品批发市场上的球、帽子、T恤、运动服十分便宜，就跑到那里买了好几麻袋，准备运回赞比亚赚上一笔。没想到他去邮局寄货的时候，发现运费十分高昂，他只好又把货品拖回俱乐部。东西都买了，钱却眼看着要赚不到了，詹姆斯开始跟俱乐部耍赖，让俱乐部想办法把东西弄回赞比亚。不帮忙？哎呀头痛，不能训练了，比赛估计也够呛。面对这么个主儿，俱乐部工作人员是哭笑不得，最后只得帮他选择了价格低廉的航运，总算解决了他那几麻袋的存货。

詹姆斯离队之后便回归赞比亚国内效力，2001年1月他因为癌症去世，享年32岁。消息传到中国，俱乐部和球队的同事，还有青岛的球迷们都感到十分伤感。

到赞比亚选外援的境遇也大抵如此。第一年，我们把国家保险俱乐部主席请到中国使馆吃饭，请他一个人身后跟着七八个亲戚朋友；第二年去谈判，就不仅仅是吃饭那么简单了，俱乐部六个人说了算，不是这个不在就是那个不在，迟迟不能签字。最后我们好不容易才搞明白，原来是各位领导都需要一些签字费，因为“我们的球员对你们太重要了，我们也应该有一些物质奖励”。每人几百美金“奖励”到位，事情才能圆满解决。

1999年底，我们不得不做出决定，不再把赞比亚作为主要的引援基地，不再和越来越难管理的希德尼续约。意识到自己和青岛的缘分将尽，最后一个主场比赛，希德尼脱下球衣，露出内衫上的一句英文：I LOVE HAI NIU FANS，这着实感动了现场的球迷，也着实让很多球迷不舍。但煽情是一回事，管理是另一回事，赞比亚外援性价比越来越低已经是不容忽视的现实，这些苦衷，自然也没有办法和球迷一一解释。

Chapter

02

第二章

一个匆忙的开始

就中国足坛当时的状况而言，青岛足球的职业化起步晚了三年半，欠账多、基础差、底子薄。背负着青岛足球城的荣誉，颐中人带着企业人的热情，一切从头开始，一切从零开始。

1997年，我们的第一张全家福。

第一次董事会的会议纪要

从第一次董事会的会议纪要中，可以看出颐中集团以及所有参与者，对这份新事业、新课题的重视，也可以看出有多少问题等着去讨论和解决。当时从早到晚闭门开会、群策群力认真研讨的场景，永远都留在我的脑海里。

青岛颐中海牛俱乐部董事会首次会议纪要

时间：1997年1月2日、1月8日两天

地点：青岛市太平湾宾馆二楼会议室

主持人：蒲强

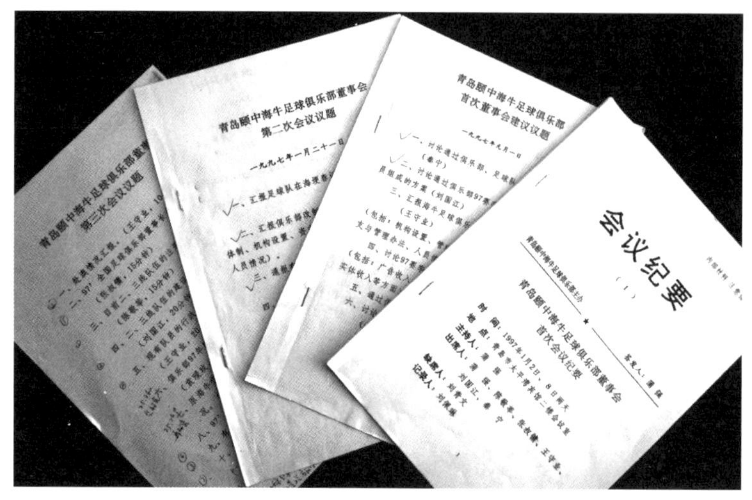

首次董事会留下的文件记录

出席人：蒲强、陈敬苹、张叔镛、王守业、刘国江、秦宁

缺席人：刘青文

记录人：刘佩琳

议题：

一、研究并通过俱乐部、足球队拟采用的名称。

二、研究并通过俱乐部1997赛季教练员班子、运动员组成的方案。

三、研究并通过俱乐部工商注册事宜。

四、研究董事会成员的工作分工。

五、研究球队教练员、运动员工资待遇。

六、其他有关事宜。

会议纪要：

一、关于俱乐部、足球队的名称。

会议一致通过将俱乐部的名称改为“青岛颐中海牛足球俱乐部”，球队的名称改为“青岛颐中海牛足球队”。

二、关于俱乐部1997赛季教练班子成员及运动员组成。

会议本着“站稳脚跟、立足发展”的宗旨，经过充分酝酿、协商和多方工作，通过了俱乐部1997赛季教练班子及运动员组成的方案。

三、关于俱乐部的工商注册。

经研究，会议形成如下意见：

（一）注册的名称为：青岛颐中海牛足球俱乐部有限公司。

（二）注册地址为：青岛市市南区宁夏路243号。

蒲强董事长和刘国江、王守业、马元培等在球场，他们对球队的未来充满了信心。摄影/孙立

（三）注册资金为：2888万元人民币。

（四）注册经营范围为：职业足球；旅游业；饮食、住宿服务业；广告业；娱乐业；教育、培训业；工业品制造业；国内商品业；建筑安装、修理服务业；运动、商贮业；畜牧业；农业。

四、关于董事会成员的工作分工。

经研究，会议决定将董事会成员的工作做如下分工：

蒲强（董事长）：负责俱乐部的全面工作，召集和主持董事会会议。

陈敬苹（副董事长）：分管俱乐部的训练、比赛工作和国家、省、市体委、足协的联系和协调工作。

张叔镛（副董事长）：分管俱乐部的经营工作。

王守业（董事会成员）：任俱乐部主任兼领队。在董事会的领导下，负责俱乐部的日常经营管理工作。

刘国江（董事会成员）：兼任俱乐部足球队主教练。在董事会、俱乐部的领导下，负责足球队的日常训练和比赛工作。

秦宁（董事会成员）：负责俱乐部日常工作与董事会之间的衔接、协调。

刘青文（董事会成员）：兼任俱乐部副主任，协助主任工作。

董事的工作分工，由董事长负责授权。

五、关于教练员、运动员的工资待遇。

（一）运动员的工资根据球龄长短、贡献大小、技术高低、是否骨干等情况分为五个档次，总体水平原则上高于1996赛季。

（二）鉴于甲A强队较多、竞争激烈的情况，为了鼓励队员争取好的名次，会议决定，比赛只要不打输，无论胜或者平都发奖金，胜场奖金高于平场，胜强队奖金高于胜弱队，保级后再根据名次另外加发奖金。

（三）为激励球员自觉遵守职业道德，刻苦学习和训练，严格遵守球队的纪律和规章制度，在比赛中积极主动、奋勇拼搏，队员的工资和奖金可以根据其表现上下浮动。俱乐部主任和主教练制定试行办法，并负责执行。若效果好，由董事会决定正式实施。

（四）教练员的工资奖金标准参照运动员的有关标准执行。

（五）教练员、运动员的工资、奖金的具体标准和发放办法的制定由俱乐部主任和主教练负责。

（六）运动员可以做广告，其广告收入要与俱乐部按合同规定分成。

六、会议规定，董事会会议内容需要保密的部分一定要保密，并将这项规定作为一条纪律严格遵守。

七、会议委托王守业主任负责办理1997赛季教练员、运动员的注册手续。

八、关于王守业董事提出的与澳大利亚阿德莱德俱乐部之间的商业比赛事宜，定于在下次董事会会议研究。

九、本次会议的未尽事宜，将于下次董事会议进行研究。

十、会议决定于2月下旬召开董事会第二次会议。

这份看上去中规中矩的纪要，其实暗含很多信息：俱乐部确定的经营范围十分广泛。从颐中的角度而言，集团是抱着一番雄心的，希望能够扩大足球俱乐部运营的外延，希望能从足球职业化的角度做出一些文章来。由于种种原因，1997赛季运动员名单的确定并不顺利，这为后面的工作埋下了隐患。教练员、运动员工资待遇的讨论占了主要部分，这说明钱已经成为职业化足球不容回避的一个话题，董事会也给了俱乐部主任和主教练足够的权力。由于球队是甲A新军，所以对成绩并没有过高的要求，但“站稳脚跟”这四个字有多艰难，是当时在座的人无法想到的。

领证儿和领罚单

那一年的我33岁，能有机会和领导还有同事们一起，参与到全国足球职业化的大潮中，能不兴奋、激动吗？哪里有什么感怀的时间，唯一的感觉就是像迈进了一个快车道，连轴转的日子就这么开始了。

职业联赛的初期，记者云集海埂，球队的一举一动都备受关注。摄影/孙立

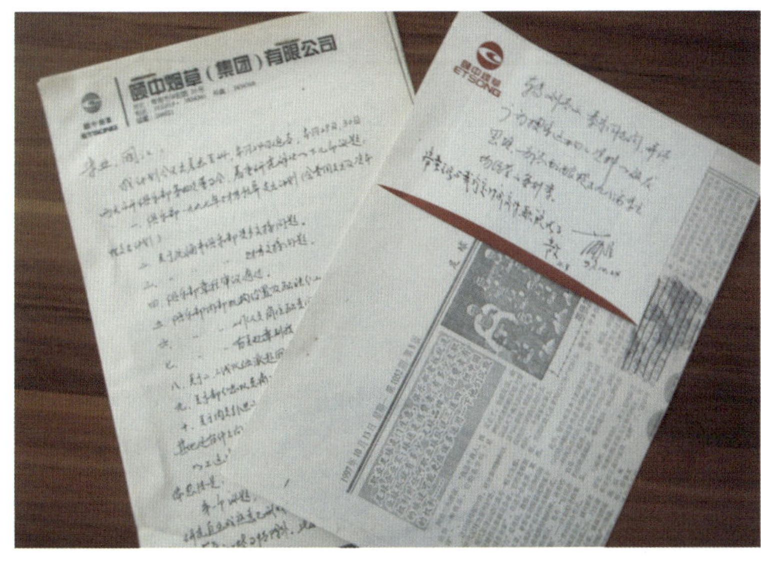

颐中烟草（集团）有限公司

媒体的报道，俱乐部同样十分关注，图为蒲强董事长做的剪报，他希望大家多搜集相关资料、拓展思路。

元旦过后就是一个接一个的会议，然后就是注册的事情。青岛这边，我们拿着青岛市政府办公厅的红头文件去工商局，很快就完成了企业注册手续。然后就是一趟趟飞北京，去国家体委汇报，去中国足协认门儿。按照足协要求，所有运动员注册应该在12月26日前完成，但由于队伍刚刚冲A成功，又经历了重大重组，准备工作比其他俱乐部晚了两个多月。刘国江主教练已经到位带队，但老队员怎么用，内援怎么引进，接下来的外援又怎么办，俱乐部组织机构如何设置，梯队如何去搭建，都没有头绪。好在有经验丰富的王守业坐镇，那时他充当了一个好老师的角色，对我的任何问题，不管外行内行，总是能给予及时解答，对于一些工作的路径，也总能给出最好的方案。懵懵懂懂的我就这样根据眼前的任务、借助前辈的帮助、凭着一种初入江湖的热情，闯入了足球的大门。

真正在中国足协完成注册，在甲A的历史上写下“颐中”两个字，是1997

年1月16日。那时的媒体真是敬业，刚办完手续走出中国足协的门儿，就接到青岛晚报记者鲁强的电话。我记得自己简单地回应了他一下结果，其他的问题要么回避要么就是说不知道。因为我当时的状态还是晕着的呢，对媒体又能讲出些什么呢？

也正是从这一天开始，青岛职业足球俱乐部才算正式有了身份。之前海牛俱乐部虽然组队在外征战三年，但既不是社团法人，也不是企业法人更不是事业单位，没有工商登记也没有按照社团登记，一般都是政府出函，俱乐部盖个章，就出去打比赛了。

后来这一点还引起球迷的不解。1999年队伍为保级焦头烂额的时候，经常有球迷在俱乐部外守候，这里面有他们的痴心，有他们的担心，当然还有他们的种种疑虑。有一天我下班很晚，有几个球迷在门口等着我，问我俱乐部门口的牌匾为什么起始日期是1997年，之前海牛俱乐部不是已经打过三年比赛吗？是不是搞错了还是有其他意思。当时我只能这样回答他们：如果一对夫妻举行了婚礼却没有在民政局登记，那么这段婚姻在法律上是得不到承认的。事实婚姻只是认同它的存在，并不等于合法。1997年颐中接管俱乐部之后，我们办理了所有应该办的手续，从法律上讲，青岛颐中海牛足球俱乐部就是正式成立于1997年。

就在我抓紧给俱乐部和球队领证儿的时候，正在昆明海埂基地集训的海牛队不小心就成了新闻的主角：左文清、张军因病在出早操时迟到，被中国足协张榜处罚，各处罚金5000元；戴振鹏因为转会手续未完成而没出早操被罚款10000元；青岛海牛队被罚5000元，成为12支甲A球队中的“最快”受罚者。

当时的海埂媒体云集，足球记者捕捉新闻的能力可谓“横扫一切角落”，罚单就这么一下子被传遍天下，大家都感觉事儿太大了。在企业的眼中，声誉是比

主场经营招标现场 摄影/孙立

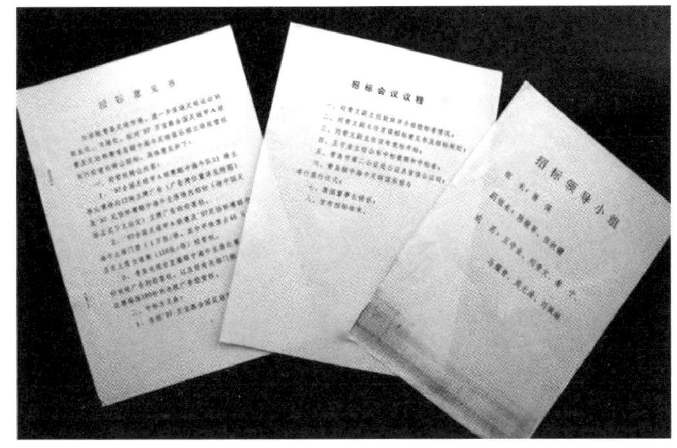

招标意见书

招标会议议程

招标领导小组

招标文件

体育新闻

海牛'97主场经营权有主

中标价239.9999万元

最高限价被突破了……

招标报道

什么都宝贵的东西，刚接管球队就领罚单挨批评，应该怎么处理？管理层电话打到前方，队员也很委屈：左文清是高原反应，一直低烧，早晨身体不适，迟到了五六分钟；张军是头天晚上拉肚子；至于戴振鹏，他本想从泰山转会到海牛，所以一直在跟队训练，怎奈足协说转会期已过，他只能回泰山踢球，于是他一早收拾行李准备归队，因此没出早操。理由都十分充分，板子却不能不接着。在这种情况下，全队采取的是积极的态度，左文清、张军甚至刘国江、王守业都向春训办上交了书面检查，队员以此为鉴严肃纪律，这个大事件才算过去了。

不出早操都能成为全国报道的大新闻，现在回想，那是中国足球最铁面无私的一段时间，围绕着海埂的新闻总是和封闭、苦练、枯燥等相关，每支球队也都把“上山”当作赛季前储备能量、演练队伍的大事要事来抓，队员和教练都过着宿舍、训练场、食堂三点一线的生活，没有人抱怨，所有的人都认为他们一起耕耘的，是职业化的足球春天。

经营上的开门红

队伍在前方苦练，后方开始为粮草行动。

在董事会的领导下，大家希望从主场的运营中积累经验。

有句话叫“一出生就风华正茂”，这形容那时的颐中海牛队恰如其分，俱乐部的一举一动都被关注，很多人都希望有机会参与到俱乐部的建设中来。所以1997年2月，我们的主场招标书一出，社会反响很强烈，俱乐部的意图很明确：能使俱乐部集中精力来搞好竞赛和训练工作；能为岛城有志于经营职业足球的单位和企业家创造一个大显身手的良机；能进一步培育和繁荣岛城的足球市场；能挖掘和发现职业足球的经营人才。

招标意见书把责权利描画得很清楚：

为活跃青岛足球市场，进一步促进足球运动的职业化、市场化，拟对1997“万宝路”全国足球甲A联赛及足协杯赛青岛颐中海牛足球俱乐部主场经营权实行经营权转让招标，具体意见如下：

一、经营权转让内容

1. 1997全国足球甲A联赛颐中海牛队11场主场比赛12块立牌广告及1997足协杯赛颐中海牛队主场场内部分（待中国足协正式下文后定）立牌广告的经营权。

2. 1997全国足球甲A联赛及足协杯赛青岛颐中海牛主场门票（10000张/场，其中甲级票占46%）及东主席台请柬（120张/场）经营权。

3. 青岛电视台直播颐中海牛队比赛时180秒电视广告的经营权，以及经有关部门批准后的客场比赛每场180秒的电视广告经营权。

二、中标方义务

1. 负担1997“万宝路”全国足球甲A联赛及足协杯赛青岛颐中海牛足球俱乐部主场场租费。

2. 负担1997“万宝路”全国足球甲A联赛及足协杯赛青岛颐中海牛足球俱乐部主场治安保卫费。

3. 负担被转让12块场内立牌广告的设计、制作、发布费用。

4. 按照中国足协要求，负责颐中海牛主场其余28块立牌广告的现场摆放、发布工作。

5. 发布广告不得违反中国足协有关规定。

……

三、经营权转让招标底价为200万元。

四、付款期限：中标者须自经营权转让合同签订之日起五日内将中标款项足额一次性汇入颐中海牛足球俱乐部指定账户，否则视为中标者违约，订金不予返还，且青岛颐中海牛足球俱乐部有权转让第三方。

招标会在黄海饭店的二楼举行，现场挂着巨大的红色横幅，董事长蒲强担任了招标领导小组的组长。那天青岛新闻媒体和中央、省驻青媒体的相关记者全部出动，电视台的两个摄像师扛着机器转来转去，恨不得把每个细节都拍摄到，整个会场的气氛严肃中有一点紧张，隆重中透露着期待。如果说前面的一个月我都在跟着领导的步伐前行，尽可能地去完成手头的任务，这一次坐在会场里我则有

抱着开拓进取的精神，颐中集团希望能勾画出青岛足球的新蓝图。摄影/袁蒙

了另一种感觉，感觉足球是一个了不起的支点，可以撬动这么多颗跃跃欲试的心，可以撬动一个市场，可以撬动一个具有无限可能的未来。所有的尝试都是第一次，都这么让人激动。

竞标原计划进行三轮。俱乐部董事会确定了一个秘而不宣的内控最高限价，以使投标方的利益受到保障。没想到竞标只进行了一轮，投标的四方中便有三方冲破了最高限价数额——230万元，最后国际博览广告公司以239.9999万元中标，总经理殷健高举双手以示庆贺，脸上是“射门得分”般那种喜悦和豪情。

除此之外，海尔冷柜出资280万元，买下了球衣广告；红牛和厨王等企业，也在这一年和球队进行合作。这么多企业愿意加入，大家都希望能和颐中一起，闯出一条具有青岛特色的职业足球经营之路，把这块牌子打造得更响亮。

董事长的拓荒战略

在蒲总的率领下，我们这个团队职业足球这个全新的领域、领略到了不同的人生况味。

激情四射是当年所有足球参与者的共同特点，每个人都从不同的角度畅想着自己心中的足球蓝图。媒体尤其对职业化俱乐部的操盘手有浓厚的兴趣，董事长蒲强经过一段时间的沉淀之后，当仁不让地站在了聚光灯下面。在接受中国青年报著名记者毕熙东采访时，他详细地勾画出了颐中在足球领域的拓荒战略，那次发言也代表了当时一群企业家对于足球市场化的思考。

涉足足球，就近而言，青岛海牛队是岛城人民关心爱护的球队，它肩负着青岛足球走向全国甚至走向世界的责任，也寄托着岛城百万市民的殷切希望。地处青岛的颐中集团有责任、有义务帮助政府和人民接下这副重担，为岛城的体育事业做出应有的贡献。从长远来看，颐中集团要发展，要壮大，体育产业作为一片广阔的天地急待有能力、有胆识的集团去开发、经营，而颐中集团又可借助足球使自己的企业形象和无形资产成倍地增长。蒲强说："一个企业敢于向足球进军，并成为一支甲A球队的老板，这本身就是企业经济实力最好的证明。"

蒲强认为，既然跳进了这个圈子，就首先要弄清足球体制改革的原因。

随着我国足球职业化、市场化的深入发展，如何使足球俱乐部的管理体制规范化，并与足球市场相适应；如何使中国的职业足球运动与国际职业足球接轨；如何使足球俱乐部与现代企业制度接轨；如何提高俱乐部的经济效益，确保投资者的合法权益等等，都成为颐中所面临的重要课题。改革的目的就是力求解决上述课题。

具体到颐中集团来说，跻身足球产业的目的有三条：一是着眼赚大钱；二是救活别人，发展自己；三是扩大颐中的知名度，加速无形资产的积累。

颐中集团的运动会，足球是重头戏，我们都会披挂上阵、一试身手。

蒲强的规划是：以足球为依托，以发展足球运动为主要目的，以职业足球为主，兼搞多元化经营，把旅游业、房地产、餐饮服务业、运输服务业等这些俱乐部现有又具有发展前途的实业办好，以此作为突破口，同时积极向工业品制造、内贸等行业发展，最终形成产业多元化、规范化经营模式，提高俱乐部在国内、国外足坛的综合实力和地位，创办国内一流的俱乐部。

为此，首先要改变原来俱乐部那种夫妻店的业余经营模式、原始的小作坊生产思路。搭好构架，注入资金，投入人力，改革到规范化路子上再去经营。

这样一来，颐中每年要投入650万元，加上政府补贴和自身创利，每年要注入1400万元，这样的投入值得吗？

对此，蒲强的回答是一个字：值。商品经济是人类历史发展的必然，或早或晚，非走这条路不可。同样，足球的职业化、市场化也是必然。在市场经济发展的过程中挫折和失败是必然的，但也是暂时的。正弦波也好曲线也好，商品经济的规律如此，总的趋势是一定要向前发展的。现在投入650万好像不少，一旦球市翻过来，火爆起来，可能花6500万也买不来一支甲A球队了。

况且这只是球队本身。如果着眼于无形资产的价值，那也是无法估量的。现在人们可能还不太熟悉颐中，利用足球市场拓展颐中的名声，等十年过去，那将是多么大的广告效益，无形资产的积累将使颐中的市场有多大的发展，谁也算不清楚，到时候如何利用这种无形资产，那便只是技术问题。

总之，对于俱乐部经营，大家首先认同的是彻底转变意识，尽快改变过去那种只靠拉赞助维持生存的被动局面。要立足于足球的职业化、产业化、商品化、市场化方向，多方位、多层次、多角度地开展经营活动，大力拓宽经营路子，尽快增强俱乐部自身的生存和发展能力，使俱乐部不仅能够自我生存、自我发展，而且还能为国家和投资者创造收入。

“我自己有种直觉：此次跻身足球市场，很可能是颐中集团发展历史上的一件大事。”蒲总的话一点没错，这是一件大事，一件新事，一件有责任感、使命感和荣誉感的事，一件继往开来的事，也是大家意气风发想去做好的事。只是谁都无法预测也完全没有想到，围绕着足球，能发生那么多的故事，这些故事不是靠企业战略、规章制度、精打细算、辛勤工作就能去改变的。

在这段时期，除颐中外，云南红塔、成都五牛、重庆红岩、济南泰山将军、厦门蓝狮、武汉红金龙等陆续进入中国足坛。烟草行业作为中国足球职业化初期的主要投资者，大家抱着同样的雄心，进行着积极地探索，参与并见证了中国足球职业化的起步十年。之后由于政策原因，最终全面退出。

Chapter

03

第三章

一个名字的情结

成绩好的时候，“海牛，海牛，你大步向前走”；成绩不好的时候，“笨牛”“病牛”；被对手轻视的时候，“屠牛”“宰牛”，海牛这个名字，让青岛球迷又爱又心疼。

别具一格的青岛“海牛”

对于青岛球迷而言，“海牛”两个字代表着太多的情感。摄影/袁蒙

和当时国内其他俱乐部直接用企业名称命名不同，青岛足球俱乐部拥有一个特别的名字——海牛。这名字里有历史遗迹，有城市文化，有人文精神，有球队

郭承文、徐永来和袁生（从左到右）。“海牛”的创立和郭承文有着密切的关系，青岛球迷至今都记得他为这支队伍所做的贡献。供图/袁生

底蕴。总之，当青岛遇到足球，海牛是一个自然而然出现的名字。

青岛前海一线有处团岛湾，围绕团岛有个海牛的传说。当地老人说，上百年来，在胶州湾海底藏着头大海牛，它一般不叫，只有在大雾天的时候才会不断发出“哞哞哞……”的叫声。刚开始人们觉得纳闷，这声音是从哪里发出来的？难道海底埋着宝藏？后来人们慢慢摸到规律后才明白，它是在提醒海上的船只，前方有大雾，要小心暗礁，也提醒出门的人多穿衣服。在过去的很多年，这头海牛比天气预报还准，人们只要听到它的叫声，就知道大雾天来了。

市民们所传说的“海牛”，实际上是1900年德国人在太平角水域设置的一架“声控预报”装置，即“波浪发声器”，也称“雾笛”。这个机械装置形似一个竖立着的章鱼，用优质钢铁铸造，且不需要电源。它的最上部分为一口铸铁“大锅”，“锅”的中心有一个发声哨。接下来就是用三条锚链拴系的全封闭浮筒。平日晴天无风时，它基本是半沉在水中，不发声；等到雨雾天，海上风浪加大时，“大锅”就会在海浪冲击下，上下浮动，顺势将空气扣进“锅”内，使哨子发出“哞哞哞”的声音。这个“雾笛”的设计结合气象学、水文学、材料学、声学等多门学科，很适合青岛的自然环境。给青岛足球队起名的时候，自然而然就有人想到了这头“海牛”。

从城市文化来说，大海是青岛的标志，青岛的知名品牌也是“海”字打头居多，最著名的如海尔、海信，还有海珊、海晶等等不胜枚举。所以，当时有人建

老海牛合影。后排左起：矫春本、付继亮 、汤乐普、毕子龙、王灏、纪玉杰、刘兆旭、范学伟、王海芳；前排左起：杨为健、胡义军、袁生、陈刚、慕志磊 、李春乐。供图/袁生

议，球队名字里面应该有“海”字。

从人文精神来说，青岛人离不开这片海，当时球队服装的颜色就是黄蓝搭配，蓝色就代表大海；而海牛中的那个“牛”字正和青岛人性格中的勤恳、踏实合拍。以王海芳、杨为健等为代表的老队员们，确实有老黄牛的精神，他们有经验有正气，球队起步时条件艰苦：住，没宿舍；赢，没奖金。喜欢这项运动就是他们踢球的最大动力，“牛”恰恰是那个时期球队的风格——朴素、勤劳、能吃苦。

为什么叫海牛？还有人说是因为球队创始人郭承文属牛。1990年，担任山东省经贸委机械公司车队队长的他拉起来这支队伍，也从此开启了一段征程。青岛球迷至今都记着郭承文为这支球队做的贡献。1996年年底，青岛市政府将海牛队收归青岛市，郭承文表示球队不能改名。后来刘国江曾建议把队名改为“青岛海神队”，市领导表示“海牛”这个名字就很好。

1997年年初颐中集团接管之后，对于球队以后是不是还叫海牛，从集团到俱乐部都有过热烈讨论。作为企业人，第一大诉求肯定是宣传企业，付出总要有回报，这是市场规律无可厚非。关于球队是否更名一事，青岛市政府方面当时没表态，我们就想组织球迷和媒体沟通下，结果发现更名阻力很大，因为“海牛”这两个字在青岛球迷心中的印记太深刻太难抹去。提起“海牛”，就能想起当年打拼的那拨队员们，还有那种踏踏实实努力追梦的气质。最终，作为青岛人，作为青岛企业，我们认为要珍惜“海牛”这两个字，我们最终注册的名字是颐中海牛。

随着联赛的火爆，球队的四处征战，“海牛”这个队名逐渐为人熟知，在海尔、海信、青岛啤酒等名牌之后，青岛又多了“海牛”这个名号。那只脚踏海浪、犄角高耸、奋力顶球的“海牛”形象，也渐渐深入人心。赢球了，人们说牛气；踢得不好，人们说拿出点牛劲儿来。大家对海牛队的期望，也是希望能“队如其名”，在职业联赛中辛勤耕耘、脚踏实地、站稳脚跟。

1998年品牌价值14.385亿元

好不容易有了自己的队伍，青岛球迷对海牛队感情很深，每逢主场都会唱起海牛的队歌，名字叫作《胜利的呐喊》，这首歌由青岛音乐人王志新创作，那熟悉的旋律和歌词至今回响在很多人的脑海里，球迷杨照庆开口就能唱——

“海牛”商标价值评估报告书和相关报道

海牛海牛
你迈开大步向前走
海牛海牛
胜利在向你招手
海牛海牛，你迈开大步向前走
海牛海牛，胜利在向你招手

我们是一群大海的儿女
在我们心中
有着一个美丽的梦
圆圆的足球
牵动着无数人的心
坚定的信念
在大海的上空
上空升腾

犄角高耸、奋力顶球的海牛形象

海牛 海牛

你迈开大步向前走

海牛 海牛

胜利在向你招手

海牛 海牛

你迈开大步向前走

海牛 海牛

胜利在向你招手

海牛的名字越叫越响，越唱越响，但俱乐部一直忙于比赛，对自身无形资产的存在认识不够，对无形资产的升值、管理没有有效的措施。因此，社会上出现了海牛商标被盗用、冒用和抢先注册等现象。

我和同事们采用流动服务车的形式，在主场推销“海牛”产品。

体育产品专营店是我们进军体育产业的尝试

颐中集团最初接手俱乐部时，虽然在命名问题上考证了一番，但同时也意识到“海牛”这俩字的意义和价值。

后来担任俱乐部董事长的刘青文曾表示，很多人是慕“海牛”之名而来。从这一点来讲，“海牛”的知名度会为企业带来可以开发的资源和潜在的效益。“海牛”还是一个待开发的品牌，需要很多企业来扩充这一无形资产，“青岛海牛第一吧”就是作为服务性行业与颐中海牛足球俱乐部签订商标租用合同的第一个例子。

1997年3月14日，我们向国家工商总局商标局申请注册了包括汉字、拼音、图形、标志物在内的海牛商标。把“海牛”这个品牌从商品商标到服务商标，从单个商标到组合商标进行全方位、立体式的保护。

1998年2月，受颐中集团委托，中企商标评估中心和中财经会计师事

琳琅满目的“海牛”文体用品专卖连锁店

务所联合对“海牛”商标价值做了评估，意在提升“海牛”商标的影响力，由此带动颐中集团的多元化经营向更高层次发展。最终，评定商标价值为14.385亿元。

在这之前，颐中集团的“海牛”商标主要使用在下列范围：颐中海牛足球俱乐部主要使用在队旗、队徽、足球、队服、场地等方面；颐中广告责任有限公司主要使用在广告宣传及其设计、开发、委托加工、经销的系列产品；海牛大酒店主要使用在大酒店的招牌上。后来颐中广告有限责任公司受颐中海牛足球俱乐部委托，全面开发“海牛”商标，打破业余的、原始的小作坊生产思路，进行多种经营、开发，从文体用品入手，以市场需求为依据，建立有自身特点的经营格局。俱乐部还派人员去英、法、德、意等世界先进足球国家考察，进一步开阔思路。“海牛”文体用品专卖连锁店开张，填补了青岛市足球产业开发上的空白；“海牛”球迷俱乐部的建立，增加了俱乐部和球迷之间的沟通交流渠道；“海牛”三面反转场地的广告牌令人耳目一新；“海牛”球形售货亭为主场增添了亮丽的风景线。另外俱乐部还开发了海牛牌运动服、领带、球鞋、球袜、肖像球、签字球、电话机以及海牛牌香烟、海牛牌葡萄酒、海牛牌矿泉水等，十几种产品相继上市。其中海牛牌香烟引起省外一家烟草公司的兴趣，该公司甚至与颐中协商买断附加值极高的“海牛牌”球迷香烟的总经销权。同时，还有一家船业公司有意买断海牛服务商标类中的客船运输项商标的冠名权，用来命名一艘客船。

征战的不顺、失败的打击，实在是令人沮丧和焦虑。摄影/袁蒙

就海牛的影响力而言，还大有开发和利用的潜力可挖，如何进一步盘活海牛的无形资产，继续树立海牛名牌，实现以商养球，以球促商，成为俱乐部球场外的重要工作之一。

有两个生动的事例足以证明名牌的价值。可口可乐公司老总曾说过，即使他们的工厂在一夜之间化为灰烬也无关紧要，有可口可乐这块牌子在，马上可以东山再起。而著名的耐克，从来不曾拥有自己的工厂，靠着产品研发机构和市场开拓机构，就可以打遍天下无敌手，赚的也是品牌的钱。

相比之下，海牛品牌的开发显然刚起步。而这个名字想要进一步升值，显然和球队的成绩息息相关。

印象的反转和形象的低迷

1998年，我出差途中转机经过香港，临时待了一天。晚上在酒店房间待着没事，就打开电视，电视中正好在播放一部名为《海底世界》的纪录片，在纪录片里，我第一次看到了真正的海牛。

真实的海牛，身材结实魁梧，是个大家伙。它们整天趴在海底，极少运动，靠吃浮游动物为生。据考证，海牛原是陆地上的“居民”，是大象的远亲。近亿年前，由于大自然的变迁海牛被迫下海谋生。进入海洋后，海牛依旧保持食草的习性，距今已有两千五百万年的海洋生存史。海牛是珍稀海洋哺乳动物，形态有点像大象。

看着看着，我心里有点不舒服，海牛不光长得难看，而且体型庞大、性格温顺，任何小动物都可以欺侮它，可以趴在它的身上啃吃食物。海牛怎么是这样一种动物呢？

这一幕当时看到也就过去了。随着球队赛场征战的不顺、失败的接连打击、保级的跌跌撞撞，海牛的形象在我心里渐渐成了一个疙瘩，每遇到窝窝囊囊吃败仗的时候，那个行动迟缓的巨型动物就会出现在我脑海里，让我如鲠在喉。这“海牛”到底怎么了？它毫无霸气和勇猛，怎么能具备向上和振奋的意义？说实话，那几年因为压力太大，尤其是面对保级的魔咒，我感觉自己也变得有点魔怔。一个学法律的人，理性有时甚至能被感性战胜，跟着别人变得“五迷三道”。比如主场比赛不能走回头路，最好一路上都别遇到红灯，赛前女同志离球队的大巴车越远越好，客场比赛住什么名字的酒店、住什么号码的房间不能不讲究，甚至在最低谷的时候，俱乐部门口摆上了两个巨大的石狮子，有用吗？其实没用！为什么当时那么做了？无非是一种心理安慰罢了。

成绩不好自然影响球队的形象，原本是要“牛气冲天”的，可当球队实力不够被动挨打的时候，“宰牛”或者“屠牛”这样的词汇也频频被媒体使用，甚至还有“泥牛入海不可再造”之说。2000年上海新民晚报的记者来采访，用的标题是“病恹恹的海牛”，文中有这么一段：“一位开出租车的球迷告诉我，他已经不想再看海牛队的比赛了。不进球让人悬着心，怕让人家进了；先进球，嗨，肯定要失球。海牛队外援都不行，只有那个家门（守门员）不错。如果不是他在，海牛输得还要多。另一位球迷说，他不看海牛，看泰山队，还是泰山队让人解气。看海牛队那样，真软！”

我也很无奈，我也梦想着有朝一日，这个沉在海底的大家伙能够一跃而起，变成威风八面的海神。之前的愿景是某种海牛产品能和这支队伍一起，驰名全国甚至走向世界，那才是职业化带给我们的真正成果，足球创造了名牌，而名牌又推动了足球。但是成绩冲不上去，球队被定为弱旅，“海牛”这俩字儿，又怎么能够成为令人振奋的形象呢？

他们一起为老海牛征战，上图为刘国江和宿茂臻。摄影/袁蒙

颐中集团的职工也很不乐意，集团花了这么多钱投入足球，不但不能直接叫颐中队，叫个海牛队还得承受各种指指点点，图的是什么呢？

出于经营的考虑，受困于越来越多的支出，也希望能给球队带来新的精神面貌，俱乐部后来开始出让球队的冠名权，2001年青啤队，2002年哈德门队，2003年贝莱特队，海牛虽然还是这支球队的名字，但已经不是在媒体上亮相，被球迷认可的海牛了。

剪不断的后续

2004赛季结束后，颐中集团决定退出，中能集团入驻，“海牛”二字正式从俱乐部名称中消失，似乎一切已成为前尘旧事。根据当年俱乐部转让的文件，颐中海牛在2005年起转让给中能时，转让事项中写明了名称字号也在转让之列。只不过从中能接手那一天起，“海牛”的字号就没再出现过。但他们每年都把“颐中海牛俱乐部”在工商局注册，年检费用也是青岛中能在交。因此，中能认为“海牛”字号应该属于自己。

“海牛”再次出现在球迷的视野里，是2011年在青岛中央广场举办的首届明星邀请赛，老海牛足球队对阵央视主持人明星队。2012年，中央广场又举办了第二届足球明星邀请赛，由老海牛对阵老国脚，这场在雨中进行的比赛，唤起了很多岛城球迷的海牛情结。随后，中央广场老海牛队参加了在广州举行的首届甲A明星足球邀请赛。

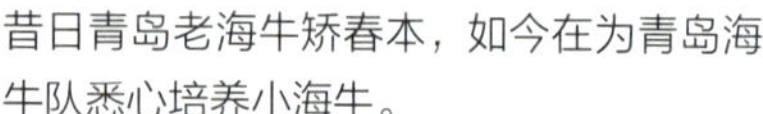

昔日青岛老海牛矫春本，如今在为青岛海牛队悉心培养小海牛。

2005年，颐中海牛转让给青岛中能集团，图为董事长乔伟光（中）和球队主教练殷铁生（右）。摄影/袁蒙

2012年12月，一支全新的青岛海牛队注册参加中乙联赛，2013年1月29日，全新的青岛海牛足球俱乐部在青岛举行了成立仪式，由宿茂臻担任球队主帅。据媒体报道，随着“海牛必胜”“重出江湖”的呐喊，新的“青岛海牛足球俱乐部”正式诞生。

宿茂臻终于回到家乡青岛，他发表了一番热情洋溢的感想：“乡情浓于酒，作为一名土生土长的青岛人，在自己的球员生涯中却始终未能为家乡球队——也就是当年的‘老海牛’做出一份应有的贡献，这不能不说是人生的一大遗憾。如今能够有机会以主教练的身份为家乡球队效力我深感荣幸，这无疑是非常引以为豪的人生宝贵财富。我会抓住这一难得的机遇，竭尽所能为俱乐部做好该做的一切。”

这支球队很争气，当年就冲甲成功，而中能队当年却掉级，所以2014年的中甲联赛，青岛有两支球队参加。

新赛季中甲联赛还未开战，两队就“海牛”名号的使用权开始了争夺。中能主张今后用回“海牛”字样，以继续传承青岛足球。而“青岛海牛”也准备以这个名字参加中甲联赛。海牛俱乐部高层在接受采访时称，他们拥有合法的营业执照，使用“海牛”字样没有任何问题。

雄心勃勃重出江湖的新海牛队没有坚持太久，由于内部原因和自身发展需要，俱乐部在2015年年底将大部分股份转让给了青岛黄海制药有限责任公司。2016赛季，黄海公司表示会继续加大投入力度，提高软硬件各方面的实力，力图取得更好的发展和成绩。但由于“青岛海牛”这一品牌商标存在诸多的历史遗留问题，俱乐部已不再使用。2019年10月26日，青岛黄海客场2比0完胜上海申鑫，从而提前一轮成功冲超，青岛这座城市在时隔6年之后，再一次出现一支中国顶级联赛球队。

2021年1月，原青岛中能足球俱乐部有限公司发布公告——

为响应《中国足球改革发展总体方案》和中国足协《关于各级职业联赛实行俱乐部名称非企业化变更的通知》等文件精神，我俱乐部积极推动俱乐部名称非企业化变更工作。在广泛听取球迷、媒体等社会各界意见的基础上，俱乐部董事会经慎重研究，并报请工商部门和中国足协核准，自2021年1月21日起“青岛中能足球俱乐部有限公司”正式更名为“青岛海牛足球俱乐部有限公司”，我们将以“海牛”之名继续为青岛而战！目前，俱乐部已在各级部门协助下，完成更名相关全部手续。

1993年12月31日，俱乐部前身青岛海牛足球俱乐部正式成立，作为中国足球职业联赛的创始成员，从以省经贸委足球队为班底组建初期的3年，到颐中时期的8年，再到中能时期的17年，28年来“海牛”凝聚了“足球城”几代人共同的情结，并成为中国足坛一张响亮的名片。

岁月流逝、名称更迭，不变的是我们对足球的赤子之心。借此机会，我们感谢过往每一位对俱乐部发展给予过帮助、对俱乐部做出过贡献的朋友，感谢各级政府、广大球迷、新闻媒体和赞助单位等一直以来的关心与支持。

此次“海牛”回归，能更好地展示青岛足球文化、传承青岛足球历史，使俱乐部更好地融入城市、服务社会。未来，我们将以俱乐部更名为契机，进一步做

感谢球迷的不离不弃，这是青岛足球最宝贵的财富。

好俱乐部文化建设，弘扬青岛足球精神，同时全力以赴做好新赛季备战工作，向着更高目标奋勇前行，为“振兴青岛足球，点放时尚之城”贡献更多力量！

这些后续，我只是从新闻中得知。对于海牛来说，一出生就风华正茂，一出生也带着太多的寓意，在成长过程中遇到太多世事的变化。它的“来来往往”，道尽了青岛足球的酸甜苦辣坎坷历程。令人感慨的倒是球迷的不离不弃，青岛海牛吧依旧有四万人在关注，累计发帖将近140多万，里面有很多旧事更有很多怀念，更有很多希望和期待。

Chapter

04

第四章

一个江湖的味道

发生在绿茵场的画面大都与美好相关，看台上欢呼的球迷、草皮上驰骋的球员、胜负带来的悬念与刺激、城市的光荣与梦想，面对这一切，人们总是情感饱满沉浸其中。但发生在球场外的情感纠葛有多复杂，我这个足球新兵第一年就体会到了。用一句开玩笑的话说就是：江湖的水有多深，试过了才知道。

被待为上宾的儒帅

有“儒帅”之称的刘国江。摄影/孙立

1997年青岛颐中海牛队的主教练人选，刘国江成为首选，其中有刘指导的能力也有感情因素：刘指导是青岛籍教练；八十年代中后期他任八一队主教练，带队始终在甲级强队之列，也带出一批优秀球员；国内足坛有名的理论家，人称“儒帅”，他在训练之余撰写过几十万字足球论文，出版过多部足球专著；1992年他率领当时的山东经贸委队冲甲成功；1996赛季他率领年轻的八一队勇夺联赛季军。

刘国江文武兼备，在当时中国足坛可谓独树一帜。我手头上有一本他撰写的《屡败前后——来自中国足球第一线的报告》，全书三十八个章节二十万字，内容涉及足球技术、战术和体制弊端、赛事分析等多方面内容，其中有专门章节对1992年青岛冲甲之旅做了总结，其理论性概括让人印象深刻——

根据队伍的实际可能，我们下决心利用自80年代

在当时各种探讨中国足球悲欢的专著中，刘国江的作品占有一席之地。

中后期在甲级足球队执教时成功的实验、经验，首先抓住训练改革，譬如，进行类似“抓两头、带中间”的技能改造；再按“个人攻防要点”规范队员们合理地运用技术于攻防；然后，从整体上贯彻“三段式”比赛攻防原则；建立进攻与防守“模型”等，一步步在青岛队进行移植、嫁接。力争把比赛想怎么打就怎么打，以及打到哪算哪等杂乱无章、凌乱无序的攻防进退逐渐地向着有形、有序和有章可循的层次引导。后来证明这确实初见成效，改革深得队员们的理解与欢迎。对此，需经一段更为严密地训练过程和比赛检验之后，再引导全队攻防进退、运动往复向着更高的层次升华，即向着运动变化如入无形的境界追寻。所谓“无形”，即对方何处为“虚”，何处为“实”，对方明了，我方也知道。但是，我方在何时、何地避“实”，何处、何时击“虚”，对方全然不知，总体战局却能任由我方大体主导。

理论，若不和实践相结合就是空洞的理论；实践，若无理论为指导就是盲目的实践。事实上，足球比赛通常所说的主打“下三路”就是从“水形”“兵形”说中演化而来的。它经过80年代中后期的实验验证，曾使八一足球队在全国足球甲级比赛中战绩不凡。借助它的再实践、再验证，青岛足球队将用“水形说”为理论指导进行一系列综合治理，成功地用以“足”为主，坚持打“地面战争”取代以“头”为主的“高举高打”，用坚持主打“下三路”取代异想天开的“上三路”战法等。

1996年联赛休战期，八一队到青岛打了一场友谊赛，刘指导在这期间和青岛市有关领导见面叙谈，彼此印象都很不错。联赛结束，市政府副秘书长孙志周和体委副主任、市足协主席陈敬莘专门前往北京，当面发出邀请并表达了各界的诚意。最后，刘指导欣然出任颐中海牛队总教练并兼任一队主教练，并被任命董事会成员。

刘指导把这次回家乡执教看得很重："无论从精力上还是经验上，我都觉得自己正处在最好的时候，我愿把这一切贡献给家乡的足球事业。"

而谈到待遇的时候，他是这么表示的："一个教练的价值并非金钱能衡量的。当然，必要的生活条件是不可缺少的，但我回海牛队执教，更多的还是出于对家乡足球事业、家乡球队的一份感情。"

本着尊重专业、各司其职的角度，从俱乐部董事长蒲强到其他工作人员达成共识，那就是在球队管理上给予俱乐部主任和主教练充分的权力，对球队实行理性改造，提高球员职业素养，不断增强球队实力。

教练组的人员配置，刘指导拥有很大的权力，根据他的要求，除了从安徽体委聘请来昔日弟子孙焱担任科研教练，队里还聘请了一个主抓文化的副领队宋文京，一位在春训期间负责配备草药给队员泡脚的营养教授。

刘指导对队员的管理方法以点拨为主，他不喜欢查房。球队在青岛的日子里，他极少在俱乐部和全队一起用晚餐，几乎每晚都有车开进俱乐部，把他接出去应酬。如果说足球职业化的开端也随即制造了名人效应和追星热，刘指导无疑是最早受到追捧的那一批人。

名教头带来关注度，也带来开门红。先是海埂的12分钟跑体能测试，球队参测队员全部过关，成绩达到历史最好水平，在12支甲A球队中高居榜首；然后联赛开打，球队首战客场拿下济南泰山队，让岛城球迷一片欢畅；战罢三轮，球队竟然位居三甲，一时之间海牛被呼为黑马；第十三轮比赛过后，海牛还高居三甲之席，但是，谁都没有预料到后面的逆转会那么惊心动魄。

书和输的故事

赛季前半阶段，被外界称道的除了球队成绩，还有刘指导努力抓的文化建设。

作为一位颇有心得的足球理论家，刘国江从加盟球队开始，就显出他的良苦用心，他希望能带动球员，塑造一支能文能武的队伍。在他看来，只有每个人都学会思考善于思考，才能开阔视野，才能踢出不一样的足球。这一点在海埂春训期间颇见成效，从1月19日到2月13日，全体教练员、运动员自采自编自写，出

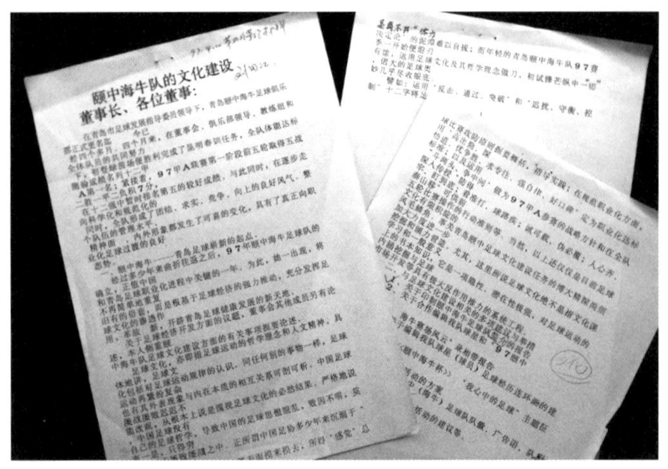

颐中海牛队的文化建设

董事长、各位董事:

刘国江关于文化建设的报告

周末专递

"海牛"在海埂的日子……

外援心声

希德尼致刘国江主教练

最大收获

超越自我

媒体记录的海埂岁月

乔伦做到了文武双全。摄影/孙立

版了四期《颐中海牛通讯》，用"教练员手记""球员园地""训练日记"等形式，记录了在海埂作战的日子。训练之余，队内举办好文写作比赛，内容体裁不限，可以是训练体会、赛后感受、世事观感、书评球评、平安家信等内容，可以用记叙文、议论文、说明文、散文、日记等形式，每次由教练组选出8篇"好文"，奖励每位获奖作者200元图书。

第一期《颐中海牛通讯》上的发刊词热情洋溢，题目叫《紧握您真诚的手》，"……我们追求成功和胜利，但我们也追求和珍惜为此踏出的每一个脚印。为此，我们在海埂创办了这份小报，旨在记录奋进过程，总结经验，沟通信息，反映全队的思想、技术状况，指导未来的走向。我们深知，不经历风雨怎么见彩虹，没有人能够随随便便成功。愿我们做得更好，紧握您真诚的手。"

下面是我从当时报纸刊登的文章中剪贴下来的一篇，作者是乔伦，文章的题目是《写文章带给我们益处》：

已经近20天了。在这次春训中我感觉收获不小，不管从身体方面、技战术方面还是足球理论知识方面，都得到了不同程度的提高，特别是在一些对足球的认识上更得到了理解和巩固。除了以上几方面之外，我感觉在我们的文化课学习中又学习了许多，更充实了自我，特别每月每人写一篇文章，对我们更是益处多多。

纪玉杰、左文清等在学习中。摄影/孙立

为什么说写文章对我们有益呢?

首先写文章可以开阔思维，提高我们的逻辑思维能力。写文章首先要选材，有了好的主题才能确定文章的题材，这都需要我们调动思维，通过对社会、对生活、对周围情况的认识来分析，思维能力的提高不仅能有助于写好文章，而且通过写文章对生活、对人生会有更好的认识和理解。

其次，写文章可以丰富我们的文化知识，提高我们的写作能力。写一篇文章除了平时多观察、多思考，还要多阅读，多看一些知识性、趣味性、文学性强的书，从中吸收更多更好的表达方法等，这不仅为写文章打下了坚实的基础，而且最重要的是提高了我们整体的文化知识水平。

再次，写文章可以让我们在以后的社会交往中多一种本领。当今的社会是科学的社会，是知识的社会。我们青年人就是要珍惜现在的大好时光，在以后的社会交往中不被时代淘汰，成为一名以球为主全面发展的人才。

20多年过去，现在的乔伦是青岛市足协副秘书长，运营着一家体育公司，涉及足球赛事举办、青少年足球培养、体育旅游产业、体育人才引进、体育品牌销售等领域，是当时那批同龄队员中发展不错的一个，真的成为“以球为主全面发展的人才”了。

在赛季之初，1997年4月10日俱乐部第四次董事会上，刘指导专门就足球文化建设方面的有关事项进行了论述，“年轻的青岛颐中海牛队赛季一开始便游刃有余，运用足球文化及其哲学理念做刀，初试锋芒纵中一‘切’，偌大的足球奥

在刘指导带领下，球队有一个美好的开始，这张合影中，每个人的脸上都充满阳光。供图/袁生

妙几乎尽收眼底。譬如：运用反击、通过、突破和迟扰、守衡、控制十二字将足球比赛攻防原则扼要概括，指导实践；在规范职业化方面，用高出勤、深悟道、优争胜、强自律、好口碑定为职业化达标标准；运用斗两头、争中间作为战略方针，在全队深入传授防得牢、盯到底、看准打、球路疾、诚可载、伪可覆、人心齐、泰山移的行为准则。当然，以上还仅仅是目前足球文化有限积淀的凤毛麟角，尚需加大力度进一步挖掘和倾力营造。这里所说的足球文化绝不是指文化课学习和一般意义的书本挖掘，它是一项隐性、潜在性极强，对足球运动的内涵挖掘与足球市场开发等具有极大反作用推力的系统工程。”

刘指导聘请的主抓文化的副领队宋文京，负责给球员上课，“从写作、哲学、经济、兵法、艺术、语言交际、书法、外语等方面，通过喜闻乐见的形式进行渗透式教学”，同时还不间断地给球员买书送书，希望通过这种方式来提高队伍的文化素养和综合实力。这种输送，成绩好的时候球员都能配合，但进入下半赛季，进入始料未及的六连败阶段，所有的人听到“输”字都头痛，队员们对送书一事避之不及，即使书送到宿舍也被塞到床底下。总之千万别提“shu”更不能

刘指导的运筹帷幄，没有挡住后面球队的“六连败”。摄影/孙立

看见“shu”，后来球队的文化建设只能不了了之，副领队没有了事情可做。

此事后来还留下一个尾巴：由于种种原因，这位副领队的工资一直没发，因为没有签正式的合同，有的只是主教练口头答应的价格和俱乐部主任口头答应的价格。事情一直拖到2000年，最后俱乐部按照两个口头价格给了一个折中价，一次性补发了一年的工资。

令人发蒙的六连败

刘指导高估了职业联赛初期文化建设所能带来的力量，我们却低估了队伍中各种角力的存在。

原海牛队队员来自山东外贸机械公司、市政公司、工商银行、市体委和青岛体校青年队等多家单位，专业的、业余的、退役的都有，球员年龄结构不合理，技术水平参差不齐，思想意识不统一，这样一支半职业半业余的队伍要在甲A站稳脚跟，就必须对队伍进行重组、改造。要塑造一支真正的职业化甲A强队，需

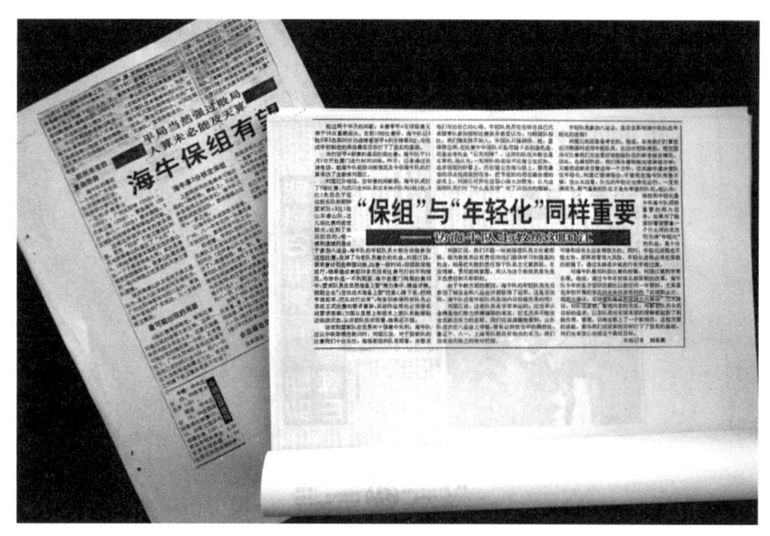

平局当然强过败局
人算未必能攻天算
海牛保组有望

“保组”与“年轻化”同样重要
——访海牛队主教练刘国江

媒体关于球队保级的报道

要时间更需要理性，就这一点来说，俱乐部管理层是有共识的。

在第一次董事会上，作为主教练的刘国江提出一个队伍调整方案，之前带队重返甲A的教练班子（吴洪月、盖玉殿、张崇发、王维满）不予留用，分流5名老队员左文清、袁生、冷波、付继亮和王海芳，其中王海芳将担任实习教练。从队伍年轻化的角度，这个方案看上去合理；从队伍稳定的角度，这个方案容易引起波动。消息传出后，就有部分球员到市政府反映情况。

经过市领导和董事会及海牛队领导班子耐心细致的思想工作以及恰当的措施，很快消除了部分队员对调整不理解而造成的隔阂，队伍得以顺利开始新赛季。

4月份，一堂普通的训练课，又出了问题。从广州太阳神队转会到青岛海牛队的中卫李巍，与前锋毕子龙在对抗中正常碰撞，毕子龙爬起来后打了李巍一拳，李巍没有还手。这时在场边观看训练的球迷打抱不平，隔着网对着场内高喊“不许欺负外地人”。毕子龙听罢冲过去质问是谁说的，并对站出来的球迷做了一个所谓的“飞铲”。现场的球迷一下就火大了，汤乐普、左文清、冷波还有两个守门员又跑过来加入口角之中，刘国江和王守业赶紧上前制止。球迷们不依不饶地在俱乐部围到天黑，非要王守业和毕子龙下来给个说法，最后直到派出所派出干警方才平息矛盾。事后一干队员遭到停赛罚款的处罚，并向球迷认真道歉。但这次冲突中，外地球员和本土球员的矛盾，还有两个打不上球的老队员（汤乐普、冷波）的火气，几个队员不分青红皂白护犊子的行为，都暴露了队伍内部的复杂关系。

这些信号都被一一忽略，第三阶段开始之前，刘指导在接受媒体采访时语气轻松，“对海牛队最后阶段比赛的前景，我非常乐观。通过年初俱乐部体制的改革，海牛队今年的各方面状况都比以前任何一年要好，尤其是自年初开展的旨在向业余状态告别的足球职业化、规范化建设，足球理论建设和足球文化建设三大建设，对队伍思想、管理内容的充实，对新老队员今后目标的追求，以及队员对足球本质的理解都起到了积极作用，管理、训练也都上了一个新层次。这些方面的成就，都为我们完成保级目标打下了坚实的基础，我们有信心完成这个最低目标。”

那时候刘指导为队伍的年轻化做着进一步的思考，并想赛季后把队中的5名队员转会，但俱乐部主任王守业考虑到联赛还没打完，后半程球队需要稳定，就将这个议题暂缓讨论。但这一消息被几名队员得知后，又引起队伍的一番波动。

从第15轮比赛开始，俱乐部几乎是以猝不及防的姿态迎来六连败，并深切地感受到什么叫“兵败如山倒”，负天津、负万达、负太阳神、负国安、负申花、负敖东，这时候整个赛季只剩下两场比赛，媒体和球迷一片哗然，内耗说、内乱说传言纷纷。对颐中而言，对我们这些参与者而言，足球这门课的难题此时才显露真面目，有些东西，不是靠规章、靠制度、靠指标、靠努力就能去实现的。危局之中，市足球指导委员会领导、俱乐部董事会领导纷纷出马督战，开会、动员、分析、判断。等最终在东莞战胜已经降级的广东宏远，惊险保住甲A席位的时候（这是球队在第三阶段取得的唯一一场胜利），所有人都感觉像被扒了一层皮，那种在刀尖上行走的感觉，那种面对迷局不可控的感觉，实在是煎熬！

主教练缺席的赛季总结

本来签了两年合同的刘指导，赛季结束后迅速加盟前卫寰岛队。

12月21日下午，在东莞打完和广东宏远的保级战，第二天一大早，刘指导乘坐飞机返回北京。后来据媒体报道，当天晚上他和寰岛老板王福生在北京五洲大酒店正式签订合同。签约后刘指导回过一次青岛，在受到市领导接见宴请时，他表示会认真总结好六连败的教训，但最后并无之前那般长文。对这一年，他留下经典的十二个字：大起大落、大顺大逆、大喜大悲。

作为顾问的吴洪月，在总结中针对这十二个字谈了自己的个人看法——

十二个字非常形象地概括了我队全年的曲折历程，冲入三甲是奇迹，六连败也是奇迹，落差这么大，完全出乎人们的意料，论证分析其原因，是有一定难度的。

冲入三甲和六连败都不是我们真实水平的说法不够确切，因为冲入三甲和六

为人低调朴素、工作认真踏实的吴洪月指导。摄影/孙立

连败都已记录在1997全国足球甲A联赛史册上，正式记录就是现实，就是水平，不能只接受三甲的鲜花和掌声，而不吞下六连败的苦果。

冲入三甲是我队全体将士共同拼搏的硕果，它证明海牛队历经三年“两升一降”甲A联赛的磨炼，培养出陈刚、范学伟、纪玉杰、刘兆旭、王灏、王国栋、毕子龙、乔伦、王伟等一批优秀青年队员，俱乐部成功引进了三名较高水平内援和三名外援，水平较去年已有质的变化。

年初在市委、市政府的正确领导下，市里成立市足球指导委员会、董事会，对俱乐部运行机制进行一系列改革，颐中公司投入大量资金，大大鼓舞了队员士气和斗志。在主教练率领下，教研组、工作人员积极配合，成功进行了冬训和春训，比赛中球队团结拼搏打出气势冲入三甲，也是情理之中。回顾四年联赛，除大连、上海、北京位居前三之外，其他各队都在4−12名中上下浮动，冲入三甲是海牛队光辉的亮点。

六连败使海牛队陷入保级泥团，在主教练和队员没有变化的情况下，队伍这样大幅度滑坡，是令人痛心的。思想上不求进取、盲目自傲自大，是滑坡的主要原因。我队有过两升一降的教训，作为今年升班马，保级意识是万万不可松懈的。当队伍历经联赛两个阶段拼搏，取得第三名的好成绩时，在鲜花与掌声中，队伍领导头脑膨胀，难以清醒面对现实。如果能正确认识“站稳脚跟，再图发展”的方针，即保级是基点、发展是目标，不失时机地调整战略，加大队伍训练和管理力度，对保级和发展将是有益的。相反，我们给队员灌输的却是“保级不

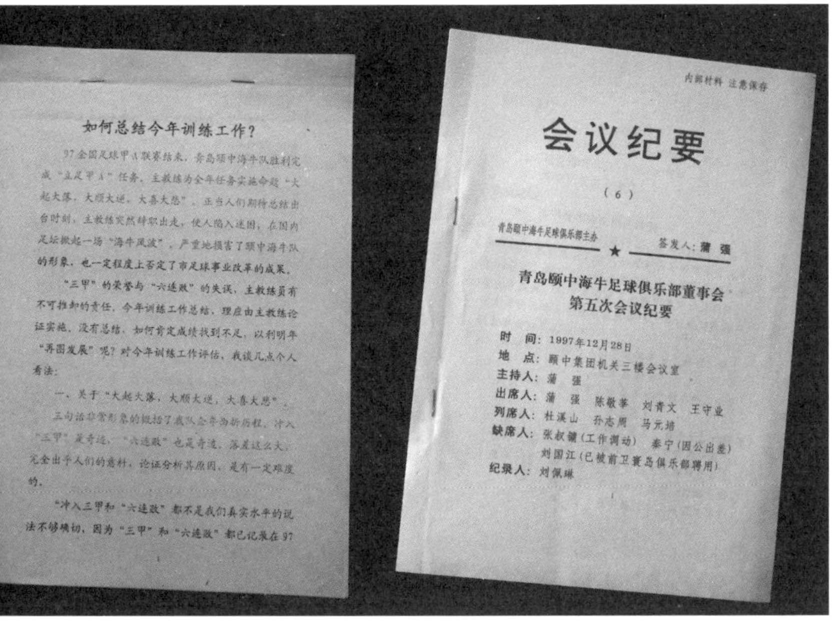

1997赛季，最后由作为顾问的吴洪月指导认真做了总结。1997年第五次会议纪要，刘国江指导已转会。

是我们的专利”“第三阶段九场比赛再拿一场保级成功”“宁肯名次下降也要解决队伍老化问题”，似乎保级完全不在话下。

第三阶段前夕有三个多月夏训休整，对我们这支尚不具备雄厚实力的队伍，强化实战位置技术和战术组合训练是十分必要的，但我们放假、参加社交活动、参观游览、搞体能游戏，失去了两个多月的宝贵训练时间。开赛前队伍赴厦门进行两周封闭训练，而在此期间对“马放南山，刀枪入库”的思想情绪视而不见，没有做好战前准备工作。

第三阶段开始，第二场0比4大比分输给天津队，就是保级的危险信号，球队理应加强队伍管理力度，但输球却只是被作为意外事故，没有有的放矢认真总结。六连败后球队保级进入生死关头，但主教练认为“保级危机微乎其微”“主场胜或平四川队，最后从降级队广东身上拿三分，保级成功”。这时市领导多次到队里进行动员，下达“向前一步是英雄，后退一步是历史罪人”的战斗令，球队终保住甲A席位。正确思想可以让海牛队冲入三甲，错误思想也可使海牛队滑入六连败的困境，教训要刻骨铭记！

1996年吴指导率队重返甲A后，1997年作为顾问留在队里，他和队员同吃同住，生活非常朴素，对队伍一腔热血，他的这份总结也是他一贯的为人态度。2012年2月，吴指导因病去世，老海牛队员王国栋的缅怀之词很能代表大家的心声：“吴导是一个非常令人尊敬的老教练，品德高尚，从不计较名利。他虽然话不多，但句句都很经典。”

Chapter

05

第五章

一个可怕的魔咒

1998年11月30日，我正式就任俱乐部总经理。这一年，颐中海牛队夺得了联赛第六名，看上去这是青岛足球在职业联赛中最好的成绩，但这一年的6到10名都是32分，仅仅靠胜负关系球队才得以排名靠前。

这个成色不高的第六名，让大家忘记了赛季中的四连败，也掩盖了队伍的很多问题，矛盾和冲突终于在1999年彻底爆发。

一朝天子一朝臣

东北大帅李应发率队取得第六名，这是一个看上去不错的成绩。摄影/孙立

1998年球队的主教练是东北大帅李应发。这一年球队成员变化较大，引进了"金左脚"曹限东、"快马"庄毅和外援詹姆斯、爱德华和艾伦，又从二队增补了马永康、邱忠辉和崔肖佳等年轻力量，保留了王东宁、矫春本、袁生、左文清等老将。一年中球队状态并不稳定，表现出典型的"主场龙""客场虫"现象。13个主场，7胜5平1负得26分，占全部得分的80%以上，13个客场，1胜3平9负

1998赛季，左文清和陈刚两位主力球员的发挥相当不错。摄影/孙立

仅得6分。

不过在总体成绩看上去不错的情况下，俱乐部没有不和主教练续约的理由，赛季结束我做的第一件事，就是全力以赴和李应发谈续约事宜，面对我这个30多岁的后生，李大帅表现得很诚恳，经过5轮10个多小时的交谈，他基本答应留任。新华社青岛分社在11月27日发出电讯：青岛颐中海牛足球俱乐部宣布下个赛季主教练的教鞭仍由李应发执掌，合同期为一年。曾在健力宝队担任教练的国作金被任命为青岛颐中海牛足球队的领队，原俱乐部主任兼领队王守业被聘为总教练。

但事情随即出现反转，李应发对教练班子的组成有不同的意见，上任第二天后他的工作安排不是在绿茵场指挥球队训练，而是在房间里睡觉。他对外的说辞就是“我病了”，最终他以身体不佳为由坚决辞职，很快他于12月4日离开青岛。

同年离队的，还有外援詹姆斯、阿隆，内援曹限东、庄毅以及队中的老将袁生等。队伍人员组成上的大幅度变化，也在1999赛季遭到球迷的诟病，球迷们认为背后有什么内幕。在这里我特别提一下曹限东，他是一名非常优秀的球员，1998赛季在青岛队表现得兢兢业业，打入6粒进球，赛季结束后他就递交了转会申请，他表示自己家在北京，老人重病缠身，作为一个儿子，他想离老人近一点，不留遗憾；他30多岁没有结婚，这样漂泊在外也无法成家。曹限东文笔很好，写得感人，我当时看着很不忍，只能放他走。但真正原因，在他2017年10月接受北京青年报的采访中我才看到——“1997年底原本是前卫寰岛联系我的，

1998赛季结束，这张照片中的曹限东、袁生、庄毅因为种种原因离队。摄影/孙立

青岛俱乐部老总王守业把我摘了以后，也没跟我打招呼，直接就回到青岛了。前卫寰岛当时的主教练是刘国江。因为他们两个人之间有矛盾，就赌气把我摘到青岛。到了青岛之后，头几场球，踢一会我就被莫名其妙地换下来，或者根本不让我踢。当时的青岛队主教练是李应发，后来李应发对我说：‘你看见没有，限东，没有办法。’我印象最深的就是客场对广州松日，我踢到五六十分钟的时候，场边突然举牌要换我。这个时候有一个定位球，李应发不让我下，让我罚完再下来。说白了这里面都有猫腻，而我是一个外来人，好事沾不着。我感觉那个地方对我来说并不是家，有种老在外边漂着的感觉，而这些感觉是我在国安时所没有的。”

庄毅一直是李应发的爱徒，他是一名智商很高、性格突出的球员，个人追求的目标很高，不是能留住的。袁生、刘兆旭、毕子龙、王灏都是对青岛队、对家乡很有感情的人，甲B、甲A打天下的时候，他们都是功臣，但是年龄、身体、伤病、心理等因素使得他们全赛季连百分之一的上场时间都没有，硬是留他们又打不上球，这不是废了他们吗？至于外援，后来的主教练是金正男先生，在赞比亚外援不再引进的状况下，我们为了开辟市场甚至转机三次去了罗马尼亚、加纳、保加利亚等地，却没有一个能入主教练的法眼，后来他在海埂集训时相中了罗伯尔多，在韩国集训时看好了伊万，但是直到外援上场之后才发现不合适，金正男这才对俱乐部表示抱歉并要求更换。

这一个赛季交接期，我这个新手总经理在这些老江湖面前，表现大概就是一个词——稚嫩。

从1998年开始，甲A看台上开始出现不好的苗头，球迷的情绪越来越焦躁，部分场次出现谩骂球员乱扔杂物的现象，尤其是和万达队比赛时，水瓶、喇叭、扑克、皮鞋纷纷进场。为此，俱乐部不得不通过媒体发出致广大球迷的一封信，希望大家爱球队、爱青岛、树形象，不要因为个别人的不良行为损害城市形象、损害青岛球迷形象，但这种呼吁只能暂时起到作用。等到1999年和2000年，球迷已经成为青岛足球关键节点中的“主角”，球迷消极情绪蔓延，俱乐部再怎么呼吁冷静、客观都效果甚微。

好人金正男的悲剧

作为韩国名帅，金正男风度优雅、为人可亲，可惜他的风格并不适合中国足球。摄影/孙立

本土教练各挥各的大旗，各有各的山头，各有各的打法，但总是离不开错综复杂的人情和关系。

1999年，俱乐部第一次聘请了外籍主教练——韩国名帅金正男，希望能撇开这些容易节外生枝的麻烦。金正男在韩国足球界的地位很高，他是韩国足球的学院派，讲究技术，是国家足协的讲师，连车范根见了他都要鞠躬行礼，更别提李章洙了。进入中国足坛后，金正男的儒雅、专业、敬业，给人留下了非常深刻的印象。尽管1998赛季他在鲁能泰山成绩不佳，中途下课，但各级领导还是对他投了信任票，希望这位韩国儒帅能在山东继续他的执教生涯。

1999年，俱乐部编写的《颐中足球动态》正式创刊，金正男带领的教练组是创刊封面人物。

金正男也是抱着很大的雄心来到青岛，希望摆脱上一年在鲁能泰山队的不得志。基于海牛队上一年的成绩，有国作金、杨为健、王维满三位本土教练的辅佐，他一上任就提出了“梦之队”的说法，表示要努力带队杀入前六名。

金指导在训练场和比赛备战方面非常投入，同时也非常敬业，只有不了解足球的人，才会在技战术方面对他提出质疑。不过，由于过于儒雅，他对队员只有四个字——和蔼可亲。他不会也从来没有对队员发火，这一点恰恰与在中国执教的其他韩国教练形成鲜明对比。金正男这样宽容，出发点是好的，是为了保护他们的自尊心，保护他们的个性，希望他们也能有一颗感恩的心，从而用实际行动来回报自己。

55岁的金正男来青岛时，已经当了爷爷，他的一儿一女又分别生了一儿一女。在金正男房间的书橱里，一直摆放着他的孙儿和外孙女画的画和贺卡，上面写着：“我爱您，爷爷！祝您健康！”但就是这位已经成为爷爷辈的资深教练，在年轻的球员面前依然身体力行：每天都提前10分钟到训练场，训练中尽可能地亲自做示范，甚至会主动去搬动、摆放标志物等，训练场外他每天都会和其他教练细细推敲他做出的教案。他总是把队员们放在重要的位置，即使是去电视台做访谈节目，他也要提醒电视台工作人员，让坐在后面的队员能坐得高一点，以便大家都能以完整的形象出现在电视屏幕上。

同为韩国教练，此时金正男效力青岛，李章洙效力重庆，后来李章洙率领青岛队夺得了足协杯冠军。摄影/孙立

金正男最大的业余爱好是下围棋，他最欣赏的韩国棋手是刘昌赫，因为刘昌赫不但棋下得好，球踢得也不错。韩国围棋界的高手们组成了一支足球队，曾与中国围棋界的足球队交锋过，结果连输几场，于是后来韩国围棋选手足球队聘请金正男作为他们的主教练。为了缓解金正男在

美好的开始没有美好的结果 。

足球场上所承受的压力，我特地把青岛电视台擅长下围棋的胡滨台长介绍给他，两人以棋会友，经常在一起切磋，下棋之余，胡滨也会经常把青岛足球的一些轶事、传统，还有青岛的风俗人情介绍给金正男，帮助他尽快了解这支队伍，融入这座城市。

为了融入，金指导做了很大的努力，他不仅仅和队员们同吃同住同训练，天冷还会给队员们买手套、围巾，请队员吃面条、喝咖啡，他这种文质彬彬的儒雅和球队充满江湖气的圆滑世故显然是完全对不上。可以想到，他的付出没有得到多少回应，他的仁政没有取得良好的效果。

赛季前"梦之队"的提法，是基于金正男看到的表象；他没有看到的，是中国球员在文化修养、受教育程度、基本功，甚至是基本素质方面，都与欧洲球员以及日本、韩国球员有着不小的差距。就拿韩国球员来讲，由于从小就接受比较严厉的培训，在纪律性方面要显著强于国内球员。我观看过他们的一些比赛，发现当他们赢球了，一定会集体拥抱在一起；而输球时，队员们则会低头向教练鞠躬认错，态度非常诚恳。

恐怕金正男在韩国从来没有遇见过哪个弟子敢与他对抗，但在中国足坛，球员不服从教练安排，甚至与教练发生正面冲突，联合起来"弹劾"教练的情况非常常见。在金正男执教颐中海牛时期，球队场上场下、队员之间形成了许多小联盟，这些小团体像看不见的阴影一样笼罩着球队。当时球队总是在赛前训练表现非常好，一到比赛中却完全发挥不出来，这对于在赛前做了精心部署，并且对对手分析也非常透彻的金正男来说是不小的打击。所以在金正男带队时，经常可以看到上半时球队就做出两次换人调整的情况。

前一个赛季执教鲁能泰山队时，金正男在联赛19轮战罢时，取得5胜7平7负的战绩，致使球队一度深陷保级区，最终黯然下课；在青岛，韩国人同样没能有所收获，联赛开始的前六轮比赛，颐中海牛队只取得一场比赛的胜利。足协杯赛0比7惨败给重庆队之后，金正男的日子便更加难过。随后，在主场迎战申花队的比赛中，颐中海牛在场面上占据优势的情况下，最终还是以1比2落败，这也成了金正男下课的导火索。青沪一役结束后20分钟，几辆满载球迷的大巴车便驶到宁夏路的训练基地，1000多名球迷堵在宿舍楼下，唯一的要求就是和金正男对话，这导致球员们在比赛后两个多小时都无法用餐。

我们没有办法阻挡源源不断的球迷，也没有办法凭借一张嘴让他们散去，怎么办？打电话，搬救兵！晚上6时左右警察赶到，个别情绪激动的球迷，几次要冲上楼去与金正男理论，都被警察和工作人员劝阻。令人想不到的是，金正男突然从楼上走下来，他一板一眼用流利的汉语对球迷们说："我告诉你们，我正式下课了，你们不要闹了。"然后，他转身离去。

金正男说出"下课"这句话后，我尽了最大可能进行挽留，但韩国人的态度十分坚决，并表示中国与韩国的足球环境差别太大，他已承受不了如此大的心理压力，只能选择辞职。对于他的这种说法，说实话我找不出合适的理由反驳，最终只能目睹着一位先生教头的再次挫败。11轮联赛，战绩是可怜的3胜2平6负，俱乐部只能宣布金正男离任。离别之际，金正男的翻译小余流泪不止，也许，只有真正了解这位先生教头魅力的人，才能如此舍不得他的离去。

一年三度换帅的"历史记录"

金正男下课之后，时任领队的国作金临危受命。他曾经随健力宝队留学巴西，当时队里有一半以上都是他的学生，因此他有很大的话语权和威望，他自己也是很有事业心的人，希望自己能够站在一个更高的层次上接受考验、积累经验。

从接手到按照自己的思路打第二循环的比赛，国导只有12天的时间。时间首先用来解决队员的思想问题。当时我们两个找球员推心置腹，希望他们明白，只要好好打比赛，赢下胜利，一定会有应有的回报。那个年代球员很"专一"，一心只想赚钱，所以对于他们来说，能不能打上球，教练用不用他便是极其关键的。当时一线队替补球员一年有十几万的工资，而主力队员年薪都在二三十万，绝对主力即球队核心（普遍是有国字号经历的），年薪则达到了四五十万，这仅仅是固定工资，如果加上奖金，主力和替补的差距是巨大的。

国作金承受了巨大的压力。摄影/孙立

国导是位非常认真的人。他带队后加强内部协调，训练方法积极，阵容安排力求合理，让队员们都能感受到自己的价值，队伍风气逐渐好转，也一度打出了较为流畅的攻势足球。但对于当时的颐中海牛队来说，这显然难以解渴，运气也似乎不站在我们这边，有很多场次，我们明明是占据上风，但不是将球打在对方门框上，就是门前把握不住机会，而对手两三脚打门就进球了，这对球队的士气损伤非常大。当时球队比赛不是输就是平，政府、媒体、球迷都帮忙找原因，俱乐部教练组的压力越来越大。国导执教8场比赛，成绩是1胜3平4负，此时联赛已过18轮，球队仅积15分。

间歇期我们去淄博集训的时候，国导已是心力交瘁，他表示自己难承其重，“真累，太累了，容不得我有半点喘息的时间。”我知道他经常比赛后饭都吃不下，觉也睡不好，眼睛里充满血丝。看着他疲惫无奈的样子，我们又能说什么呢？

经过一番考量，也经过一番沟通，时任俱乐部主任的王守业站出来再为保级而战。他上任后一是让老资历的吴洪月指导担任技术顾问，参与队伍技战术打法的安排，充当“镇山之宝”，加强队内协调；二是重用前一段未列入主力阵容的江洪、左文清、纪玉杰等老队员，希望发挥老队员的主观能动作用，用他们的经验、稳定的心理和技战术发挥来带动全队。记得他上任后首战主场对阵海狮，那天队伍特地换上了全新的红色战袍，守业要求队员们上场时要手拉手，唱国歌

杨为健最后“救火”成功。摄影/孙立

时精神要集中，他把要上场的11名队员召集在一起高喊：“现在是11头野公牛下山了，大家加油！”那场比赛如愿赢了。

守业的勇于担当和知难而上，并未换来外界的认可。当时下半赛季联赛局面更加混乱，连年保级加剧了舆论环境的恶劣，当时哪怕是一场平局，照样引来无数球迷的不满，无论结果和过程多么正常，只要是主场比赛，都会被一股“下课声”所淹没，球迷到俱乐部去堵门、请愿、喊口号成了常态。守业带队四轮1胜3负，此时联赛还剩三轮，眼看颐中海牛队一只脚已经迈进“地狱”，一方面是社会的猜疑和不认可，一方面是深怕愧对江东父老，守业主动挂鞭，这段经历，让他成为球队历史上执教时间最短的主教练。

守业下课后，只能被迫让年轻的杨为健来“救火”。在当时那种情况下，也许谁是教练已经不重要，重要的是如何去活命。最后三轮，“破釜沉舟，一拼到底，不留遗憾”，队伍取得了三连胜的“佳绩”，杨为健则成为海牛队内胜率最高的教练，执教三轮胜率达百分之百。最终颐中海牛以积29分列甲A第10名的成绩，保住了这块甲A的金字招牌。

一年四位主教练，三位下课的时候都说承受不了这种压力。主教练可以辞职，总经理该承受的却必须继续承受，“保级”两个字像魔咒一样紧紧束缚着我，那一年，焦虑、紧张、无奈全部写在脸上，又有哪一天能安心坐在办公室里不忧心如焚？自那以后我常常感慨，足球真是磨炼人意志、培养人耐力的运动。经历了1999赛季的风风雨雨后，我觉得自己的承受力已经远超常人。

无论面对怎样的困难，我一刻都没有忘记自己身后的这两个字。

被反复提及的保级“金句”

面对严峻的保级局面，球迷不断来信、来电，有的还到俱乐部当面问询，媒体更是每天紧追不放。面对大家的不满和指责，俱乐部不想逃避，我决定同意媒体的请求，召开一次球迷通气会，听取球迷意见，解答有关质疑。从俱乐部的运作、俱乐部所要承担的责任、保级前景分析、钱在足球中扮演的角色、俱乐部对今年保级和明年工作要采取的一些措施和想法等等，我一共汇总了近30个问题。

1999年9月22日，球迷通气会在新兴旅社演播厅进行，去之前，我做好了充分的心理准备，因为电视台直播，可能造成的影响可想而知。问题肯定会非常尖锐，我必须去面对；球迷的质问肯定咄咄逼人，我需要去克制。即便如此，我想自己心中积累的情绪，还是会在言谈中有所流露，现在听那些问答部分的原音重现，我还能感受到当时现场那种带着热度、带着焦躁、带着问询的气氛，一种对青岛足球恨铁不成钢的气氛，一种保级命悬一线青岛足球该怎么办的气氛。

球迷：球队为何要年年保级？

秦宁：既然大家都存有疑问，今天我就坦诚面对。青岛足球走到今天，就是我们自欺欺人和急功近利的结果。这一问题我在初到俱乐部时就发现了，也料到迟早有这么一天，但没有办法。面对这种现实，我深信，正气终归要压倒邪气，虚假的东西永远是暂时的。

球迷：国作金带队已经使队伍有了起色，俱乐部为什么要撤换主教练？

秦宁：对这个问题我也听到不少议论。国指导的下课，是他自己的意愿，也与他带队经验欠缺、没有达到预定目标有关，并不是俱乐部想更换他。从我们俱乐部培养教练员长远考虑，第一，必须要培养自己的教练；第二，要扶植、培养年轻教练；第三，国作金就是我们要重点培养的对象。

其实，颐中海牛队打法改变、整体实力下降并不是现在王守业带队才改变的，这种变化在李应发、金正男执教时就已经出现。过去老海牛队那种流畅的配合，两翼齐飞，门前抢点射门的打法风格，尤其是在关键时刻，那种拼搏精神不见了。现在我们这些年轻队员，没有经过甲B甚至乙级联赛的锻炼，他们从每月200－2000元工资，一跃拿到月薪1万元，来得太容易。钱他们是不缺了，但缺少的是那种在困境中的磨炼。

球迷：今年俱乐部引进外援是否失败？

秦宁：今年俱乐部在整个外援的引进工作中，一直替教练员背着一个沉重的包袱，我们绝不是傻子，花钱去买些水货。由主教练定外援从1997年刘国江在队时就开始了，历任主教练都是如此，今年金正男是外籍教练，俱乐部给他的权力更大，年初我们从罗马尼亚、加纳、赞比亚带回的外援，金正男都说不行，结果他选了罗伯尔多和伊万诺夫，伊万诺夫已经37岁，是3个孩子的父亲了。今年我们共试用了9名外援，是历年最多的一次，现在外援引进工作到了这个地步，谁不是一肚子气呢？但由主教练定外援这是制度，我不能改变。应当承认，今年的引进外援工作是失败的。

球迷：为海牛队制订年年保级的目标是否是战略失误？

秦宁：球迷在队伍输球时喊我下课，喊颐中下课，那么颐中集团又为了谁每年投入四五千万元？还不是为了青岛的足球吗？我知道我应该承担什么责任，在金正男“下课”时我就提出能否以我的“下课”来换取金正男的“上课”，但我的领导没同意。如果让我承担责任的话，那就是我的心太软，手太软，没有直接参与把队伍管理抓起来。

球迷：为什么我们要年年保级？

秦宁：冷静地说，我们就不具备甲A的实力。从队伍成分上看，1973年到1976年出生的队员正是当打年龄，可我们队没有，我们现在是一群1977年以后出生的年轻队员在几名1971年出生的老队员带领下征战甲A赛场。造成队伍年龄断档责任在谁？我也在问。颐中集团接手海牛队后一名队员没有流失，而且还买回了7人。当时队伍交给我们时只有一队，没有梯队建设，当老队员退役后，这个队实际上就已经不具备甲A实力了。1997年怎么保的组，还不是靠青岛的荣誉和颐中的钱保住的吗？1998年海牛队还是一个掉组队，它根本就不具备甲A水平，就是打甲B联赛能打第几名？我们这个队现在个人能力、整体水平及打法都不行，但我们又必须想尽办法保住甲A，因为青岛球迷太需要一个甲A球队的虚名了。但是如果明年队伍还是这个成分、这个机制，即使今年保级了，明年还得提保级。

球迷：俱乐部为什么对球迷采取回避态度？

秦宁：我们并不想回避矛盾，我认为球迷输球后到俱乐部喊几句正常，球队输球其实我更难受，但我还是尽量安排与球迷见面，安慰球迷，因为球迷有知情权。现在是这样，将来还是这样，只要是我知道的，我都可以回答球迷的提问。

球迷：作为俱乐部总经理，你到底应该负什么样的责任？

秦宁：俱乐部在整个运作中不成功，我可以承担责任。球队成绩不好，可能与俱乐部管理一线队方方面面工作不力有关，但造成现在这个成绩的原因是多方面的。如果我的“下课”能够唤醒球队，那么我就“下课”，对此我已做好充分思想准备。

在管理俱乐部的过程中，刘青文等颐中集团的领导和同事，给了我巨大的支持和动力。摄影/孙立

两个多小时的节目，最后被剪辑成了20分钟，上了央视的《足球之夜》，被反复不停地播放，尤其是其中“1997年怎么保的组，还不是靠青岛的荣誉和颐中的钱保住的吗？”这句话，在失去了前后语境的支撑之后，被各种猜测演绎，被各种断章取义，原本是要敞开心扉加强沟通，结果成了众矢之的，这让我和俱乐部都承受了巨大的压力。刘青文董事长看我包袱太重，跟我说了一番话，“钱成就了足球市场的繁荣，钱也带来了各种负面效应，关键时刻只能靠奖金这样的物质刺激去解决问题，所以你那句话说得没错。说出去就说出去了。但选择更恰当的时机做恰当的事，这个你应该记住。”这番话我一直铭记在心，我想它对我今后20多年的职业生涯帮助很大。

青岛电视台因为这个送交到中央电视台的节目，得了一个前所未有的奖项。虽然我理解媒体工作者追求新闻热度的心情，但因为此事，我还是对当时剪辑片子的青岛电视台记者万义民表达了抗议，也对这位我一直当作老大哥看待的记者产生了距离感。这件事也直到我离开俱乐部总经理岗位时才画上一个句号。

Chapter

06

第六章

一省兄弟的格局

职业化初期，齐鲁兄弟站在同一起跑线上。摄影/孙立

1999年，当青岛颐中海牛为保级苦苦挣扎，在悬崖边苦苦求生的时候，鲁能泰山队却跃上了双冠王的顶峰，给山东足球带来前所未有的荣耀。这一年，也成为一个分界线，从此决定了两支球队不同的气质：鲁能泰山跻身中国顶级联赛的强队之列，而后来中超联赛中长达六年没有青岛队的身影。

逢青不胜的历史渊源

先让我们看一下1999年之前，甲A联赛中齐鲁德比的成绩——

1995年 泰山主场0：0海牛 海牛主场1：1泰山

2000年，在山东鲁能队中的青岛籍球员，在左起：孙磊、王超、舒畅、李明、宿茂臻、李霄鹏、姜勇 、徐锋、范学伟、高尧。摄影/袁蒙

2000年4月17日 星期一 大家侃球 网址：WWW.QLWB.COM.CN 19

门外谈

盯死以……他的分……回敲……球都令人……其不意又……心悦目，卡西亚诺和他配合也渐入佳境，在对……禁区来二过二搓来搓……叫人眼花缭乱，也显……了他们的自信。

宋黎辉总是不稳定，……一阵狗一阵。上一场打海狮他替补上场威风八面，盘活全局，令人刮目相看，以为泰山队的中场有指望了，然而这一场球他却又蔫了，终场前无谓地犯规领一张黄牌，更让人觉得他总是长不大似的。

前天参加许晨同志长篇报告文学《巍巍泰山》的讨论会，和李心田同志谈到这场球赛的前景时，他说青岛这场球怕是赢不了的，如果能打成平局就是很理想了。他的理由是从泰山队前四轮的表现评估出来的，第二轮对厦门，第三轮对平安，都有些运气……分，球队的整体实……特别是中场的薄弱，……决定性的因素，而后……遇到的大连、天津、……

海牛凭什么赢泰山

□赵立波

赢球就是赢球，人家赢了球去问人家：你凭什么赢球？这样问既不礼貌也没什么道理。不过，足球有时就是不讲什么道理，所谓"赢球就是道理"那是典型的强词夺理，至少海牛本轮赢泰山就没有充分的"硬道理"。

周四中央电视台"足球之夜"给海牛与泰山之战开出了胜、平、负比率，大部分人都不看好海牛，预测他们胜的不到10%。

当然，希望奇迹发生的人还是有的，这希望寄托在海牛新换的两位乌拉圭外援身上。遗憾的是，尽管笔者在比赛中自始至终关注新外援的一举一动，但两位被寄予厚望的乌拉圭小伙子并未显示过人的身手，就本场而言，两人的表现应介于优秀与平庸之间，也就是"能胜任职位要求"。特别是被前国家队领队李传琪认为能与申花外援相媲美的前锋巴茨的表现，更令人失望，除"积极"、"认真"、"卖力"、"跑位准确"、"有传球能力"外，实在想不出更好的词予以形容，奥帅下半场开场不久便将其换下。大家千万别认为这是奥帅"小心眼"、"使性子"，或许两位外援以后会大显身手，带领海牛从胜利走向胜利，但在本场，两外援对海牛获胜所做的贡献并不明显。

那海牛胜泰山凭什么？依笔者分析，一凭运气，二凭门神神奇表现，三凭严防死守。

海牛本场运气真是太好了，全场难得见精彩、有威胁的射门，所进一球也是对方防守任意球盯人不紧，让后插上的海牛卫将将球顶入大门，而泰山队几次极有威胁的射门，要么被门神扑出，要么滑出球门。

门将布尔扎克维奇绝对是本场比赛最抢眼、最出风头的队员，或许因两同胞"惨遭解雇"，老布想为同胞争口气或出口气；或许见了去年大获成功的本国同行萨沙，憋着劲要与之比高低……老布表现异常神勇，高扑低挡，将宿茂臻、宋黎辉头顶脚踢的几个势在必进的球救出，确保大门不失，海牛此役获胜，一半功劳归老布应不过分。

奥帅布阵讲究攻守平衡，前几场不管赢球输球均排出352阵型，奥帅此役明白决不能输，输了恐以后难再有理由"倔"，且帅位亦可能不稳，故排532阵型，严防死守，除开场前10分钟拉开架势攻上一阵外，后防稳定便成为压倒一切的头等大事，这一招法恰恰又是善打防守反击的泰山队最难对付的。

海牛虽然小胜泰山一场，这绝不说明海牛队的实力已赶上或超过泰山队了，与强大的泰山队相比，海牛应承认自己是弱者。赢场球不一定就有充分的道理，但没道理也得去争胜。

责任编辑 刘瑞平

高午看球

只有百分之五的球迷预测鲁能泰山队会在青岛输给海牛队，结果他们猜对了，确实了得，也不知道根据什么，现在有人在为自己辩护，当然是上述百分之五球迷之外的人，不是他们预测不对，而是忽视了……

……法而已，赢球有赢球的说法，输球有输球的说法，属正常，应当说，泰山队员踢得还算可以，有几次射门颇具威胁，有个进球被判越位，运气稍差点，但是，也得承认这场球的确没有踢出气势，缺少驰风飞扬的魅力，前几轮酣畅淋漓的进攻，不急不躁，把握必胜信念的强队……

青岛党校的赵立波教授在齐鲁晚报上发表的文章。

1997年 泰山主场0：1海牛 海牛主场1：0泰山

1998年 泰山主场1：1海牛 海牛主场2：0泰山

成绩显而易见，海牛队占据上风。在泰山队那里，则有一个"逢青不胜"的说法，这里面其实暗藏着历史的渊源。

青岛一直是国内足球人才的主要输出地，山东队历来也都是青岛籍球员的天下，四运会山东男足夺冠，19个球员中有14个青岛籍，他们分别是相恒庆、安征、娄序成、姜溪远、房华宁、李忠伟、代仁庆、徐永来、李玉森、高峰、张崇

宿茂臻和马永康在比赛中对抗。摄影/孙立

隋勇和舒畅在比赛中对抗。摄影/袁蒙

发、盖玉殿、魏吉鸿、刘承德；八运会山东男足夺冠，队中90%的球员都是青岛籍，他们是宿茂臻、李霄鹏、李明、范学伟、舒畅、高尧、王超、乔伦等。著名球员李霄鹏父子的经历，足以说明青岛足球的基因传承多么强大：20世纪六十年代，李霄鹏的父亲李天恩曾是北京足球队后防线上的一员猛将，他帮助北京队夺得过1963年全国甲级联赛冠军；1999年，李霄鹏帮助鲁能泰山队夺得了双冠王。

职业化联赛之前，青岛是没有组队资格的，所以只能在山东队中充当“主角”。职业化联赛之初，青岛海牛队基本以山东队中退役的老队员为班底组建，汤乐普、王海芳、矫春本、杨为健等在当时都是前辈和大哥的角色，和泰山队球员相遇，他们完全能占据技术优势和心理优势，这种微妙的心理暗示往往能决定最后的结果。以1997年为例，殷铁生率领的泰山队两度败在海牛队脚下（主客场海牛都是1：0），当时双方的气势差距明显。在主场又一次获胜之后，第二天青岛日报曾经用一篇题为《兄弟珍重 后会有期》的文章，有几分“自得”地描述了青岛足球在那一年开局欣欣向荣的样子——

这是齐鲁双雄又一次的相逢，尽管殷铁生绞尽脑汁遣出怪阵，海牛门前屡出险情，但最后的结局是：泰山再次败走岛城。这一胜一负，带给双方的是：青岛颐中海牛队积分榜上升到第三位，在外人的眼里，它已成为一支不仅为保级而战的队伍，而应拥有更远大的目标；济南泰山队积分榜跌至第七位，在外人的眼里，它一直难以洗刷今年以来颓丧的形象，泰山早已失去“巍巍然”的风采。

一度威风八面的高举高打，渐渐沦为一成不变的“三板斧”，没有新人的刺激与活力，没有新的打法与思路，泰山队在不知不觉中已暮气沉沉；而青岛颐中海牛队的今天全得益于“为有源头活水来”，主教练刘国江回归故里，成功引进内外援并大胆起用新人，使得命运多舛的海牛队焕发出前所未有的生机和活力，使得众人不得不刮目相看。

1998年双方首轮相遇，青岛海牛队在客场拿走了一分，青岛晚报对比赛的战况这样描述：“海牛众将对泰山队的进攻套路知根知底，泰山队又过于依赖宿茂臻这一个进攻点，海牛队防范起来并不困难。而海牛队的反击却能够给对手制造真正的麻烦，以陈刚射入对手龙门的一球为例，其组织之流畅、传输之简洁，再加上陈刚把突破、过人、射门这一连串动作完成得完美无缺，毫不拖泥带水，实为海牛队近年难得一见的反击入球佳作。泰山队想拿3分，但3分却险被海牛队抢走。此役海牛队战胜了高温酷热，战胜了场上一些非正常元素的干扰，表现还是相当让人满意的。”这一年回到主场，海牛队赢了一个2：0，年终排名，海牛队位居第六，泰山队位居第七。

这期间“齐鲁德比”已经成为媒体和球迷都十分关注的“焦点”，再加上1995年时，李霄鹏在青岛时的一个进球，导致海牛队失去了保级大战中的有利位置，所以被渲染出不少恩怨的味道。齐鲁足坛谁是老大？青岛人其实是一直憋着一股劲的，1997和1998两个赛季，青岛足球靠多年的底蕴抗衡住了泰山。

1999年，鲁能泰山队成为联赛杯赛双冠王，从此跻身强队行列。摄影/袁蒙

1999年发生的质变

山东电力集团1998年开始接管泰山队，接手的当年，球队聘用了历史上第一位外教——韩国名帅金正男，但这一年球队过得颇为动荡波折，8月底俱乐部宣布金正男下课，与此同时鲁能泰山俱乐部对成绩不理想的原因进行了深刻反思和总结。

由于大家同为国企，又都是首次涉足足坛，所以我对鲁能的一举一动都很关注，我认真记录了他们对外公布的几个原因：首先俱乐部认为自身对足球运动客观规律的认识和把握还处在初级阶段，在工作指导思想上不自觉有一定的超越常规的、急于求成的倾向；二是球队技术战术正处于转轨时期，一直处于磨合之中，泰山队过去以防守反击见长，现在倡导全攻全守打法，这符合现代足球发展的潮流，但全攻全守打法要求队员有较强的一对一能力，而球员全面理解并熟练运用这一战术，还需要一个较长的过程；三是球队管理中也出现一些问题，特别是优胜劣汰的机制没有建立起来，球员的流动尤其是外籍球员的加盟，使得球员之间的竞争压力加大，个别球员产生这样那样的消极想法和情绪，使得团队精神受到削弱。

这次“泰山低头问路”，后来看是一个关键转折点。1999年随着桑特拉奇的

1999年，颐中海牛队保级成功后，范学伟、陈刚、许翔（从左至右）等球员绕场一周，感谢球迷支持。摄影/袁蒙

到来，球队面貌不断改观，尤其是对新人的启用非常有力度。以他们和吉林敖东队的一场比赛为例，吉林队只有一个新人，而泰山队11名队员中有9名是年轻队员，对此，桑特拉奇的名言是“希望好的葡萄能酿出好的葡萄酒”，希望在他们教练班子的指导下，能把泰山队变成一支强队。

这一年我开始担任颐中海牛足球俱乐部的总经理。两支球队虽然在球场上寸步不让，但私下里我和邵克难、董罡、韩公政、康梦君等俱乐部领导交往颇多，也开始对齐鲁德比有了切身体会。记得那会儿去济南，为了表示兄弟的情意，每次我都会带几条香烟给他们，其中有青岛卷烟厂比较著名的品牌“壹枝笔”，不过我发现他们对这款当时非常流行的高档香烟非常不感冒。面对我的疑惑他们也没客气，半开着玩笑说出了答案：“你这个‘壹枝笔’，用济南话说出来就是‘一直背’啊，抽了你这个烟，抽出背运来怎么办？”

玩笑归玩笑，左右绿茵场的，怎么可能会是运气，实力肯定是首要的元素。1999年的齐鲁德比，泰山主场2∶0海牛，海牛主场1∶2泰山，“逢青不胜”从此成为历史，讨论谁是齐鲁足坛老大已经没有意义，“我们是风，我们是电，我们是橘红色的火焰。我们是钢，我们是铁，我们是永不倒的泰山……”这一年鲁能泰山队成为联赛杯赛双冠王，成为谁都不敢轻视的一个强大对手。

2000年围绕着齐鲁德比，还发生了至今令人难忘的一幕。当年首回合较量

一张具有历史意义的照片，前排左五为王俊生、右五为阎世铎。我和时任泰山俱乐部总经理董罡（王俊生后）并肩而立。

我和泰山队中的青岛小伙舒畅合影。

中，我们主场1：0取胜，对于已经夺取双冠王的泰山队而言，显然这是令他们耿耿于怀的失利，所以等回到泰山主场时，桑特拉奇列出的出战名单中，宿茂臻、范学伟、舒畅三名青岛籍的主力队员被列为替补。据说宿茂臻在发烧，范学伟在被问及为何未能首发上场时半开玩笑说了句："避嫌呗。"倒是舒畅因为年轻气盛反应十分强烈，到赛场后他发现自己被列为替补，干脆掉头扬长而去。

那场比赛打得十分激烈，在泰山队2：1领先的情况下，第68分钟，曲波又把场上的比分扳平。见此情景，桑特拉奇气得火冒三丈，直接回休息室去了。助理教练老佩佳不得已充当了主角，他挥舞着手臂在场边指挥，大喊大叫，动作夸张变形，球迷也在看台上起哄，大喊着"假球""假球"，但随后泰山队凭借两名外援的进球，以4：2拿下了这场比赛，也算平息了这场齐鲁德比的种种画外音。赛后桑特拉奇用胃痛来解释他中途退场的原因。据说比赛结束的当晚，邵克难找舒畅谈了话，这都从侧面流露出泰山面对青岛队时的复杂心绪，毕竟两队之间扯着骨头连着筋，渊源太深了。

范学伟的出走和成长

到底是什么原因最终决定了两队迥然不同的气质？范学伟的例子也许能说明一点问题。

范学伟在海牛队时担任了四年队长，1997年随山东男足征战全运会，在殷铁

1999赛季结束，范学伟选择到泰山队踢球，并一直在那里延续着自己的职业生涯。摄影/袁蒙

生的带领下获得全运会冠军。1997年底，殷铁生向他发出邀请，希望他能加盟泰山。当时青岛媒体展开了一场挽留范学伟的讨论，青岛市主要领导出面进行了挽留，最终他留了下来。

1999赛季，范学伟在青岛和队友们一起经历了保级的种种折磨，与此同时泰山队在那边高奏凯歌，所以2000年能到泰山队踢球，他的心情无疑是愉悦的。加盟泰山队对他而言也像到了另外一个家那么亲切，队中青岛老乡这么多，和宿茂臻是同时代的，李霄鹏、舒畅、高尧都把他叫作伟伟哥，后来到王永珀等小队员，就得叫他“伟叔”了。范学伟在泰山队发展得很顺利，在那里心无旁骛地踢了六年球之后，他于2006年底退役，并继续在鲁能泰山俱乐部延续着自己的职业生涯，在鲁能足校他一待就是五年，还曾执教女足国少队和山东女足，除了任职一线球队之外，他还一直致力于青少年足球事业的发展。

后来在接受媒体采访时，说起为什么加盟鲁能，范学伟说当时的想法和球迷有很大关系：“因为青岛这座城市和济南是不一样的。青岛属于码头文化，济南这座城市包容性比较强，我为什么会转会到鲁能呢？第一我是被鲁能的球迷感动了，在海牛的时候，有一次我父亲去看我踢球，回家之后父亲说，‘孩子，我以后不看你踢球了，遭罪，你在场上踢，我在场下挨骂。’当时来济南踢球，从来不见鲁能球迷骂球员，一些老球迷如董大姐、鞠勇他们都特别好。来鲁能还有一个非常重要的因素，那就是鲁能的管理非常规范，这些年我非常感谢鲁能。”

为青岛足球奋斗多年的王维满（左一），在2015年再次加盟广州恒大，他将在那里结束自己的职业生涯。摄影/袁蒙

和范学伟有同样感受的，还有海牛队守门员教练王维满。在教练班子中，守门员教练不可或缺但只是配角，但我认识的王维满，一直在用主角的心态对待自己的工作，他先后培养出王灏、朱慧谦、杨君、李帅、刘震理、邓小飞等多名优秀门将之后，已经称得上是中国足坛守门员界的“教父”了。王维满在青岛足坛耕耘多年，当过守门员教练，也临危受命当过球队主教练，2010年因为李章洙的机缘，他加盟广州恒大俱乐部，后来兜兜转转，他在2015年又前往广州，出任广州恒大足球俱乐部梯队守门员总教练兼恒大足校守门员总教练。这一次和任何人都没有关系，完全是靠自己的敬业、专业，他赢得了中超这家顶级俱乐部的认可。

50多岁的人离开家乡离开家人，到遥远的南方去打拼，这在很多人眼里意味着漂泊和艰辛，但王维满自己并不这么看。我和他多年都保持着联系，有一次我们交流时，他跟我说了自己的想法：“对男人来说，当然事业是最重要的，能让自己的事业在一个合适的地方延续发展，更加重要。与青岛的足球环境相比，我更喜欢广州，恒大俱乐部有更先进的理念更开阔的视野，也给予了我更强有力的支持，我觉得自己能在这里再培养出几个优秀的门将。秦总我不是吹牛，你等着看后面的国字号门将会不会还是我的弟子。”

我相信王维满的话，不仅仅是因为他作为一个职业足球人的实力，也因为他言语中流露出的那种如鱼得水的感觉。王维满也好，范学伟也好，他们的经历和

少帅汤乐普临危受命，率领山东队夺得九运会铜牌。
摄影/袁蒙

感受，其实也代表着青岛足球身上的两面，一方面是几十年来人才辈出，是中国足坛不可忽视的一股力量；另一方面是非不断、人情复杂，至今没能在顶级联赛中拥有一支英勇善战的强队。这种尴尬和矛盾已经持续多年，当年的颐中集团没有解决这个问题，中能集团、黄海制药、中创恒泰等企业还在努力中。但能解决这个问题的，肯定不是哪一家企业，而是和置身青岛足坛的每一个人都有关系。

济青兄弟情未了

让青岛足球能够名副其实，是很多足球人的心愿，范学伟把职业生涯深扎在了济南，宿茂臻则在多年后回到了青岛。

宿茂臻那一代70后的球员，人品正、球风正，离开赛场之后，他们也都将这种作风延续到了教练岗位上。茂臻多年来对家乡足球都心心念念，踢球时虽然没能身披青岛队战袍拼杀，担任教练后他终于有机会为家乡效力。2013年，茂臻担任青岛海牛足球俱乐部的主教练，同年获得“中国足球乙级联赛”最佳教练称号，带领球队升入中甲；2015年7月，他从青岛海牛辞职，同年12月15日，他担任青岛中能队的主教练；2016年12月21日，茂臻被任命为青岛黄海足球俱乐部副总经理兼中方技术总监。

作为山东足坛名帅，殷铁生曾在2005年和2016年担任青岛中能队主教练。2021年他再次“回家”，为青岛海牛队继续征战。摄影/袁蒙

老帅殷铁生同样是“济青兄弟情未了”，2005年和2016年，他先后两次担任青岛中能队的主教练，这也让我想起当年和殷铁生之间的情缘。

1997年底，颐中海牛俱乐部原本和宋黎辉达成协议，要把他引进到青岛来，但在摘牌大会上，殷铁生代表泰山队斜刺里杀出，将宋黎辉纳入自己麾下。明明知道有私下里的“君子协议”，同省兄弟却这样抢人，我们的心情可想而知。不过殷指导很快通过中间人找到颐中俱乐部的相关领导，表达歉意的同时也希望能赢得理解，毕竟职业化联赛不讲私情，大家都是在为自己的球队负责。虽然有这样一个插曲，但殷导的坦诚给我们留下了深刻印象。1998年底李应发称病不再担任海牛队主教练后，我当时作为俱乐部总经理，心中的第一人选其实就是殷铁生，记得当时为进一步沟通，他坐着朋友的车连夜赶到青岛，我则在济青高速青岛入口等着他的到来。我们去了一家茶馆聊了几个小时，那次我和殷导的交流是充分、愉快、全面的。后来经过一番权衡，青岛市足球指导委员会做出的选择是金正男，这使得这次牵手没有成功。后来看到他在中能把姜宁、刘健、郑龙等年轻队员带出了水平，带入了国家队，我心里真是替这位老朋友感到高兴。

在职业联赛发展中，济青兄弟有着“你来我往”的情意，而每逢全运会这样的大赛，那就是兄弟齐心所向披靡了。历次夺冠的辉煌自不必说，2001年全运会对颐中俱乐部却有一番特殊意义。那一年由于殷铁生和长春亚泰有合约在身，最终率队出征的任务交到了颐中俱乐部的年轻教练汤乐普身上。这个沉甸甸的担子接还是不接，我们是颇为踌躇的。上届山东男足是冠军，一开始面临的就是卫冕的压力；在大多数队伍早就开始备战的时候，由泰山队和青岛队共同组建的队伍，总共只能抽出八天的集训时间。所谓不打无准备之仗，这样急迫到马上就得披挂上阵的战斗怎么去打？

当时山东省体育局的局长是于学田，他是一位水平很高，像大哥一样亲切的领导，面对我们的疑虑，他多次来电话要大家放下包袱、放手去拼；他还专门派人给颐中俱乐部送来一把宝剑，意为“宝剑锋从磨砺出”，要相信山东足球多年来积累的实力。这种激励，真的让汤乐普、左文清这些教练热血满怀，用汤乐普的话说，“八天集训，两天在路上，上了两堂战术课，打了三场教学赛，就这样，山东队踏上了九运会赛场。”

半决赛点球输给上海，汤乐普等人泪洒沙场，最终这支山东队获得了九运会的足球铜牌。这枚铜牌的分量，一点都不亚于历次的冠军奖牌，正是当时那种困难的局面，考验了山东足球的合力，也证明了山东足球的实力。假如青岛职业足球不那么命运多舛的话，在顶级联赛上山东足球也应该拥有“并肩怒放”的生命力。

Chapter

07

第七章

一个极端的事件

1999年保级战后，经过三年的爬摸滚打，我们逐渐掌握了队伍的真实水平：整体实力缺乏后劲，球员个人能力欠缺，缺少顶级球星核心。这里面既有历史遗留问题，也受之前圈内虚报年龄的影响，球员看似年轻，其实技术已趋老化停止不前。

新千年到来前，人们充满了各种期待，俱乐部很希望以此为新的起点，打造出一支富有特点、打法鲜明、充满活力的队伍。

不远千里去安抚

1999年底，在苦苦保级的同时，董事会也在反复论证着未来之路：四处撒网，一定要引进高水平外教和外援；利用规则，力争引进比较好的内援；加大力气，启动使用两年多的二线队伍后备力量；科学监督，组成以俱乐部、足协和媒体组成的技术监督考评小组，加大奖励和处罚力度，希望能够为今后实现突破性的发展打下基础。

2000赛季伊始，时任青岛市市长王家瑞给球队鼓劲。摄影/孙立

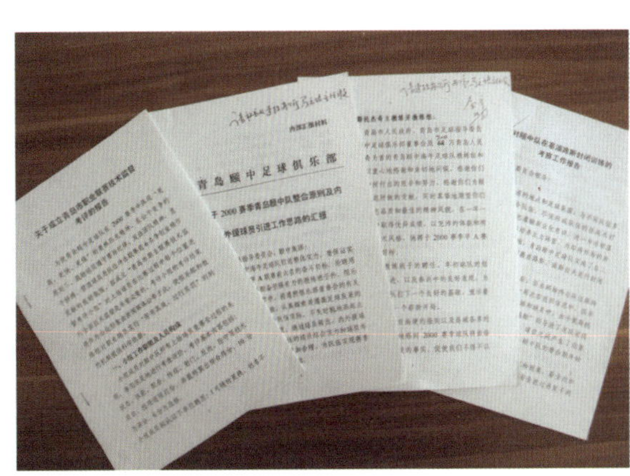

俱乐部做了大量的工作，希望新千年能有一个崭新的开始。

1999赛季尚未结束，俱乐部就新赛季先后筛选出四位主教练人选。最后，目标集中在曾任南斯拉夫红星队主帅的奥斯托杰奇身上。我们把目光转向南斯拉夫，与桑特拉奇（鲁能泰山）和科萨诺维奇（大连实德）在中国的成功有关系，虽然当地经济落后，但他们的足球理念和足球水平很先进，足球人才输出是当地的主要经济来源。对于当时的中国市场来说，也是相对价廉物美的选择。

奥斯托杰奇带来了先进的足球理念，这是他和陈刚在训练中。摄影/孙立

奥斯托杰奇为人低调，但对足球的认识非常深刻，最重要的是他的履历，他先后担任过南斯拉夫C、B、A级从弱队到强队多支队伍的主教练，尤其擅长带弱队，并且很喜欢培养和使用年轻人，这些很符合我们对新赛季的规划和定位。在接触过程中，奥帅认真看了球队三个赛季的录像，又闻听我们的二队和三队都是全国冠军，这让他对前景很有信心，也激起了他的抱负。在这种前提下，老头儿几乎都没怎么谈价钱（最后他的薪水只有前面两位同胞的一半），他说："你给我这个机会，我就给你创造历史。"他想认认真真通过自己两到三年的改造，将海牛打造成一支强队。

有抱负的奥斯托杰奇对足球也有自己的执念。自他踏入中国的第一天起，就一直反复向队员强调："足球是一项艰苦的运动，需要付出长期不懈的努力。"要求反映到训练中，就是对队员要求苛刻和严厉。赛季前塞浦路斯集训，有球迷嘀咕球队会不会是趁机度假去了，但队伍在那里实施的是一天三练全天候训练法，也就是所谓的"魔鬼训练"。消息反馈到后方，说"每天队员们都累得只想躺在床上睡觉。"

对那些没有达到要求的队员，奥帅会毫不留情地进行处罚，生气的时候，他瘦弱的身体看上去能迸发出巨大的能量，和初来乍到时那种带着腼腆的微笑形成鲜明对比。郭昊在一次分组训练中私自下场小便，当即被责令面壁反省，并罚款1000元；郑燚没按照主教练战术发挥，违背要求二次传球的规定，被罚下场跑圈反省；乔伦被罚跑圈后，因为集合时掉队，当即加倍处罚；许翔值日时不认真，球刷得不干净，被当场责令不得参加分组对抗，在一边做俯卧撑……

这种严格管理，是球队成立以来前所未有的，懒散惯了的部分队员开始产生逆反心理。感觉到这种不好的苗头后，我在2月19号飞往塞浦路斯，在那里待了一周时间，化解磨合期出现的问题。

奥斯托杰奇在训练中专注投入，带动着翻译老师都十分入戏。摄影/袁蒙

奥斯托杰奇来自足球发达国家，对于球员的个人能力是严格按照职业球员的标准来要求的，他认为中国球员普遍表现为“软”“弱”“慢”，只练12分钟跑根本达不到足球比赛的体能要求，必须进行大量的强化训练来进行体能储存；进入战术演练阶段，奥斯托杰奇认为，作为职业球员，无论个人能力、技术、意识，还是足球理念都应达到一定高度，主帅要做的，只是传授攻防原则和组合打法，用直接分队赛和教学赛来演练，奥帅更偏重于进攻和防守中的局部配合。训练内容枯燥，队员们常常达不到要求，这常引来奥帅的大喊大叫。

这种高强度高密度的训练，实际是队伍需要的，球队原本实力不强，打法不硬，体能偏弱，青年球员又占多，“不吃苦中苦，怎为人上人？”奥斯托杰奇也表达了自己急切的心情，联赛3月19日就要开打，他认为这支队伍需要补的课太多了，不残酷怎么能行？不与时间赛跑怎么能行？在这种情况下，我选择坚决支持奥帅，和中方教练深谈后，把全体球员按照年龄分为三个层次，由中方教练分头负责，随时掌握动态，做好思想工作，要求队员们咬紧牙关、不能掉队。一个星期的劝说也好，交流也好，最后算是顺利度过了赛前准备期。但奥帅性格的倔强和双方理念的差异，还是让我感到隐隐不安，回国之后我给市足球指导委员会和董事会的汇报材料中，特地提到了这一问题。

萨里奇啪啪打脸之痛

萨里奇在青岛队表现不尽如人意，被球迷认为是“水货”。摄影/袁蒙

赛季前隐隐的担心，赛季后随着成绩的跌宕起伏，很快演变成各种事件。

球员在努力适应着新帅的风格，球迷和媒体则紧紧盯上了奥帅带来的外援。守门员布尔扎克维奇表现尚优，只签了5轮短期合同的中场萨姆诺维奇勉强称职，但前锋萨里奇显然和大家心中的“意中人”相差甚远，从第二场比赛开始，“缺少撒手锏”成为外界一致的论调，客气一点的评论是这样，“萨里奇在关键球的处理上老是慢半拍，再加上身体对抗能力一般，在前场难以牵制对方后卫，造成海牛队往往像10个人在对11个人比赛”。不客气的评论则是这样，“干脆直说吧奥帅，一开始我们觉得您是任人唯亲，后来又认为您是死要面子，再后来甚至怀疑您在挑选外援时拿了回扣”，诸如此类，这都让俱乐部如坐针毡。

继1999年各种表达诉求之后，2000年球迷的“积极参与”成了常态。第二轮球队客场输给四川，回来后训练课就受到干扰，看台上四五十个人齐声高喊“换外援”，要么就是“老头儿下课”，俱乐部只好派人做球迷的工作，这才能保证训练能够正常进行。

到第四轮客场输给深圳，舆论更发展到让人忍无可忍的程度，接着极端的事件就发生了：4月11日，从下午两点多钟开始，陆陆续续有球迷来到俱乐部门口，他们喊着口号，扯着“要倔一起换”的标语，要求与奥斯托杰奇和俱乐部领导谈话。

三点多钟，满载球员的大巴准备出发前往体育场训练，这时球迷已经聚集了500余人，他们站在大巴前面，车辆数次欲开出都被拦住。看着这样的场景，我心急如焚，生怕有什么意外发生，能用的招数无非还是请派出所的民警前来维持秩序。但球迷依旧不依不饶，最后我们派人上车做萨里奇和萨姆诺维奇的工作，

萨里奇加盟上海申花后找回了射手的感觉，并在对青岛队的比赛中打进了一球。摄影/袁蒙

"双萨"在这种僵局之下，只好下车回宿舍。当时奥斯托杰奇和两位助手也一起下了车，幸亏翻译赵老师的一番解释才把他请回来，老头儿毕竟是位职业教练，才肯忍下暂时的怒气以训练为重。危机暂时得到缓和，大巴车这才得以通过球迷让出的通道，驶出俱乐部驶向训练场。

足球的事是整座城市的大事，球迷的聚集一而再再而三，但他们只是表达自己的诉求，俱乐部能怎么办，警察又能怎么办呢？接下来是艰苦的谈判，奥帅终于做出妥协，不再坚持和两名外援共进退，同意放弃双萨继续执教。

媒体和球迷都觉得一块儿石头落地了，各方的诉求达到了，但老头儿心中怎能一下释怀？两天后和媒体的例行见面会，奥斯托杰奇干脆不谈足球，谈起了人身安全，他说双萨下车的时候有球迷向他们扔小石子，他和夫人出去散步的时候有球迷向他们起哄。负气开完发布会，老头儿直奔我的办公室，把积攒的怨气、怒气继续向我发泄。思想工作有多难做，口干舌燥是什么滋味，我在那几天是彻底感受到了；主教练要安抚，球迷要安抚，媒体要沟通，还得提心吊胆千万不要再发生什么意外，这些真是让我寝食难安。

萨里奇就这样离开了海牛，但他并没有离开中国，而是到了恰好需要用人的申花队。接下来是打脸般的逆转，萨里奇在加盟申花后脱胎换骨，找回了南斯拉夫射手王的感觉，第十四轮海牛客场对阵申花0比2败北，打进第一球的正是萨里奇。记者的镜头忠实记录了萨里奇进球后掀开球衣、满脸痛快的样子，而赛后的新闻发布会也因为这粒进球而变得意味深长，奥斯托杰奇说："我们失去这样一名优秀的球员的确有些遗憾和可惜，他在上海队表现出了他的真正实力和能力……"申花队主帅彼德洛维奇则说："萨里奇并不是一名伟大的球员，却是一名可以为自己球队努力去拼的队员。可能是上海队的中国球员更好一些，才使萨里奇的机会多一些，也可能是青岛队的各个方面当时对他的要求和期望太高了吧。”

“灰溜溜像狗熊一样离开海牛的萨里奇在申花成了英雄”，他在申花一共攻入了10个联赛入球，最后成为这一年关于外援水平和使用问题讨论的焦点。那会儿引进外援，大家最担心的就是水货，俱乐部背负着巨大的压力，一不小心就会被千夫所指，并会被怀疑有什么猫腻，但货色的真假，又岂是几场球就能验证的。

这件事，成为我在俱乐部5年工作中的一大隐痛。如果时光能够倒流，球迷和媒体能有足够的耐心等待萨里奇找到自我吗？俱乐部能顶住压力不换外援吗？我又能坐如磐石不受各方的影响吗？答案是否定的，因为我们太急于要成绩，太喜欢戴着有色眼镜看人，太多的阴谋论，也太不够宽容了。不管怎么说，围堵双萨是非常不光彩的一幕，那些球迷包括俱乐部还有我本人都欠萨里奇一个道歉，因为事实证明，不是他不够好，而是我们自己不够强大。

接连不断的危机

就像一场不幸的婚姻一样，一旦出现裂隙，摩擦就越来越多。

2000年5月21日，海牛队主场被沈阳海狮1比1战平后，上百名球迷又聚集到俱乐部门口，更配备了高音喇叭喊叫，逼奥帅下课，这再次让奥帅感到伤心：

奥斯托杰奇加盟青岛，得到了曾任中国驻南斯拉夫大使馆的文化参赞刘鑫泉先生（中穿灰色大衣）的大力帮助。摄影/孙立

“越是在危难的时候，越能看出谁是一位真正的爱国者。他们连一场平局都不能接受，还算什么真正的球迷呢？”他决定就此离开青岛队。第二天训练时，奥帅并不是穿着训练服出现在训练场上，而是西装革履直接向队员发表了“告别演说”后转身离去，后在俱乐部的努力下奥帅才勉强答应继续留任。

奥斯托杰奇的执教过程中，我特别要感谢一个人，那就是曾任中国驻南斯拉夫大使馆的文化参赞刘鑫泉先生。1999年大使馆遭遇美国导弹轰炸，他的右腿多处粉碎性骨折，他跟随专机回到祖国，一瘸一拐走下飞机，看到前来接机的胡锦涛副主席在流泪时，这位在国外一滴泪都没掉的汉子情不自禁和胡主席紧紧拥抱在一起，泪流满面的画面不知道让多少同胞跟着流下热泪。伤愈后他继续回到自己的工作岗位。在我们聘请奥斯托杰奇的过程中，得到了刘参赞巨大帮助，甚至连国内奇缺的塞尔维亚语翻译赵成鸿老师，都是通过他介绍给我们的。后来和奥斯托杰奇沟通中有诸多不顺，实在没辙的时候我几次麻烦刘参赞帮忙斡旋。对一位工作繁忙的外交官来说，这无疑增加了他很多的负担，但他从来都二话不说伸手相助。刘参赞很了解奥斯托杰奇的能力，他也很盼着奥帅能和青岛队有着长期友好的合作，但后来事与愿违，我感到最对不起的人就是刘参赞。

联赛第一阶段打完13轮，奥帅带队取得的成绩是3胜6平4负积15分，进12球失14球名列第九，与上个赛季相比，多得了1分，名次上了两个台阶小有进步，但未能实现联赛过半任务过半的分期目标。

奥斯托杰奇和桑特拉奇等南斯拉夫教练在昆明海埂基地，这些“奇”兵洋帅的到来，促进了中国足球职业化的发展。摄影/孙立

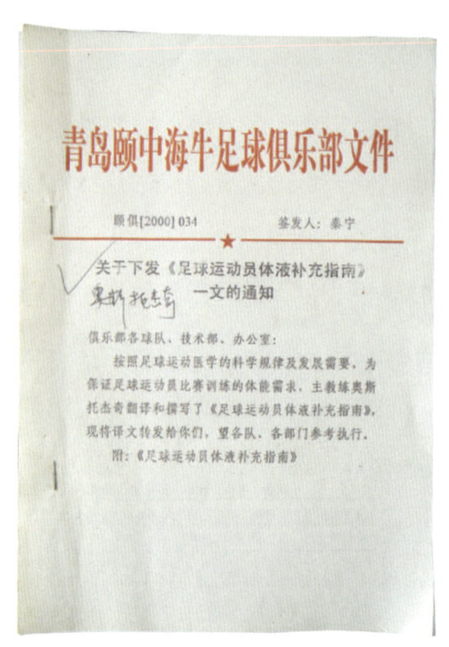

青岛颐中海牛足球俱乐部文件

颐俱[2000] 034　　签发人：秦宁

关于下发《足球运动员体液补充指南》一文的通知

奥斯托杰奇

俱乐部各球队、技术部、办公室：

按照足球运动医学的科学规律及发展需要，为保证足球运动员比赛训练的体能需求，主教练奥斯托杰奇翻译和撰写了《足球运动员体液补充指南》，现将译文转发给你们，望各队、各部门参考执行。

附：《足球运动员体液补充指南》

“足球是一项艰苦的运动，需要付出长期不懈的努力”，奥斯托杰奇留下了关于足球的见解，也留下了一份科研报告。摄影/孙立

双方的沟通越来越困难。后来他说的最多的就是“你不能否认我是对的”，因为萨里奇证明他之前是对的；和球员他始终没有办法融合，因为他的理念中，主教练是球队的第一权威，职业素养是球员天经地义应该具备的，他不屑于去和他们做一些球场外的沟通，每天的训练结束后，他都和助手立刻乘车返回住处；他生气的时候有话就说，扬言要把闹事的球迷告到国际足联去；他不容任何人来“侵犯”他的领地，赛前战术布置后，起初中方教练都会拍打着队员做一番鼓励：“大家好好踢啊！一定要拿下！”他会因此而不高兴：“我都说完了你们还说什么？”对于队员的一些想法，当俱乐部转达给他时，得到的也只是冷冷的拒绝：“他们无权评论我的工作。”

7月13号，一次例行的发布会，奥斯托杰奇再次把矛盾公开，从球迷到球员到教练，都批评了一顿。

7月16日海牛队兵败济南，输球更加剧了互联网上各大媒体对奥帅发布会言辞的各种议论，俱乐部再次被推到风口浪尖。

7月17日，俱乐部不得不进行民意调查，结果只有两名球员还支持奥斯托杰

奇，其他人都投了反对票。

阴影不散的“保级”两个字卷土重来，矛盾重重的局面必须收拾，我没有冒险的勇气，也无法相信后面的日子能过好，让他走，成了唯一的选择。7月21日，俱乐部宣布奥斯托杰奇下课，国作金担任球队主教练。

要离开的时候，老头儿说了一些颇带伤感的话：

“我最幸福的事是在草地内工作，足球就是我的生活。这是我15年教练生涯里第一次被辞退，对我而言一项事业得半途而废，但俱乐部将继续前进，我祝愿他们。

“许多方面的状况影响了此事（指他的下课）的发生，首先我来自欧洲，我们的文化背景不一；其次我来自一个足球职业化的国家，而中国的职业化刚刚开始，我们的足球理念认识不一。这种情况下教练员与运动员相互之间没有理解和沟通。我欣慰的是组成了一支年轻的队伍并对青岛有好的影响。

2000年，记者在工体拍下了当时的我。回头看去，这张照片不正体现了当时足坛的浮躁心态吗？
摄影/袁蒙

“过去某些方面我可能要求过分严格了，有时是我表述不好，有时我就是那样理解的。

“如果我过去说的话损害了一些人的感情，那不是个人攻击，而确是我的感受。我和总经理过去矛盾最深，不过他的许多想法和设想是好的，有一天这支队伍一定会提高一步。”

是我和奥斯托杰奇之间的矛盾吗？不是，分明是一种先进足球理念和落后足球环境之间的矛盾，这中间有一道鸿沟，我想至今我们也没有跨越。值得一提的是，他在临走之前，还翻译撰写了美国内布拉斯加大学营养师戴维·埃里斯的文章《足球运动员体液补充指南》，让我下发给各支球队，让教练们学习参考执行，以更好地保证队员比赛训练的体能要求。

隋勇、曲波等年轻一代正式踏上职业化联赛的赛场，这是奥斯托杰奇留给青岛足球的另外一份厚礼。摄影/袁蒙

回味那些刺耳的话

奥帅下课，和他7月13日的畅所欲言有很大关系，这么多年过去，言犹在耳，当时看是激化了队里的矛盾，现在看即使有些出入，又有多少值得我们反省的地方啊！

“当两个外援表现不好的时候，有好几百人围在门口要求他们离开，但中国自己的球员训练不积极时，人们却十分宽容，睁一只眼闭一只眼。有位主力受伤两个月了，队医认为他已完全恢复，他认为自己还不能上场。另外一个主力队员因为爱人生小孩他就离队两周去处理家事，这是不应该有的现象。”

“关于职业化的问题我一直在谈，这是球队存在的最关键的问题。中国足球只有真正开除几个人，像其他行业那样有下岗的，才会有希望。中国球员只想挣钱挣得多，却不想百分之百地投入到这项运动中。”

“我从在这里工作开始就遇到职业化的问题，当时我坚信只要努力工作、队员投入训练就可以了。有一次我罚了5个队员，因为他们穿了没擦干净的足球鞋

团队内部的工作氛围十分轻松，奥帅的脸上笑意可见。

在媒体的聚焦之下，这难免给队伍带来一些无形的压力。

就参加训练。不过接着我发现中国教练的鞋也不干净，这就说明一切了。这也说明职业化不光是运动员的事，也包括进入这个基地工作的所有人。”

“在中国，教练几乎每周都要告诉队员如何为自己的俱乐部做贡献，每次赛前准备会都要告诉他们如何去努力拼搏。反过来如果别人老拿这些来督促我的话我会觉得是一种侮辱。我到这里主要是来教技战术理论的，至于队员如何热爱自己的俱乐部，这是不应该靠别人来教的。”

“在昆明与红塔队的那场球我们输了，我却发现我带的好像不是一支球队，而是旅行团，队员们买的礼品比我们带的设备还多。我狠狠训斥了高明，他在昆明竟然买了一只小狗，他显然更关心自己的小狗。难道这就是职业运动员吗？不过着急也没有用，他们就是这样被教育出来的，除非将来中国足球整体职业化了。”

就说高明养小狗这件事。由于俱乐部负责经营和管理的工作人员住在一座楼，队员宿舍、食堂在另外一座楼，我也是过了一段时间才知道，我当即对中方教练和队员做了严肃的批评，要求制止这种不好的风气。但私下和奥帅沟通的时候，我也劝说他不要太往心里去，年轻人爱动爱玩，养个小狗总比他出去喝酒泡吧瞎胡闹强。我至今记得奥帅当时看我的眼神，现在想来也是羞愧，因为我的那番话是基于对中国球员各种习气的见怪不怪，只要不喝不嫖不赌不打假球，其他的都不算什么，而对他而言，听到一家职业足球俱乐部的总经理说出这样一番话，怎么会不觉得匪夷所思呢。

如果说先进是全面的，那么落后也是全面的、全方位的。怎么看待球队的荣誉？怎么对待自己的职业生涯？什么是真正的职业化？从技术到意识，这些全方

看着这张工作照，十分想念这位有个性、有己见、对年轻人又不乏慈祥的老人家。

位的问题，我想中国足球始终都没有很好地解决，否则我们不会连续四届都打不进世界杯，后来的青岛足球也不会陷入低谷，奥帅所说的“中国足球的整体职业化”还很遥远。

我不知道这段中国经历对奥斯托杰奇意味着什么，但现在看来，他只是坚持了自己对足球的热爱和理解，球迷和媒体不理解也就罢了，但还有媒体质疑他是否收回扣、去塞浦路斯训练有私心，这都是极不负责任和不公平的。俱乐部最后做出的决定，是不得已而为之，其中妥协的意味显而易见。上海的资深足球记者葛爱平写评论为奥斯托杰奇鸣不平，“没有人怀疑萨里奇（北京国安）和奥斯托杰奇的能力，他们从某种意义上说是被落后的、习惯的势力拖下课的，这绝不是正常的，不能不让所有的足球从业人员警惕。如果一而再、再而三地向落后迁就、低头，换来的缓和是暂时的，而最终的结果，将是保持落后，而这却是我们不愿意看到的。”

葛爱平说得很对，球队的问题，整个大环境的问题，那些根深蒂固的痼疾，岂是更换一两个教练所能解决的。而奥斯托杰奇给这支队伍留下的印记，可以从曲波的一番话里得到印证：“我的第一场职业联赛是2000年，对手是沈阳队。那时候我刚上一队，很感激当时的主教练奥斯托杰奇，他肯给年轻人机会，根据球员的状态和训练情况来决定由谁上场。我记得当时是比赛的下半场，我被派上场，也是非常幸运，上场的第一脚触球就进球了。我当时整个人都蒙了，这对于我的整个职业生涯都意义重大。”

Chapter

08

第八章

一次骄傲的团购

在电影《天下无贼》里，葛优有一句流传甚广的台词：“21世纪什么最贵？人才。”我对此深有感触。如果把球队比喻成一驾马车，教练是车把式，队员就是奔马。如果没有实力过硬的成熟队员，这驾马车跑不快；如果没有持续不断的新生力量，这驾马车跑不远。要培养新人，除了梯队建设，还有一个办法：买。

430万买来他们

曲波的成长，离不开奥斯托杰奇把他推上场的第一步，他的成长，更是一个值得记录的传奇，因为他来自一次“团购”。1999年，颐中海牛俱乐部闪电般做成一桩球员买卖，一直到今天都被业界津津乐道，那会儿还没有“秒杀”这个概念，但最终结果可以用“手慢无”来形容。

从专业体制年代起，火车头俱乐部就以其青训系统在业界闻名，并有“中国的阿贾克斯”之称。1999年前后，俱乐部中被看好的苗子有前锋曲波、守门员杨君、前卫曹春鹏、彭鹏以及后卫白毅等五人，他们都是1981到1982年龄段，也都入选了国青队，这吸引了很多俱乐部加入抢购行列。

对于足球技战术等纯业务，我是个门外汉。青岛队是否参与购买火车头队这五名队员，我专门咨询王守业教练，他的意思是：目前队里虽然有高明、史汉军、梁明、耿志强、杜斌等年轻人，但队伍整体后备力量仍然空虚，否则全队怎么会只有马永康和邱忠辉两个人入选健力宝队呢？如果把这个事儿办成，那就后顾无忧，从老到小的年龄段都没断档，所以，一定要促成这个事情。

有了专业人士支招，我赶紧向集团领导汇报。当时外界阻力很大，有人说：青岛的年轻球员都拿城运会冠军了（1995年第三届南京城运会），说明实力在全

★点将台 最佳新人 ★曲波

青岛颐中足球俱乐部'99大事记（6）

汤乐普是一位非常具有个性的教练，也是青岛能拥有一支令人艳羡的青年军的原因之一。摄影/孙立

国领先，为啥还要去外地买球员？另外要想办成此事，还得有真金白银的支持。听取我的汇报之后，董事长刘青文很支持，让我亲自去考察这五个年轻队员，了解他们训练、比赛还有家庭情况，还有谈一下最核心的价格问题。

1999年第四届西安城运会，我们正好和天津火车头俱乐部住一个楼层。首战比赛结束，我就让主教练汤乐普直接去找他们领队席绍忠，点名就要曲波等五名球员。我随后也来到老席房间。席绍忠是北方人，爱抽烟。我这烟厂出身，和老席有话题可聊，然后我们奔向主题："我不懂球，我的教练说你队里有几个队员不错，他想要，我就得听他的。"席绍忠直接开价800万。几支烟过后，我们约定城运会后到天津继续谈。事不宜迟，因为成都五牛队主教练陈亦明也盯上这几个队员了。

中国是个人情社会，从购买曲波等人这件事来看，可谓一波三折，说白了，钱重要，但又不是最重要的，走心走情才能出奇制胜。

按照刘总的要求，我带着汤乐普、左文清先去天津考察这几个队员的训练情况。都说曲波有速度，老席让曲波当着我的面跑一个。只见曲波一袭白衣，一路飞奔，感觉一眨眼就到了几十米开外。杨君，身材硬朗，是个好门将的料；白毅，看着就有主意；曹春鹏，球风扎实；彭鹏当时有伤，没过多展示。

接下来，我挨个去拜访这五个球员的家长，动之以情，晓之以理。毕竟，我有我的底气。从俱乐部的五年规划来说，颐中的投入都是实打实的，要建一个拥有6万个座位的足球场，要在乳山建基地、建夏季训练场、打造北方训练基地；从城市足球氛围来说，青岛是北方足球名城，青岛队已经拿了两个城运会冠军；从地理条件来说，青岛气候宜人，距离天津不远，有北方地域的亲近感。家长们听了我摆出的这些优势，反应都不错。

训练看了，家长也见了，我们开始和老席摊牌。汤乐普先打头阵，直接跟老席说："我老板来了，你答应我的事儿，怎么办？"老席还是在价格上坚持原则，说你们不能这么打折啊。我对老席态度很诚恳，就是边抽烟边谈，聊到各种老牌子的香烟，聊到上青天的历史渊源（"上青天"是对中国当时的"三大纺织工业基地"——上海、青岛和天津的简称，在中国烟草发展史，上海、天津、青岛也被并称为中国烟草行业的"上青天"），聊到他在艰苦环境下培养人才的不易，聊到青岛足球的种种蓝图，反正就是交心拉近乎，让他能感到我们的诚意，能觉得把球员卖给我们有前途。

1999年"团购"成功，2000赛季曲波就获得最佳新人奖，这是颐中海牛俱乐部的骄傲。摄影/孙立

席绍忠终于妥协："曲波、杨君、白毅、曹鹏、曹春鹏5名球员虽然连乙级联赛都没打过，但是他们可都是国青队的队员。你秦总是一个爱惜人才的老总，我愿意把孩子交给你。"算来算去，席绍忠出价"5个人450万"，我说："老席，你总得让我回个价吧，就430万吧！"剩下的，就是直接和家长、孩子谈合同。

一切都很顺利，签好合同，从来不喝酒的老席倒了一杯白酒，他端着酒杯说："从我个人感情而言，也愿意把孩子给青岛，其实这已经不是钱的问题了。我看重的是你们的诚意。"汤乐普当场展示了他的小机灵，对着老席又抱又亲，热热乎乎地说："席总你放心，我们一定要夺冠，要让这些孩子成才！"汤乐普这种青岛小哥的做派，其实很能代表

他的情商，别看他经常耍个活宝、油嘴滑舌，但作为一个教练，他身上具备那种先天的号召力和感染力。之前在西安城运会上，这5个孩子刚看到汤导怎么带着队伍威风夺冠，他们都打心眼里愿意跟着这位昔日的“快马”、今日的少帅。从天津回青岛时，孩子们一直把我们送到火车站。要去正规职业俱乐部踢球了，以后进一队打职业联赛有希望了，小小年纪的他们也有了一种归属感。

回青岛后，对方很快就收到我们的430万汇票。我们走后第二天，成都五牛队主教练陈亦明也赶到天津。刚下飞机他打电话给席绍忠，要求很简单也很粗暴：“你必须推翻与青岛海牛俱乐部签订的合同，这几个人我要定了！”席绍忠是个守信的人，当然无法办到，他只能为陈提供更小的球员，陈亦明无奈只能放弃“买人”。

一代追风少年

1999年10月30日，曲波、杨君、白毅他们坐着火车一路驰骋来到青岛，小小少年没有离家的惆怅，而是充满了闯荡世界的喜悦。430万元，创下中国足球职业化以来年轻球员转会费最高纪录。

青岛小子高明驰骋赛场。摄影/袁蒙

彼时青岛队和火车头队相比，有些方面可以用天壤之别来形容。曲波他们之前根本就没用过正规的场地，教练经常带着他们在一片树林里训练基本技术，两棵树之间就是球门，地上遍布着杂草，足球会不时地跳起。到了冬天，这里会变成硬邦邦的土地，队员每天训练结束时都会变为一只只“泥猴”。中国足球报记者杨檎曾经这样描写他的火车头训练基地探访，“我来到位于天津郊区北辰区前进村的火车头俱乐部训练基地时，被眼前的残破情景吓了一跳。这里确切的名字为天津铁路分局南仓技校，火车头俱乐部以年租金25万，租下了其中的三块球场、两层宿舍楼、一间专业教室、一个餐厅和一间微机室。大门口的牌子斑驳得几乎看不清本来面目，多年前的砖墙被煤烟熏得漆黑，潮湿的矮墙边立着一排寂寞的老房子，有人告诉我当年曲波就住在其中一间房子里。操场上尘土飞扬，远远地站几分钟便感觉吃了满口的尘土。”

而颐中海牛俱乐部的基础建设当时在全国都是数得着的，伍绍祖、王俊生、张吉龙等相关领导都到俱乐部考察过，对专业的训练场地和宿舍、食堂、按摩室和医疗室等硬件配备给予极高评价，即使二、三线队员享受的也是职业化的标准。

还有个“好师父”把孩子们领进门。他们的主教练汤乐普爱耍宝、爱开玩笑，满口青岛话，但无论是踢球时还是当上教练后，他到了场上的表现就是“专业”两个字。汤乐普带二队时，如果球员不认真听他讲课，或者训练态度不严肃不积极，这位当年的“快马”飞上去就是一腿，或者伸手就抓头发。这种管理手段，绝不会伤筋动骨但是绝对有威力，所以他的队员上课从来不敢走神。汤乐普悟性很高，是一位非常适合临场指挥的教练，他连续两年带二队队员夺得U19全国冠军。他在任时，二队的领队从来不用管球员，只要负责订票等简单的任务就可以了。如此严师，怎能不出高徒？

追风少年曲波亮相。摄影/袁蒙

因此，青岛颐中成为全国甲A各俱乐部中向国青队输送队员最多的俱乐部。只要国青队公布名单，青岛颐中肯定排第一个，拥有半支国青队的主力队员，被业界夸赞为“颐中现象”。那段时期先后进入国青队的队员有：高明、曲波、隋勇、杨君、史汉军、白毅、梁明、叶荣顺、耿志强等，高明、曲波、隋勇更是主教练沈祥福手中的主力大将。

2000赛季，奥斯托杰奇把这些不足20岁的小将推向甲A大舞台，他们不负厚望，逐渐挑起大梁。当时由高明、曲波、隋勇组成的年轻的三叉戟，给青岛球迷带来很多惊喜。在其他球队还在为是否起用77、78年龄段球员打主力而小心翼翼时，青岛队却已放手使用下一个奥运年龄段的球员，并在一个赛季里成功完成这种新老交替，这令当时的各家俱乐部都十分羡慕。

当时购买的5名队员，曲波是最闪亮的一位。2000年他首登甲A赛场就打进8粒进球，成为当年甲A最佳新人；2001年他随国青队参加了在阿根廷举行的世青赛，面对东道主阿根廷队曾打入一粒单刀球，“追风少年”的称号不胫而走，“超白金”一代的说法也由此而生。

2002年时，中远想出1200万引进曲波，但由于时任主教练李章洙的坚持，这笔交易未能完成。1999年时，老席给曲波标价是135万，不到三年，身价翻了快10倍。记得在我们将曲波等人买到青岛之后，耿耿于怀的陈亦明曾打电话给我，开了这么一句玩笑：“这小子你们先带走练几年，过几年两万块一斤，我论斤买！”曲波体重一般保持在72公斤左右，1200万算下来，已经差不多20万一斤了。

追风少年们横空出世的那段时间，也是我在俱乐部5年中感觉最青春洋溢、最充满希望的时光。

没能飞得更远

曲波有如此优异的表现，自然有球探关注，在这一点上，俱乐部从来没有小家子气，只要条件合适，俱乐部祝福球员能够走得更远，飞得更高。当媒体前来采访时，我说得很直白：“如果中国队有20个像杨晨一样、有自律有担当有水平的球员，实力肯定能提升一大块。我们俱乐部全力支持自己的球员出国踢球，于个人、于俱乐部、于国家这都是一件有益的事情。”

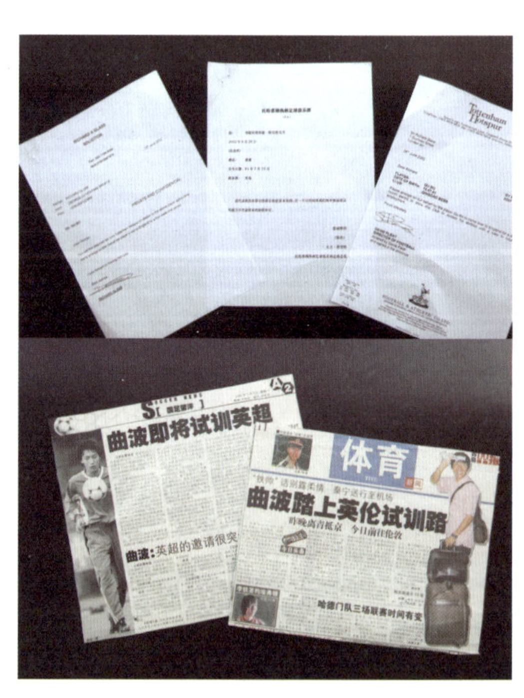

热刺的试训邀请函以及媒体的相关报道。

运作此事最积极的，是当时国内比较活

跃的足球经纪人高琪。2000年，高琪尝试送姚夏前往英超，此后又着力于吴承瑛转会意大利。这一次，他把目光瞄上了曲波，而目的地是世界顶级足球联赛英超。这件事激起了国内媒体极大的反应，引发了热切的关注——

7月8日，曲波将要到热刺试训的消息公之于众。

7月15日，曲波从青岛赶往北京，准备前往英国试训。

7月16日，经纪人接到英国方面传来的消息，由于热刺方面工作安排有误，

出发去英国之前，曲波在俱乐部宿舍里收拾行装，一片忙乱之中，依然能看出他对另一方天地的向往。
摄影/袁蒙

希望将试训的时间拖后，无奈之下，曲波回到青岛，继续等待热刺方面的消息。

7月27日，曲波随队在上海打完与中远队的比赛，当天晚上飞往北京，28日下午，他和经纪人一起出发飞往伦敦，开始了为期十多天的试训。

8月1日凌晨，在伦敦塞尔赫斯特球场进行的热身赛中，托特纳姆热刺4比0大胜主队水晶宫。曲波在第60分钟换下乌克兰前锋雷布罗夫，首次代表托特纳姆出场，曲波就有非常出色的表现，他在6分钟内完成助攻“帽子戏法”，成功吸引了球迷和媒体的注意。

8月9日，热刺主教练霍德尔正式对外表态，愿意租借曲波一年。

8月10日，颐中俱乐部和热刺俱乐部之间签完了所有的合同，租借期自收到该球员国际转会证明之日起至2003年6月30日止，租借费为25万英镑；在租借期满后，托特纳姆热刺足球竞技有限公司对该球员的转会拥有优先购买权，双方同意转会费为140万英镑。另外曲波的个人待遇也和热刺达成共识。

8月11日，曲波风尘仆仆回到青岛，队友和俱乐部的官员在俱乐部门口迎接他的归来。

曲波去英国试训之前，张健等教练为他送上祝福。
摄影/袁蒙

8月12日，颐中俱乐部召开新闻发布会，公布了合同的一些内容，并为曲波试训英超成功表达了由衷喜悦。

8月15日，青岛哈德门队与天津泰达队的比赛被看成了曲波的告别赛，许多球迷来到球场为曲波送行。

8月17日下午，曲波带着八大件行李离青，当时我们以为这是他与青岛的告别。

8月19日，曲波到上海参加国奥队集训，并在22日与日本队的比赛中上场。

8月23日，由于劳工证迟迟没有准信，应颐中俱乐部的要求，曲波又回到青岛，并参加了与陕西国力的比赛。

8月27日，与实德队赛前一天，青岛的媒体已经不再提及"告别赛"这个话题，大家在忐忑和紧张中等待着最后的消息。

8月28日深夜消息传来，由于没有通过英足总28日举行的听证会，曲波最终没能获得英国劳工部颁发的"劳工许可证"，热刺之旅不能成行，留洋之路宣告搁浅。

这张日程表记录了曲波这段波折的经历，但没有记录曲波为此做出的种种努力。这位年轻人对登陆世界顶级联赛抱着极大的期待，我至今记得送他出发去试训前，那张朝气蓬勃跃跃欲试的面孔，除了鼓励和祝福，没有人忍心给他泼冷水。在英国的时候，曲波表现得很积极很勇敢，他有了一个英文名字叫Kevin，他操着很烂的英文，张口总是先来一句，"my english no good"，他四处与人热情交流，最后在场上居然有不少球员给他传球，霍德尔对这位来自中国的年轻人也印象颇佳。

追梦热刺不成，给了曲波不小的打击，也一定程度上影响了他在场上的发挥。摄影/袁蒙

一直在英国追踪报道的记者为曲波总结了成功之道，除了球场上的语言，他在托特纳姆热刺队使用最多的是微笑，处处不忘向外展示的是自信。而英国足球的职业化和良好氛围，也给曲波留下深刻印象，他回来的时候给我讲过不少细节，比如球队的大巴上竟然配有厨师，训练、比赛后可以马上配备出牛排等适合运动员的食物补充运动员的体能；俱乐部配备的队医和医疗室非常专业，与国内队医仅仅治疗伤病不同，托特纳姆的医务室连修脚这类小活都负责。这些见闻和体验，无疑让他更加向往，在接受媒体采访时，曲波丝毫不掩饰自己的心情："英超对我来说，比天堂的诱惑还大。"

追梦热刺不成，这给了追风少年不小的打击，尽管大家都说来日方长，未来肯定还会有别的机会，但曲波为此闷闷不乐了很久，再加上自身战术风格不适应当时主教练李章洙的要求，2002年11月27日，曲波给我写信表达了转会的意愿。他的理由是，"自从国家队回来后，状态没有调整好，加之教练的战术风格不适合我，所以这一年来在我队中没有稳定的位置，导致我很郁闷"。

2003年1月，荷甲费耶诺德俱乐部向曲波发出了试训邀请。在费耶诺德试训一周的时间里，曲波参加了球队教学赛，其出色的助攻能力和进球能力很快打动了俱乐部。1月10日，费耶诺德俱乐部决定与曲波签约，无奈老天再次跟曲波开了一次玩笑，他在卡塔尔参加国奥队比赛时严重受伤，费耶诺德随后宣布放弃引进曲波。

2003年3月，热刺再次宣布与颐中俱乐部签订协议，7月将再次为曲波申请劳工证并邀请其加盟。不过在夏天的试训中，曲波此前在国奥队的严重伤病，使其没有通过体检。

后来，曲波与英超布莱克本俱乐部、苏超球队格拉斯哥流浪者都传出过"绯闻"，但始终都没有走出那至关重要的一步。

2017年3月，曲波在家乡天津泰达队结束了16年的足球生涯，成绩单很是亮眼：一共出战308场顶级联赛收获78球，在顶级联赛射手榜上仅次于李金羽、韩鹏和王涛，并随国足征战过迄今为止唯一一次的2002年世界杯。

退役后曲波回到青岛，开办了自己的公司，投身青训事业。2020年我看到记者对他的最新采访中，曲波说了这样一段话："我的梯队里几乎都是青少年，说实话，和他们在一起没有职业俱乐部里的成绩要求和压力，每天都很开心。其实无论平时带队，还是在和孩子们的交流中，我都想尽量以一种放松的方式来跟他们交流沟通，在轻松的氛围中，把我对足球的理解和认知传递给小队员们。"昔日少年已经是一位有理想、有抱负的成熟教练，我真心祝福他能在自己梦启航的地方，培养出像他一样的追风少年。

当时和他一起的小伙伴杨君，在青岛队之后，先后效力北京国安、长春亚泰、天津泰达等多家足球俱乐部，期间多次入选中国男子足球国家队。2010年，他自由转会至广州恒大，并在2011年代表广州恒大夺得中超冠军，如今依旧随天津队征战在中超赛场。

白毅，先后效力于青岛队、天津队等，曾经入选国青队，2010年初退役，成为火车头队的新闻官。

彭鹏没有踢出来，最令人扼腕的是曹春鹏。2000年10月21日，曹春鹏随二队在北京征战全国青年联赛，当时青岛海牛与重庆力帆的比赛只进行了10分钟

在守门员教练王维满的培养下，杨君逐渐成长为国内一流门将。摄影/袁蒙

左右，他带球边线出界后，往场内回走时突然昏厥倒地，经队医紧急抢救后苏醒，随即被送往离赛地仅6分钟路程的丰台医院，但在途中不治身亡。曹春鹏的离世，让俱乐部、他的教练和队友们悲痛不已；对家长而言，他们把孩子送上足球场，又把孩子送到青岛，本期待他能顺利成才，没想到却要面对这样的悲剧，这给他们带来的打击可想而知，尽管俱乐部努力细致地做了善后工作，但悲伤和遗憾永远留在大家心里。

有球迷在百度贴吧青岛海牛吧里这样写道："时光流逝，物是人非。几年过去了，颐中集团早已离青岛足球而去，当时的俱乐部总经理秦宁也早已淡出了人们的视线。但无论如何，当年颐中斥巨资收购天津五少的历史，将永久成为青岛足球史上的一段佳话。"

看到这里，我心有安。

撒下种子才能有希望

引进曲波几人是俱乐部梯队建设中的重要一笔。记得当时二队教练组在1999年9月28日打了报告，俱乐部次日就向董事会做了汇报，最后，从市有关领导到足协领导、俱乐部领导，先后10个人在文件上签发同意，最终促成一代追风少年的引进。

在教练严格的督导下，隋勇、史汉军等球员逐渐成长起来。摄影/孙立

梯队上岗动员

代表俱乐部和梯队教练左文清签约。

与此同时，俱乐部一直都希望能够提升球队的“青岛特色”，希望改变以往青岛足球人才流失严重的现象，能让爱踢球有天赋的青岛孩子在家乡球队扎根。2000年开始，高明、隋勇、史汉军、耿志强、冷冰、金巍、梁明、叶荣顺等球员也得到迅速成长，他们不但充实了职业球队的主力阵容，还极大增强了职业球队的板凳深度，高明、隋勇还成为国家青年队的主力队员。

大家记住的，是这样容易出彩的地方；忽略的，是细水长流的努力。其实从颐中接手青岛足球的第一年开始，煞费苦心的梯队建设就没有间断过，先是投资百万元，将位于鞍山路的青岛卷烟厂子弟小学改建为新的青少年足球训练基地，改建后的校舍设备完善，实现了食宿、学习、训练三集中。2000年颐中完成足球学校的筹建、策划、申报、注册，颐中足校试图在确保专业、九年义务教育的前提下，采取体育中专、体育大专一管到底的办学思路，一是学员可以进入更高一级的梯队，成为职业或半职业球员；二是保证专业教育、文化教育两不误，使每名学员都有机会向专业化、高学历发展，即使没有进入专业队，也可以成为体育教学、体育经纪、体育裁判、体育医疗等方面人才。应该说，这是一种高投入、高回报、高风险、高技术的办学思路，但这很难实施下去。由于社会上多年形成的观念：即孩子只要从事专业学习，便可公费教育一包到底，家长不再投入，甚至培养不成也得给孩子包分配，这自然给招生带来不小困难。当年为了吸引更多家长和孩子，四队和五队的教练张全利、刘乐阳特地组织了教学比赛，真刀真枪在球场上演练，现场游说做家长工作，用这种方式来招募那些真正对足球

梯队青年军，隋勇、耿志强、史汉军、高明、梁明等在一场训练结束后，留下了他们青涩的样子。摄影/孙立

感兴趣的小学员。

“打基础、促规范”“二年栽树、十年育人”，基于这种理念，俱乐部的二、三线队伍建设，与全国甲A俱乐部相比，有较大的超前意识，也具备较大的优势：1999年，俱乐部对二、三线五支队伍重新进行了调整，采取公开答辩竞争上岗的办法，重新选聘调整了教练班子，打破以前关系入队、任人唯亲的格局，增强教练队伍优者上、劣者下的危机感。那年球队也交出了一张漂亮的成绩单：U21队代表青岛市参加全国城运会比赛获得冠军，全国同龄组锦标赛获冠军。2000年，根据青少年队教练员的持证现状，俱乐部做了详细的培训计划，选派个别教练员脱产学习、培训，在俱乐部范围内第一次实现各梯队教练持证上岗的目标，只要教练员最终竞聘上岗成功，俱乐部还给报销一部分的学习费用。2002年，根据董事会的要求，俱乐部对青少年梯队工作实施了“青岛足球储备工程”，以U19、U17、U15三个年龄组为重点，以U13年龄组为基础，加强对教练员的

1999年，西安，在汤乐普、冷波、张健等教练的带领下，青岛队夺得第四届城运会冠军。摄影/孙立

培训，提高各梯队训练水平，参加和打好中足协组织的相应年龄组的比赛，并取得良好成绩。为了加强管理，俱乐部在对各梯队的考核中，由原来的“比赛成绩”和“比赛名次”改为“向上一级梯队输送人才的多少”为考核依据，并坚持对教练员实行风险金抵押制度，这取得了良好效果。以汤乐普、左文清、张全利、刘乐阳、王海芳等为代表的梯队教练员，都应该在这功劳簿上被记上浓墨重彩的一笔。

队伍建设需要赏罚分明。我不妨给大家看一个2000年的通报——

关于对颐中四队予以严肃批评及经济处罚的通报

俱乐部各部门、球队、基地、协会：

颐中足球四队（85–86，U17队）作为重点年龄组后备队伍，肩负着下届城运会的任务及振兴岛城足球事业未来的责任。为建设一支高素质的高水平梯队，培养和造就合格的优秀足球后备人才，颐中俱乐部对该队的建设始终予以高度重

俱乐部历来十分重视梯队建设，《颐中足球动态》上详细记录了梯队教练竞争上岗过程。

视。今年俱乐部加大了投入，在教练班子调整工作中强化了配备，同时对队伍组成也及时进行了合理调整并充实，实现了该队教练组和运动员的优化组合并适当提高了队伍待遇。

该队代表俱乐部参加今年全国U17联赛第一阶段郑州赛区的比赛中，出赛七场只取得了1胜1平5负积4分，列赛区八支参赛队第八名的成绩，使该队只能参加第二阶段全国第25至32名的比赛。

从该队在竞赛中的表现和成绩来看，没有打出青岛足球城市的底蕴风范，也没有赛出代表职业俱乐部所应有的拼搏精神和技战术水平，该队的实际表现和竞技状况，不仅出乎各个俱乐部和足球圈的赛前评估，也与颐中俱乐部总经理代表俱乐部在赛前动员会上提出“赛出风格、打出水平、力争进入赛区前两名”的要求和指标相差甚远。

俱乐部认为，该队本次比赛成绩与其队伍实力水平严重不符，绝不是队伍状态、天气环境、裁判因素等客观原因造成的。从主观原因上看，该队教练组在贯彻执行俱乐部带队执教“三从一大”工作方针中，尤其是在培养青少年运动员顽强的拼搏作风、夺取胜利的竞争意识、比赛战术纪律观念等方面的工作存在严重的缺陷。

俱乐部认为，该队在第一阶段比赛中的实际表现和竞技状况，充分反映出该队教练组以过去在全国同龄组普及类比赛中取得了点滴成绩，便自以为全国一流而盲目乐观，对首次代表职业俱乐部参加全国竞技类队伍正式比赛的重要性认识不足，更没有充分认识到竞技类比赛的残酷性，存有严重的轻敌麻痹思想，准备不足备战不力，最终导致了队伍整体技战术水平和竞技抗衡能力与其他队伍相形见绌、屡战屡败的被动局面。

颐中四队教练组队对没有完成俱乐部提出的要求和指标负有主要责任。为加强梯队管理、促进队伍建设、严肃俱乐部纪律，经研究，颐中足球俱乐部决定，对颐中四队教练组提出严肃批评，予以通报，并扣罚教练组成员两个月的工资和奖金，扣罚队员两个月的津贴，视该队近期的总结情况以及该队在第二阶段的比赛表现和成绩，酌情对该队教练组和队伍追加相应的经济处罚。

颐中足球俱乐部希望颐中四队教练组以本次赛事为镜，深刻反省、认真总结在前段执教工作中的不足，切实做到“从严、从难、从实战出发，坚持大运动量”，刻苦带队加强训练，尽快提高队伍的整体技战术水平，缩小与全国同龄组先进队伍的差距。

特此通报

青岛颐中海牛足球俱乐部

2000年6月15日

处罚归处罚，奖励也毫不含糊。同样是这一年，三队的主教练左文清通过竞争上岗，以自己的实力和踏实的工作态度，使三队面貌在一年内发生极大变化，三队在全国U19联赛中一举闯入决赛，取得第七名的历史最好成绩，并为国家少年队输送三名球员，俱乐部当即给予三队8万元的奖励。

青少年培养工作耗时耗神，但只要撒下种子用心呵护，总会有所回报。记得1997年时，守门员教练王维满没能进入一线队教练组，在俱乐部赋闲，他没有因此就得过且过，反而努力征得各方同意，举办了一个青少年守门员训练班，选拔1981到1984年龄段的选手加以培养。当时15岁的李帅就是这样来到王维满麾下，一直成长为国家队的门将，后又随恒大队成为亚冠冠军。

还有刘健、姜宁、郑龙，当时那些稚嫩的面孔已经成长为主力球员，每逢看到他们，我就觉得所有的较真都是对的，如果这样的较真断裂了，青岛足球和中国足球的未来，也就断层了。

Chapter

09

第九章

一门难做的生意

买卖有的好做有的难做，足球这个买卖，真的太不好做。到现在20多年过去了，中国足球的职业联赛也没做成一门真正的生意，几乎所有俱乐部都在亏损，还在讨论怎么完善自我造血功能。

但当时30多岁的我锐气正盛，身上带着一种企业人的闯劲，一心想带领团队干出个样子来。

1998年的2800万

1998年时，我的工作重点是进行经营开发，为俱乐部增加造血功能。抱着啃硬骨头的决心，“自我加压、敢为人先”，我和经营团队希望能够在足球市场的中开拓出一条新路来。

年初俱乐部决定，不再招标转让1998赛季甲A联赛颐中海牛队的主场经营权，由颐中广告公司全面承接。坦率地讲，这是在冒一个极大的风险，但从俱乐部的长远发展着眼，冒这个险是非常值得的，即便是失败，即便我们全部下岗，我们也想为后来者铺路垫石。

广告招商就是从客户的口袋中往外掏钱。在当时的经济条件下，能花大钱投资广告的单位可以说是凤毛麟角，如何用高水平的创意策划去打动客户至关重要。元旦假期期间，我与策划小组连续三天通宵达旦，拿出了包括电视专栏、场地广告、裤标袖标广告、球迷俱乐部、体育用品、售货亭、颐中海牛画册、新闻媒体运作等20个方面、万余字的策划方案，报董事会批准予以实施。

（一）抓大不放小的经营思路。球衣广告、场地广告、门票是主场经营三大主要收入，但价格高、招商难度大，颐中广告公司从三方面入手，构筑了立体招商方案：大力推广“世界杯年”“足球是世界第一运动”“足球广告收视率统计”“企业投资广告资金运用媒体比较”“足球广告效益分析”等理念，组织宣传材料，抢天时之机；利用青岛对外开放政策、颐中集团的影响、青岛市体育运动的普及，为客户尽地利之优惠；发挥人的主观能动性，责任到人，互惠互利，调动客户积极性，用“人和”之利。由于思路对头，措施得力，三大领域的招商工作在1998赛季开赛前就已全部到位并予以实施。与此同时，为进一步增加俱乐部的经营收入，在抱得西瓜的同时，不失时机地从户外广告、球场包装广告、裤标袖标广告、颐中海牛画册、足球用品专卖等十几个门类同时出击，集思广益挖掘潜力，从点滴做起，疏而不漏，创造了近千万元的收益。一年下来，可以量化表现和实施的广告就有：五个票面广告、十六块场地广告、十二个电视直播广告、十二个电视专栏、两家胸前广告、一家背后广告，以及一家裤标袖标广告。

（二）独出心裁的创意。门票是经营收入的主要渠道，而青岛颐中足球队主场比赛的弘诚体育场仅能容纳观众1.2万人，门票定价问题遂成为门票经营的焦点：票价低了，上座率高，安全不能保障；票价高了，影响上座率，但即便是满座，年收入也不过300万。为此我们从创意设计入手，将门票设计为三折六面，一面为主票面，其余五面以广告形式出现，并配以精美的设计和制作，使门票既可作为有价证券，也可成为广大球迷的艺术收藏品。票面广告则对外招商，为俱乐部增加经营收入，可谓一举三得，同时以此为基础，为刺激球市，我们设计制做出了套票夹，把主场门票13张，颐中海牛队全家福照片1张，颐中海牛二、三队简介各一份，颐中足球队队歌、颐中球迷之歌各一份，主客场赛程表、积分表各一份，致全市广大球迷的慰问信一封以及颐中海牛纪念章一枚装入夹内，作为1998赛季套票出售，此举受到岛城广大球迷的欢迎。事后全国各地包括中国足协的官员，也以能收藏颐中海牛主场门票一套为荣。这一创意，不但为俱乐部的经营增加了收入，也在1998赛季甲A联赛各俱乐部主场门票经营中独树一帜。

1998年的球星卡和主场套票，设计精美的套票成为大家喜欢的收藏品。

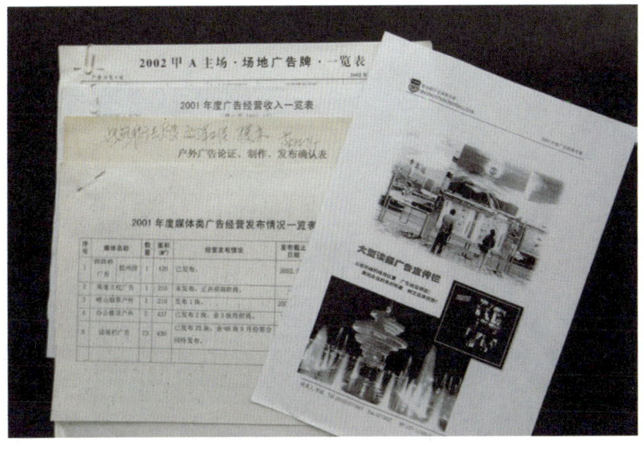

1999年的产品更加丰富，为了搞好经营，俱乐部每年都绞尽脑汁。

（三）策划并开辟了“颐中海牛时刻”电视专栏节目。以每周三次每次半小时（包括重播）的频率，以颐中海牛足球队比赛、训练、生活为主要内容，节目前、后、中间及背景、桌牌作为广告招商时段，向全市、全省乃至全国播放，既宣传了颐中海牛足球队，满足了广大球迷的愿望，又为俱乐部的经营开辟了新的途径。该节目的收视率在1998年上升为青岛电视台全部电视节目的第三位，受到岛城各级领导和广大球迷的交口称赞。

第一年，第一次，经营收入达到2800万。这个数字，对一家球队成绩二流的俱乐部而言，可谓战绩辉煌；这个数字，是一支过硬的队伍用心血和汗水堆集起来的；这个数字，我们满怀信心，觉得这么一路趟过去，也能像颐中集团的企业精神一样，“要干就干一流的”，把俱乐部经营搞出一流的水准来。

造血和贬值

随着职业化联赛的推进，在运营这一块儿，大家提到最多的一个词，就是加强“造血功能”。我们也雄心勃勃，“力争在五年之内实现收支平衡，创建自我造血、自我发展机能”。

但这个目标显然定得过于乐观了。首先是整体大环境的变化，联赛最初的火热渐渐褪去，负面新闻不断增加，这磨蚀掉了一些企业的信心，最具有标志性的，是万达集团在1998年9月底宣布退出中国足球；2001年，沈阳海狮俱乐部易帜，其理由是华晨集团对投资足球失去了兴趣，同年吉利集团李书福炮轰中国足协，也一走了之；2002年，曾经打出著名的成都保卫战的四川全兴退出中国足球，全兴董事长杨肇基私下透露，搞足球资金压力很大，他们拿不出更多的钱来

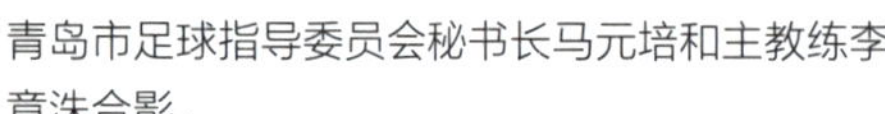

青岛市足球指导委员会秘书长马元培和主教练李章洙合影。

在马元培的协调下，球队这一年终于有了冠名商：闻名遐迩的青岛啤酒。摄影/袁蒙

搞下去。在这种局面下，靠足球来招商的困难之大可想而知。

其次是青岛足球的小环境。球队成绩一直没有太大起色，很难给企业“锦上添花”的保证，比如1999年在保级边缘挣扎，2000年的广告运营就立竿见影，那一年虽完成广告合同29份，但合同金额只有772万元。青岛的赛事和演出市场多年来有个很强的地方特色，很多人缺乏买票的习惯，大多数人宁肯打车去拿一张免费的门票也不愿意自己去买，因为赠票才算“有面儿”；球迷对足球的认知很专业，但高兴了去吆喝两嗓子，不高兴了不如在家吃蛤蜊喝啤酒捎带瞅两眼，球队和球迷之间一直没有建立起国安主场的那种“鱼水情深”，这导致球票销售和球队外延产品的发售，再怎么吆喝都是杯水车薪。

在这种局面下，经营全靠努力。1999年，俱乐部新建了综合办公楼，我们在三层临街方向上设置了9块（共计537.5平方米）户外广告牌，从6月份到8月份，用两个月完成招商、制作、亮化工程，生生完成了90万元的招商任务，也促进了一楼门头房的招商；泰旭厨具、东铁实木门、澳柯玛空调、红双喜体育用品还提供了68万元的办公家具和设施。

领导的支持也很重要。2001年赛季前球队冠名没有着落，一直担任市足球指导委员会秘书长的马元培为我们介绍了青啤集团。青啤集团时任总经理彭作义被工商界人士称为竞争场上的“拼命三郎”，工作日程向来十分密集。记得当时为了能和彭总当面交流，马元培陪我到彭总家门口等候，从晚上八点多一直等到九点多才见上面，我们希望彭总能从青岛的本土情结出发，让青岛名企来支持一下青岛足球。这种牵线搭桥、沟通协调，马元培为俱乐部做过太多。他个子很

2005年8月11日，青岛啤酒奥运赞助商签约仪式

2008年7月21日，时任青啤董事长金志国参加奥运火炬传递。

高、走路飞快、讲究办事效率，我感动之余，经常和他开玩笑，说老大哥他的腿是为青岛足球跑细的，他总是哈哈一笑。直到现在，他还是青岛足球忠实的拉拉队，为球队鼓掌欢呼，有这样的支持者，是青岛足球的幸事。

等正式和青啤签完合同，距离比赛开打只有三天了，比赛服装加紧印制。这一年的队服，胸前广告为“青岛钢铁”，背后广告为“青岛啤酒”。

青岛足球和青岛啤酒、健康活力运动和激情成就梦想，这次牵手成为一个开始。2003年青岛啤酒百年华诞，也是它品牌战略定位发生重大转变的转折点。在此之前，青岛啤酒一直强调百年品牌、品质和口味。2003年，基于自身更加年轻、时尚的品牌发展目标，青岛啤酒提出了“百岁归零”的战略理念。在确立了品牌年轻化的战略后，青岛啤酒走上一条体育营销之路，先后赞助了北京奥运会、NBA、CBA、亚冠联赛、中超联赛等国际国内重磅赛事。青岛啤酒的掌舵人金志国，其“球道、商道与体育营销之道”的理念，引发了广泛关注。在金志国看来，啤酒和体育二者之间可谓是天作之合。在多年与体育比赛的互动过程中，青岛啤酒的百年品牌也更加年轻有活力。

“球道、商道与体育营销之道”，当时俱乐部的经营与这种战略思路还相距甚远，为了解决2001赛季的资金缺口，我们也是绞尽脑汁。俱乐部对2001年的经营工作提出“再辟新路子”的战斗口号，并提出如下要求：

挽救球市，请回球迷，支持球队，塑造一个山呼海啸的金牌球市，力争4万人上座。为此我们调整了门票价格，最高30元，中间价15元，最低5元；采取套票销售，争取尽快回收资金；采取主场抽奖，刺激消费市场，提高上座率；加强对场地广告、电视转播广告、门票广告、媒体广告的销售力度，继续拓展球迷产品开发。

2002年主场套票的新闻发布会 摄影/袁蒙

球员们开心地展示新球衣，这时的战袍上还没有“金主”。摄影/袁蒙

说是“辟新路”，但除了降价吸引球迷之外，我们并没有推出新的招数，也实在没有更好的办法了。

到2002年，看上去这是个火热的世界杯年，但联赛取消升降级，球队一度遭遇无人冠名的尴尬境地。我手头有一册当年针对国风药业做的宣传合作计划书，认认真真做了八页，“绿茵赛场商机无限，无限未来共同开创”，对方在封面上认认真真回了八个字“无此想法进行合作”。一直到赛季中段，球队才有了“哈德门”的冠名，显然这是自家企业送的人情，这是在青岛卷烟厂把子弟小学让给俱乐部搞梯队后，韩林厂长又一次给予我们的巨大支持。

唯一例外的是2002赛季结束后，球队史无前例地夺得足协杯冠军，第二年联赛又将恢复升降级，这两大因素让2003年的冠名权一时之间成了抢手货。年底有四家知名企业参与竞争，除了哈德门有意继续冠名之外，丽声音响、皇室咖啡以及贝莱特空调等都加入了“抢夺”行列。2003年球队最后成了青岛贝莱特队，两年冠名总价格为6300万，这成为球队历史上难得的辉煌时刻。

难以收回的电视转播费

在运营中，还有一件一言难尽的事情，就是电视转播费。

在2000年的全国甲级俱乐部负责人座谈会上，我专门谈到这个问题：“由于长期计划经济思想意识的束缚，足球体制改革以来，电视台方面一直对职业足球转播权属于市场经济范畴认识不足、理解不深，使俱乐部与电视台在洽谈转播权问题上举步维艰。”

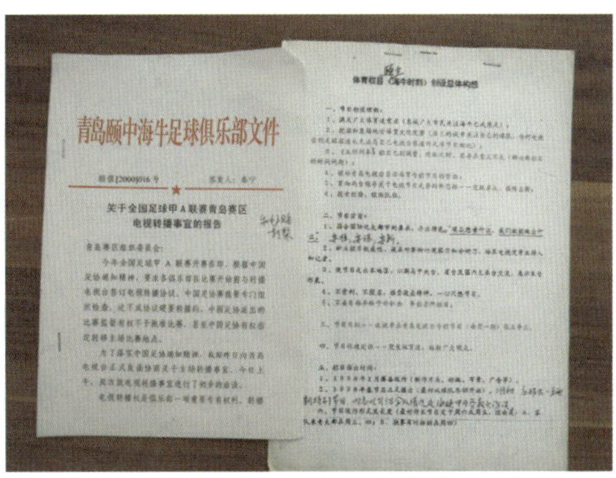

青岛颐中海牛足球俱乐部文件

关于全国足球甲A联赛青岛赛区电视转播事宜的报告

我在接受山东电视台记者的采访。电视媒体在职业化联赛初期发挥着至关重要的作用，但电视转播权问题，让俱乐部有苦说不出。

到底有多艰难，我把三份材料摆在这里——

关于1999赛季全国足球甲A联赛青岛主场电视转播事宜函

青岛电视台：

我部成立五年多来，得到贵台的积极合作和大力支持，使全国足球联赛受到青岛市百万人民的日益关注。为搞好1999年全国足球甲A联赛青岛赛区的电视转播工作，根据中国足协授权，拟将1999赛季全部主场比赛电视转播权向贵台转让。

按照中国足协有关要求，我部拟每场比赛收取一定数额的转让费，具体要求拟请贵台有关人员与我部进一步协商。

因联赛开赛在即，此事宜抓紧时间办理。

青岛颐中海牛足球俱乐部

1999年2月24日

关于青岛赛区电视转播权转让商谈合同的报告

市足球指导委员会：

电视转播权、门票、广告历来是职业足球俱乐部的三大主要收入。《知识产权法》第四十条规定：“广播电台、电视台制作广播电视节目应当同表演者订立合同，并支付报酬。”职业足球俱乐部通过劳动，获得相应的收益天经地义。

自1994年全国足球职业联赛开赛以来，1994年、1997年、1998年分别由我部周元淦、秦宁同志就主场转播权转让问题与青岛电视台有关人员进行艰苦的谈判，当时与青岛电视台达成了由其出让3分半钟（1998年为3分钟）广告时段交予俱乐部经营，从而获得主场比赛的转播权。1999赛季，大连万达、上海申花分别以每场18万元和30万元的价格向当地电视台出让电视转播权。

随着足球市场的进一步开发，电视转播权越来越被各职业俱乐部和电视媒体关注。

根据中国足协的通知精神，1999赛季全国足球甲A联赛各职业俱乐部主场电视转播权的转让，授权俱乐部和当地电视台协商谈判，确定合理的价格。为了搞好1999全国足球甲A联赛青岛赛区的电视转播工作，我部于2月24日向青岛电视台正式发函并抄报市足球指导委员会，拟请电视台有关人员来我部协商今年主场比赛的电视转播问题。

在我部的再三邀请下，3月2日，青岛电视广告实业公司总经理鞠侃彬、青岛电视台体育部主任王国强来我部，就1999赛季电视转播问题进行商谈，我部参加商谈的有俱乐部办公室主任周元淦、颐中广告公司广告业务经理李斌。

在商谈中，我部人员对俱乐部成立以来青岛电视台的大力支持表示感谢，同时表示，电视转播权是我部的一项基本权利。目前联赛开赛在即，时间紧迫，青岛电视台在未与我部签订任何协议的情况下，擅自将主场电视直播的广告时段以100万元的价格出卖给青岛中视广告公司，并以独家代理名义打出电视招商广告。鉴于上述情况，根据中国足协指示精神，参照兄弟俱乐部的做法，我部人员提出1999赛季转播权准备以每场15万元的价格转让给电视台。青岛电视台人员在商谈中一再强调，青岛电视台对俱乐部形象的宣传给予了巨大支持。俱乐部的电视转播权没有授权书他们不予承认，如果因为电视台不出钱俱乐部不让转播的话，他们就把转播车开到体育场，使俱乐部不让转播的情况让广大球迷知道。由于双方各自坚持自己的观点，商谈进行得很艰难，没有达成任何协议。

商谈之后，当日下午我们将商谈的情况向在青岛参加全国足球工作会议的中国足协有关同志做了口头汇报，得到他们的大力支持。

3月5日和9日，我们又多次通过电话邀约电视台有关领导继续商谈，未果。

接管颐中海牛足球俱乐部以来，颐中集团已出资近亿元之巨。俱乐部之所以在电视转播权问题上会这样斤斤计较，就是为了维护自己的正当权益，把人们的观念从计划经济的模式中转变过来，从而促进足球市场更加完善，进一步推进职业足球俱乐部建设。如果青岛电视台仍坚持不肯出钱，我们宁可主场不转播，同时我们将以其他方式（如降低门票价格等）给青岛市球迷以补偿。

特此报告

青岛颐中海牛足球俱乐部

1999年3月9日

关于全国足球甲A联赛青岛赛区电视转播事宜的报告

青岛赛区组织委员会：

2000年全国足球甲A联赛开赛在即，根据中国足协通知精神，要求各俱乐部在比赛开始前与转播电视台签订电视转播协议。中国足协赛前要专门组织检查，达不成协议硬要转播的，中国足协派出的比赛监督有权不予批准比赛，甚至中国足协有权指定转移比赛地点。

为落实中国足协通知精神，我部昨日向青岛电视台正式发函协商关于主场转播事宜，今日上午，双方进行了初步洽谈。

去年在市政府领导的直接协调下，考虑到青岛电视台过去对我部工作的支持，我们与青岛电视台签订了电视转播协议，协议规定在签订协议10日内，青岛电视台向我部支付转让费10万元并补偿我部3分钟的广告时段，然而事情至今已过去一年，我部催要多次，10万元转让费我们分文未收到。

我们的意见是，今年的电视转播权转让，我们在同等价格前提下，优先转让给青岛电视台，以便让青岛球迷能观看现场直播，我们也等待青岛电视台按照互惠互利的原则与我们正式签约。我们提出的条件是全年电视直播转让费12万元，另补偿4分钟广告时段。同时我们也尊重中足协规定，如果青岛电视台始终不与我们签约，却又出现青岛有线电视体育频道率先打出现场直播广告招商这种有损于我们俱乐部利益的事情，我们也不排除与其他电视台签约或拒绝任何电视台无偿转播，从而维护我部的正当权益。当然，这是我们不愿意看到的结果。

以上情况，特此报告，请领导予以协调。

青岛颐中海牛足球俱乐部

2000年3月9日

这三个报告，详细记录了具有代表性的“谈判”过程，写得义正词严其实也让人哭笑不得。其实我和电视台的有关领导私下都非常熟悉，也都把他们作为大哥一般尊敬，说一句不中听但其实很切合实际的话，那就是“屁股决定脑袋”，再怎么称兄道弟，但在青岛毕竟青岛电视台一台独大，有这样的地位在那里，有那种“离开我这盘棋就玩不转”的心理，市场规则自然就不算一回事了。

曾经想打造“上青天”品牌

俱乐部的运营除了立足青岛，我也一直在思量能否走出去，能否找到新的突破点。

2001年，在昆明参加“思想政治工作研讨会”时，我和申花老总郁知非、泰达老总张义峰聚在一起，一个提议渐渐形成，那就是策划主办一个“上青天”足球系列赛，并希望把这三个字做出一个品牌来。

在当年4月俱乐部的总经理办公会上，我和同事们深度探讨了这个问题，也坚定了尽快促成这个比赛的想法：

第一，2001年联赛为“亚洲十强赛”让路，间歇期太长，举办这样一个比赛，能增加比赛场次，借机锻炼新人，提高队伍实力；第二，提倡快乐足球，有利球队和球员技战术的全面发挥。由于是自发和小型的联赛，球员和球队没有正式比赛成绩的压力，完全可以把这一比赛看作是球队战术和球员技术摸索实验的场合，各俱乐部可处于完全放松的状态，比赛和训练快乐而不紧张；第三，足球也是品牌，“上青天”既有深远的历史渊源，又有其丰富的政治、经济内涵，通过足球对抗赛可创立驰名全国的品牌效应；第四，既可实现俱乐部的强强联合，又为全国足球超级联赛探索一个新的模式，更为重要的是，作为一种纯商业性质的赛事，可为各俱乐部创收开辟一条新的路径；第五，“上青天”对抗赛成功举办后，可逐步推广为国内、国际同级别固定赛事，本着“做品牌、练队伍、吸纳社会资金、开发足球市场”的原则，将这一工作推向新高度。

“上青天”三个字有很深的内涵，可惜这项比赛没能继续主办下去。

在英国阿森纳俱乐部考察学习。

百度百科里留下了“上青天足球对抗赛”的记录——上青天足球对抗赛简称“上青天”杯，是2001年开始举办的一项一年一度的非官方足球比赛，由上海申花、青岛颐中海牛、天津泰达三家甲A联赛俱乐部自发组织的比赛。

“上青天”最初是指中国当时的“三大纺织工业基地”——上海、青岛和天津，而在甲A联赛中申花、泰达、海牛队管理层也有着较好的关系，赛事的推出被寄予了很高的期望。首届“上青天”杯时，球场上还悬挂出了“足球搭台经济唱戏、上青天共话跨越式发展、三市三兄弟联手上青天”这样的横幅。也有观点认为，这三家俱乐部能够组织在一起，源于地缘，这三家俱乐部相距不远并都沿海，在一起备战既省路费，又免去了邀请热身对手的开销。

比赛最初目的是利用联赛间歇，加强球队的交流，检验备战效果，为新阶段的联赛热身。赛事采用单循环赛制，每支球队打两场比赛，积分最高的球队为冠军。

在当时我和申花郁知非、泰达张义峰签订的三方协议中，认真界定了合作原则和范围——

三方俱乐部的集训、交流比赛，属俱乐部间合作关系，以共同提高球队竞技水平，开拓足球市场，繁荣人民群众文化、精神生活为己任。

三方俱乐部的集训、互访或交流涉及国外球队比赛，应遵循中国足协章程，积极协调好地方政府、地方足协、治安保卫、场地、接待等各部门关系。

三方俱乐部在国内外集训、交流比赛合作中，应积极创造条件，提供方便，促进俱乐部合作交流的宗旨。

三方俱乐部的经营开发项目和资源应保持相对一致，共同开发、共同拥有、相互提高，积极建立有序的职业俱乐部市场运作体系和公平竞争环境，为提高中国整体职业俱乐部足球发展空间创造条件。

三方俱乐部在教练员、运动员、科技人员相互交流中，应积极提供信息，提

在慕尼黑1860俱乐部，我获赠邵佳一战袍，为他在国外赛场赢得的荣誉自豪。

2002年，颐中俱乐部球员进行献爱心活动，球员义务当服务员，所得收款用于公益。

供方便，在引进外籍教练、外籍球员方面，应精诚团结，尊重各方利益，维护国家利益。

这个比赛的推出受到外界很多关注，按照张义峰的说法，“足球是什么？足球是一个360度的观景窗口，这其中可以折射出多种社会性的东西。‘上青天’在天津比赛时，每场比赛要卖出七八千张球票，这证明走市场化道路完全可行。”

第二届开打时，我和郁知非都已经离开足坛。后来由于种种原因，被认为可行，也一度有几家俱乐部想加入的赛事没能继续下去，但在当时无论是从市场角度还是练兵角度，这都是一次有益的探索。

Chapter

10

第十章

一个无底的黑洞

赚钱困难花钱易。足球玩的是什么，一个字，钱！颐中集团从决定进入足坛的那天起，态度就很明确，蒲强——不吝啬但绝不乱花，刘青文——只要有利于青岛足球发展，我们肯定投入。我们不是一家财大气粗的企业，每一分钱都是一线的工人一支支烟卷出来的，我们也希望花出去的每一分钱，都能砸出个响儿来。

但后来，正大光明花出去的钱称不上物有所值，黑钱黑幕却接踵而来。

投入翻着番儿往上涨

颐中接手俱乐部第一年，根据上一年的情况，原定投入六百五十万，市政府财政补贴三百万，颐中领导班子会议顺利通过了。大家觉得公司一年要支出的广告费本来就有六千万，从宣传效应来说，这个投入值得。

颐中集团1994年成立。颐中，“颐和世界中惠人生”，这两个字大有来头。颐中的历史最早可以追溯到1919年的“大英烟草股份有限公司青岛分公司”。1952年公司由政府接管，更名为国营青岛卷烟厂。1992年，企业决定恢复老名牌的生产，销声匿迹达30年之久的历史名牌“哈德门”重现在世人面前，之后又相继开发了“红锡包”“老刀”“泰山”“黄锡包”“红金”“壹枝笔”等老牌号。用新兴的足球产业来宣传老品牌，同时丰富集团的产业体系，看上去很好。

第一年预算六百五十万，冬训比赛的交通住宿，引进内外援，青少年梯队建设等等，上半年的比赛还没打完钱就花完了。在企业管理中，要强化预算的刚性作用，但到俱乐部这儿这个根本不存在，钱花没了就伸手要，没办法处理的就先打白条；可以提前规划的事情没人去做，比如客场比赛订机票，赛程出来之后就可以早做打算，可以节省经费，但没人考虑到这一点；主教练的一些额外开支也没有制度可参考，用一句赶潮流的话说，那时候我们就闻到了一点土豪的味道。

1997年投入一千五百万，全国平均水平三四千万；1998年是三千万，投入在全国是后三名的水平。那一年各种费用开始水涨船高，球员工资、比赛奖金翻番，有的球队赢球奖金达到百万已很平常，住宿从招待所到普通酒店到五星级酒店，各种硬件都要加强，球员配备专用大巴出入，攀比之风兴起。这一年我和蒲强、刘青文还专门去过一次大连，向王健林当面请教，一方面是颐中假日酒店要开业，想借鉴一下万达酒店的运营经验，另一方面也想知道万达在俱乐部方面的投入到底是怎样，结果真如外界所说，一场赢球奖金一百多万，一年要一个多亿。那时王健林已经感觉压力太大，他们也在当年决定退出足坛。

2001年，我和领队李传琪在海埂。这个赛季，中国足协提出了新蓝图新要求。摄影/袁蒙

到了1999年，预算我都不知道怎么做。一、二月份挑选内援、外援、主教练，上山冬训、出国备战，年初就得三千万，最后全年花费六千万，但对比一下依旧不算多。鲁能这一年成为双冠王，据说花了一亿二千万，一般水平是六七千万；2000年，我们努力维持在这个一般水平。因为钱，有时心态都是矛盾的，输球自然窝囊，遇到资金紧张，赢球了到我这里也不能完全算是高兴事。为啥，因为前面的赢球奖金还欠着。教练员到你屋里点根烟，跟你开玩笑："老板，高兴吧？发钱吧？"我抽着烟心里叫苦：钱还没着落呐。

2001赛季，中国足协在深圳召开足球工作会议，公布了未来中超联赛职业足球俱乐部标准。标准从12个方面提出了48项硬性指标，评定不及格的俱乐部一律不得参加超级联赛。其中包括：从2001年开始，凡连续两年经营亏损的俱乐部，撤销资格；俱乐部必须拥有完善的二、三线队伍5至6支梯队，并拥有足够的正规足球训练场地，也就是说必须具备7至8块标准场地，其中有一块是灯光球场；要有自己的比赛主场；要有自己的训练、经营和办公场所；要有固定的经营班子。

在向有关方面提交的《俱乐部所面临的困难及新世纪三年规划》报告中，我们对前四年的投资和面临的压力描述如下——

随着中国足球市场的发展，由于“急功近利”“一切向钱看”思想的滋长，不仅影响了球员的职业作风，俱乐部支出也呈几何级增长，四年来，颐中集团累计向俱乐部投放资金1.6亿元，向颐中体育中心投资3.2亿元。

根据2001年烟草系统的税制改革方案，中央对卷烟业的税赋做了全面调整，定价50元/条以上的卷烟制品消费税率改为50%，定价50元/条以下的卷烟制品消费税率改为33%。烟草税的提高，必将导致集团利润大幅下降。另外，根据烟草行业总体规划的要求及企业发展的迫切需要，青岛卷烟厂易地建厂即将进入实质性操作阶段，需要巨额资金投入，根本没有剩余资金再为俱乐部及体育中心投资。

除此之外，球队由于成绩不好，导致社会、媒体、球迷对俱乐部不满，球迷闹事得不到有效制止，俱乐部的秩序屡遭侵犯。巨额资金投入得不到应有回报，企业职工从感情上是难以接受的，几乎每次职工代表大会，职工代表都以书面或者质询的方式要求集团领导给予答复，对集团决策层形成极大压力。

而我一度被同事们开玩笑叫作“讨债的”，下面是一封2002年的“讨债信”——

关于拨付预算内资金600万元的请示

投资公司：

在投资公司领导及各部门领导的正确领导和支持下，俱乐部年度目标已基本完成，按年初董事会及总裁办公室确定的全年奖金预算，全年应差额拨付2600万元，至今已执行2000万元。本想利用俱乐部搬迁政府补偿资金的到位，作为俱乐部跨年度流动资金使用及补足超预算部分（足协杯夺冠及其他项目），但此款项遥遥无期。

目前，俱乐部已无钱支付胜上海中远、胜上海申花、平重庆力帆三场球的奖金及11、12月份球队工资，急需拨款300万元。又因2003赛季梯队冬训及球员转会、注册、外援引进等工作已经开始，也急需资金300万元。请投资公司尽快批示拨付预算内资金600万元。

附：关于2002年度俱乐部超预算情况说明。

青岛颐中海牛足球俱乐部

2002年11月26日

所谓“一分钱难倒英雄好汉”，那一年因为夺取了足协杯冠军，好不容易当了一回“英雄好汉”，但对于我来说，满脑子却都是“钱钱钱”，哪有什么闲情去体会当英雄的感觉。

球员的媳妇儿就是经纪人

这么巨大的投入，除了俱乐部基本建设之外，五分之四的钱花在支付球员转会费、签字费、工资、奖金、主客场比赛费上，尤其是球员的身价越来越高，要求也越来越多，比如说签字费。

在1996年职业联赛热潮中，签字费开始流行，顶级球员的签字费大约在200万元人民币。当年甲A一线主力球员的薪水随着奖金额提高而暴涨，普遍涨到了百万元以上。

直到现在，中国足协还在下文，要求严厉取缔签字费，但事情一旦开头就很难收拾，说明这个名目在中国足坛也一直存在。记得当时肖战波加盟球队时，他的媳妇儿就是经纪人。肖战波的妻子邢丹原来做过空姐，身材高挑、打扮时尚、一身名牌，朋友用豪车把他们送来，邢丹开诚布公，“秦总，我老公拿的是年薪，

肖战波签约前的谈判。摄影/袁蒙

我是经纪人我拿签字费，30万。”

在青岛足球创业史中，大家都爱回忆刚开始时候的艰苦奋斗，1994年队员最高的工资不过每月2000元，赢一场球全队奖金是2万。尽管当时的工资非常低，但是队员从来没有跟俱乐部讲过什么条件。每次王守业找队员签合同的时候，队员们都是无条件地奉献：“王导，你看着定就行了。”全队签合同的时间不超过半小时就完全搞定，王守业也总是在签完合同之后马上叫上一帮老队员出去吃一顿，大家在那些穷开心的日子里都不好意思提钱。

那会儿不提钱，后来是给多少钱都嫌少，1999年和球迷座谈时，有球迷直接问我，钱在足球发展中扮演什么角色？我回答说许多球迷打电话到俱乐部，嫌颐中不肯花钱，没有大手笔，可是这一年客场包机就四次，却不一定带来胜利。以前坐着大头车出去比赛，照样能打出气势来。就是因为太有钱了，才惯出球员越来越多的毛病，让这个行业从业人员的欲望越来越膨胀。

一夜暴富后，球员买别墅，买豪车，花钱如流水，根本不珍惜，因为钱来得太容易了。在这种大环境下，再去跟他们讲艰苦朴素，讲荣誉责任，又能起到什么作用呢？记得曲波、高明他们那一拨打上主力之后，足坛的奢靡之风已经非常严重，这无形之中给这些年轻人带来潜移默化的影响。原本都是普通人家出身的孩子，很快都学会了一身名牌、全副武装，这也是当时的主教练李章洙很看不惯的地方。在他眼里，这些年轻人应该把更多的注意力集中在赛场上而不是去追求虚荣。肖战波开着豪车到俱乐部被李章洙看到，他会用这样调侃的方式表达自己的态度：“好几百万吧？有钱啊！”

花自己踢球挣的钱，似乎没啥可说的。但在职业化发展的最初阶段，资本的介入没有和规则相辅相成，法制不健全、行为无规范，球员们过多地盯着钱，而不是努力提高竞技水平；因为有钱任性，又陆续曝出类似车祸、打架、家暴、婚变、泡吧、嫖娼等负面社会新闻，影响很坏。

左起高明、肖战波、陈刚 摄影/袁蒙

正能量当然也有，比如杨晨，国足十强赛时他“断臂”不下火线的画面堪称经典，人品和球品在足球圈内有口皆碑。2002年我和市政府副秘书长贾玉敏前往德国，协助考察奥运会帆船比赛城市，顺道见到了在德国踢球的杨晨。他给我们留下了非常良好的印象，不夸张不张狂很低调，没有半点球星的架子。杨晨详细告诉我在德国踢球自律的重要性：和队友们一起度假休息的时候，看到的是一群不抽烟不喝酒的职业球员，他们饮食规矩，作息规律，大运动量后科学恢复，按时根据队医要求摄入维生素，没有教练跟在你屁股后面念叨，这是一名职业球员必需的素质。说白了，一个职业球员得到的，是和他的付出相辅相成的。

限期缴纳税款通知书

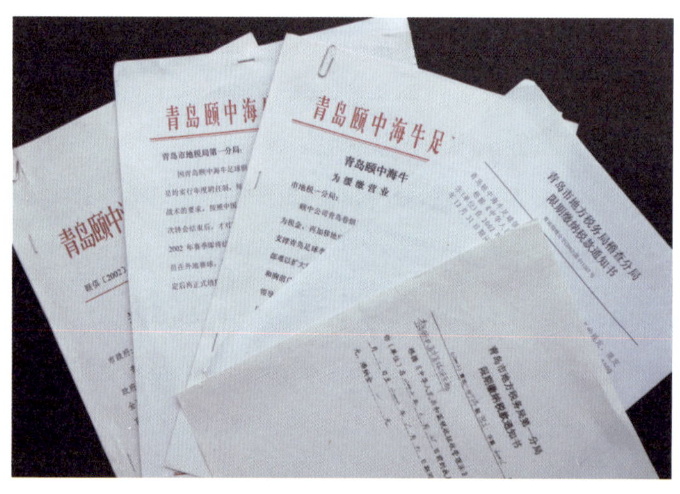

球员们到手的是实实在在的收入，俱乐部充当了大管家，不得不处理这些催税通知单。

运动员高收入带来的还有个人所得税缴纳问题。他们拿到的钱约定俗成都是税后，大量的税收负担随即转嫁到俱乐部身上。这个问题在1997年颐中接收俱乐部时就出现了，在2月27日公司审计组提交的海牛俱乐部收支情况查证报告中，记录了这一问题：

该俱乐部经营过程中遗留的主要问题是个人所得税问题。经查，1996年该俱乐部共支出工资3639890.80元（含出场费），其队员工资每月4200元至4800元不等，外籍球员每月800美元，财务核算每个队员按300元固定数额代扣个人收入所得税，其代扣数额远不足应缴数额。该俱乐部为了不挫伤队员的积极性，不足部分均由俱乐部补缴，全年共发生补缴65422.74元。另外，还有一块在财务核算中尚未反映出的个人收入所得税应缴数，计383669.26元。经调查，该俱乐部球队队员、教练的工资收入分两部分，一部分为固定工资，另一部分为出场费（胜局和平局发放，败局只发补贴），1996年俱乐部赛事22场，共支付出场费231万元。1996年10月青岛市地税局第一分局对此进行了审查，核定球队1996年4月至10月，发生工资、补贴、出场费共计2827440.00元，根据四级超额累进税率计算，应缴个人收入所得税486842.00元，其中固定工资收入部分已缴101172.74元，欠缴385669.26元，并开具了税收缴纳书。该队因资金紧张，立即将情况向市府做了汇报，经市委、市府与地税局协调，暂按欠缴数的30%上缴，计115700.78元，由于资金紧缺，目前这部分也尚未缴纳。

后来我遇到的照样是这个问题，随着队员收入的不断攀升，老板负担的压力有多大可以想象。以时间为序，我列举几个文件的名字：

2002年6月10日 青岛市地方税务局第一分局限期缴纳税款通知书 收件人 青岛颐中海牛足球俱乐部

2002年6月18日 青岛颐中海牛足球俱乐部缓缴营业税申请报告 收件人 青岛市地方税务局第一分局

2002年6月26日 青岛市地方税务局稽查分局限期缴纳税款通知书 收件人 青岛颐中海牛足球俱乐部

2002年8月2日 青岛颐中海牛俱乐部关于补缴税款追加计划外拨款的请示报告 收件人 颐中投资公司

2002年9月2日 青岛颐中海牛足球俱乐部关于近期减、缓缴纳税款的请示 收件人 市政府

2002年10月17日 青岛市地方税务局关于进一步抓好我市高收入者个人所得税税源监控的通知 收件人 颐中海牛足球俱乐部

2002年10月25日 青岛颐中海牛足球俱乐部关于无法即时填报个人所得税重点纳税人基本情况汇总表的说法 收件人 青岛市地方税务局第一分局

我对这几个文件的感受，真是只能在心里“呵呵”了。

2000年阎世铎就任中国足协专职副主席之后，我在和中国足协的交流中，一是递交了裁判法建议，二是递交了税收问题的改革办法建议，足球俱乐部这样一个特殊的社会组织，个人所得税征收应该怎么办？希望中国足协代表全国的俱乐部，给国家税务总局提一个建议。中国职业联赛在萌芽阶段投入巨大，球员又是特殊的商品，如果俱乐部负担太重，培养球员会没有积极性。我和刘青文、陈敬莘去法国圣日耳曼、英国阿森纳、意大利AC米兰等俱乐部考察过，了解到国外针对球员转会收入、针对俱乐部的运营，税务上有许多针对性的政策。

我在网上查阅相关资料，天津体育学院学报2002年刊发过一篇文章《国外体育经济活动税收政策研究》，作者署名翁飚、高松龄、诸斌。在查阅大量资料

的基础上，对以美国、英国、意大利等为代表的体育经济活跃国家的相关税收政策及其税收优惠政策进行综述，经归纳分析得出：国家通过税收政策调控体育经济的有序发展；实行免税鼓励企业对奥林匹克运动的支持；当前世界许多国家对公益性体育活动提供减免税收的优惠政策；通过征收个人所得税以调节职业运动员等体育专业人士的收入；采取税收优惠政策鼓励民间团体和社会力量办体育等。

《西班牙体育法》规定："除税法的一般规定外，如果股份体育公司与某些职业体育活动有法律上的合同关系，则该公司为推动和发展这些活动的支出应考虑减税。"而在英国，对绝大多数体育组织来说，特别是对私人体育俱乐部而言，更好、更有效的减税机会为一种名为"统一经营税（UBR）"的税种。这是一种由中央政府制定、由政府征收的财产税，地方政府有权对体育组织和其他社区组织减免这种税收。

英国体育理事会一直在游说地方政府对体育组织免征这个税种，相当数量的地方政府已经对体育组织免收了"统一经营税"。

回到国内，俱乐部不纳税不合法，如果正常纳税根本就承担不了，只能拖一天算一天，在递交给足协的《通过完善税收法律制度推动足球职业化改革》中，我这样建议——

足球运动不能简单归类为工业、商业、服务业、文化娱乐业等产业，因此在税收政策上必须有针对性。目前俱乐部收入主要包括社会赞助、政府拨款、广告收入、门票收入等，成本主要包括球员支出、场地支出、管理支出、训练成本等，所涉税种主要包括代缴个人所得税、营业税、所得税等。关于税种设置及征收上做以下探讨：

一是个人所得税。目前各俱乐部球员年薪均为税后价，个税由俱乐部代缴，这无形增加了俱乐部的负担，解决这一问题，须承认世界范围内球员高收入的现实，须扭转社会对个人价值的认识，建议对球员个税起征点进行分级界定，由球员个人承担。如：国家队球员个税起征点为200万元，200—500万元之间设置一档税率，500—1000万元之间设置一档税率，1000万元以上设置一档税率；国奥队队员个税起征点为100万元，100—200万元之间设置一档税率，200—500万元之间设置一档税率，500万元以上设置一档税率；球队主力个税起征点为50万元，50—100万元之间设置一档税率，100—200万元之间设置一档税率，200万元以上设置一档税率；一般球员个税起征点为20万元，20—50万元之间设置一档税率，50—100万元之间设置一档税率，100万元以上设置一档税率。二是增值税。对俱乐部而言，球员流转经常发生，球员的转会费是一笔巨大的收入或支出，因此应该把球员视为一种特殊的资产或商品，建议立法上研究针对这种特殊的资产、商品计征增值税，球员转会如实现增值则需缴纳增值率，如按6%税率计征，如贬值则相应冲减计提增值税。同时，制定税收返还政策或鼓励政策。这样能够鼓励俱乐部将关注度放在多培养优秀球员上，并增加青年力量储备，培植中国足球的根基；增加的税源反过来又可以用于支持足球事业的发展；三是企业所得税。建议实施企业所得税优惠政策，减轻俱乐部负担。同时，对运动伤残补助应从企业所得税应纳税所得额中扣除，既实现以人为本的社会价值，又降低俱乐部负担。通过推动俱乐部税收政策改革，能够使俱乐部将更多的资金用于足球人才的培养、足球基础的厚植，推动足球事业长远发展，从而实现国家政治、经济、社会整体效益。

建议归建议，这些建议至今仍具有其现实意义，但中国足球需要面对的问题太多了。

在2000年的全国甲级俱乐部负责人座谈会上，颐中俱乐部的建议是暂缓升降级——

甲A保级、甲B升A，急功近利的特殊环境，提供了容易产生让国人痛恨的假球、黑哨土壤；为避免降组追求升级，增强队伍实力，在目前高水平球员供不应求和相关职业条件尚不成熟的客观条件下，变相提高转会费、索要高额签字费和高工资、高奖金的现实，加重了俱乐部的经济负担，使得经营收支严重失衡，

球员们接受的都是球迷们真诚的爱。
摄影/袁蒙

入不敷出，难以长期支撑；升降级制度社会影响面大，球迷情绪冲动且承受力有限，为维护社会安定，联赛组织者和公安力量疲于应对非常被动；升降级事关地方名誉和投资企业形象，政府高度重视，全社会倾力关注，俱乐部压力巨大，千方百计苦苦支撑，破坏了职业俱乐部自我有序发展，违背了足球改革循序渐进的规律；升降级的轰动效应，为社会黑恶势力插手足球、非法盈利提供了条件，赌球操纵比赛的不良事件屡有发生，破坏社会安定，腐蚀球员队伍，长期下去后患无穷。

现在有不少人认为，“取消升降级是很错误的决定，把中国足球的环境弄得非常混乱”，但作为俱乐部的经营者，我认为不是取消升降级打击了投资人的热情，浇灭投资人热情的，是每个人都应该负有责任的大环境，尤其是假球这一大毒瘤。

可怕的暗流汹涌

中国足球职业联赛，有一条摸不着看不见的战线，里面暗流汹涌，一些比赛不正常，1998年时大家已经意识到也感觉到了。

一开始，所谓“假球”，更多的是默契球，球队和球队之间、球员和球员之间有一些渊源，在一些特殊时刻打打招呼，让对方有意识地帮帮忙，有利益的考虑但是不涉及金钱，这种可以称之为江湖潜规则。

但是后来，假球演变成了一些不法之徒发财的途径，对赌博集团和黑恶势力

看台上的球迷越来越少。摄影/袁蒙

来说，这更是一个巨大的交易市场，里面大有文章可做。一些球员在巨大的利诱之下沦陷，俱乐部胜场奖金再多，平均下来也就几万块钱，但是一场假球，可能一个球员几十万就能拿到手，有人“做”一场球能拿相当于全年奖金的钱，其他球员能做到不动心吗？法规不健全，俱乐部打假的手段也不具备，假球很快就蔓延开来，黑钱把联赛变得越来越丑陋。

进入2000年，事态愈演愈烈。盘口每场都存在，问教练教练不知道，问球员球员不知道，但我们知道的是很多人参与地下赌球。当时青岛一位足球记者告诉我，每场比赛前他都会接到同行的电话，来问“这场球你感觉你们队怎么样，有没有什么消息”。所谓消息，除了正常的伤病停赛等信息，就是打探着有没有蛛丝马迹可以看到私下的运作。各俱乐部老总交流，大家都是一样的苦恼加愤恨：看谁都像小偷，但是永远抓不到小偷。

2002年的时候，队里有一个我们很倚重的队员，训练和比赛表现总是不一样，本来是个“万能胶”，但上了赛场，后场倒脚的做法和后场犯规的出现，让人看得提心吊胆。他连续三场没发挥出应有水平，中方教练看着摇头却不能说什么，因为谁都没有证据，最后是李章洙出面找他谈话。这位队员态度很好，跟教练表态：“李导你放心，我和大家一起，该赢的必须赢，可能赢的努力赢，真要输了我也没办法，也不是我一个人的问题。李导你是不是不放心我？我和你说，我压力太大了，确实老有人来找我，让我干这个干那个，我当然不能干了，但我也害怕呀，晚上老睡不着，觉都睡不好球能踢好吗？你们是不是也怀疑我？那我

球场内的冲突越来越多。摄影/袁蒙

不打了，不上场了，行不？”至于到底谁找他，让他干什么，他打死也不说。

对于如此“坦诚”的表态，铁帅李章洙的那些手腕完全用不上。对于这些场外因素，教练和俱乐部一筹莫展。

记得有一次主场关键球，赛前竟然开出6个“盘”，我简直要疯了。比赛必须要拿下，怎么办？最后我给青岛市公安局治安大队打了个电话，当时公安已经开始打击赌球、打击黑恶势力渗入足球。下午三点半，队员的训练时间到了，他们刚进球场，两辆警车就鸣着警笛开到俱乐部，其实这样做是很影响球队训练的，但非常时刻必须用这种手段来作为震慑。我下楼和公安对接上，站在场边和他们一边交流一边对着场内指指点点，车上的警灯在球场外不停地闪烁。李章洙照样带队训练，但其实他跟相面一样，观察哪个队员技术走形动作不协调了，观察哪个队员表情出现异样了。训练结束，我问李指导有没有异样，老李笑着说有点意思，那场比赛的出场阵容，最后就是基于那堂训练课球员的表现确定下来的。

后来分管足球的副市长是臧爱民，她是一位能力非常强的领导，曾经主持过青岛的医改，带领青岛奥帆委成功承办了第29届奥运会帆船比赛。介入足球领域后她非常认真，工作细节到位并倾入很多精力，甚至球员奖金、裁判接待等都会过问，一心想把工作做好，但后来她也迷惑起来。有一次开完一个会议，在门口道别的时候，她突然迟疑着问我：“小秦，你说真的有假球吗？他们真的有人敢打假球吗？连我这个外行，有时候都觉得有些比赛输得莫名其妙啊！”我知道这些话在她心里憋了很久了，我知道每次输球后她都得保持风度但她心里的难受是不能为外人道的。想了一想，我这么回答她：“姐，您曾经干过卫生局局长，都说医生不能收红包，您说到底有没有医生收红包呢？”听了我的话，她一声叹息。

在为假球黑哨这些毒瘤苦闷的时候，曾经有一位正直的老足球工作者这样对我说过：“你等着看吧，盖子总有揭开的那一天。”盖子，确实在后来的某一天揭开了，我不能说揭开的是多少，我也无法在这个大家可能最关心的章节里更多讲述，因为我只有感受却没有证据，我只有“把公安领进门”这样所谓的对策，却并不知道真正的对手是谁。

Chapter

11

第十一章

一个拧巴的赛季

2001年，联赛取消升降级。根据俱乐部制定的三年规划，第一年打基础，将大批青年队员过渡到职业队来，加强对青年队员的职业思想教育，使球队在技战术上形成风格，保持队伍的年轻化。在内外援的引进上不能再有失误，彻底脱离保级行列；第二年出成绩，以成绩为中心，围绕成绩开展工作；第三年创佳绩，以一个强队的姿态出现，打出青岛的风范。

我们把这一年定为“打基础”之年，是希望从零开始，踏踏实实把队伍带入一个新阶段，没想到磕磕绊绊一点都不比往年少。一方面是队伍名声在外，曲波、高明、隋勇入选了国青队，超白金一代给俱乐部增光不少；一方面球队却是逆水行舟，最后的成绩排在了倒数第二。

全“青岛班”的教练组

2001赛季伊始，“青岛班”教练组汤乐普、国作金、王维满、杨为健和领队李传琪（中）在海埂合影。摄影/袁蒙

2000年奥斯托杰奇下课后，国作金指导带队打完了剩下的比赛，两胜四平惊险保级。国作金已经两次充当“超级替补”，金正男、奥斯托杰奇下课后，都是他走上前台，虽然1999年保级压力太大没能坚持

到底，2000年两场平局之后也差点没能坚持下去，但大家对国导的能力、人品以及在队中所能起到的作用，都非常认可。再加上队中一批年轻队员陆续成长起来，所以2001年赛季前我们没有纠结，决定就用一个全青岛班的教练组，努力培养自己的人才队伍。

从左至右：杨为健、国作金、王维满。摄影/孙立

担任中国健力宝青年队教练时，国作金曾两赴巴西进行全面系统的学习。我至今保留着他的学习成果：两份年代久远的报告。不知道国导自己还有没有留存，一份是《对巴西足球身体训练的认识》，报告详细阐述了在身体素质训练中，巴西人独特的思维方式和对足球训练的深刻认识；一份是《巴西瓜拉尼俱乐部考察报告》，这份报告解析了巴西职业足球俱乐部的内部管理运作机制。讷于言敏于行，国作金不是一个性格奔放的人，但在自己的专业领域，他非常肯下苦功并勤于思考，这两份报告现在拿出来也是很有借鉴意义的。

巴西留学的经历也给国作金的执教风格留下一些印记。南美教练会给球员留很多空间，让他们在球场上更多发挥自己的创造力，国导也有这种特点，他不擅长或者不屑于去操心队员生活中琐碎的事，不太会去管理球员们的生活，他强调的是训练、比赛中全力以赴，这其实就会遇到很大的现实问题：对南美球员确实不用去管场外的事，场外他们再怎么闹花边新闻，到了场内他们依旧是这个世界上最有足球才华和天赋的一群人；到了中国球员这里，花边新闻不少，但他们的足球才华和天赋具备多少可想而知。

这也是国作金这个赛季主要的症结所在，这导致最后球队只列在甲A第十三位（倒数第二，预定目标是第八名），但他的勤学精神和战术思想，在圈内有极好的口碑。2002年俱乐部资助部分资金，他再次远渡重洋前往意大利国际米兰俱乐部学习。多年来国导一直征战在中国足球一线，执教过几支职业队，随国家队征战过世界杯预选赛，但我认为他最了不起的尝试，是在青岛科技大学担任教授期间，研究校园足球与职业足球相结合，并带领大学生参加职业联赛，探索

“青岛班”教练组协同作战。摄影/孙立

“体教结合”这种新的足球发展道路。

助理教练杨为健，从刘国江时代出山，是他们那一拨球员中最早走上教练岗位的。为健性格沉稳，为人正直，在足球圈内口碑很好，辅佐过多位主教练。他一直在青岛队工作到2004年，从以球员身份跟随这支队伍冲A，到1999年时最后三轮以代理主教练身份保A，他对球队的浮浮沉沉体验最深。

助理教练汤乐普在青岛球迷中人气最高，有“快马”之称。他属于那种非常有个性的球员，后来也成为非常有个性的教练，喜欢他的人欣赏他的真性情，不喜欢他的人认为他是“刺儿头”。但我和汤乐普在相处中，印象深刻的是他对足球的热情、对自己球员的热情，他说话很快，用词直白，对谁都不客气，“我指挥比赛的时候，就是我说了算，最烦别人在一旁叨叨。就是我的老师王守业也一样，他在旁一说我就烦，要不就你来干。”他带队很有一套自己的办法，能把队伍迅速笼络在一起。球员隋勇就曾说过，自己最喜欢跟汤导训练，感觉有使不完的劲儿。汤乐普在我心中是一位非常有天赋、有能力的教练，后来有一段时间他不再从事教练工作，我一直都认为这非常可惜。

王维满是球队的守门员教练，当年他拒绝了深圳队的高薪毅然回到青岛。他一直遵循“术业有专攻”，认真把守着自己的大门，最能反映他定力的，是1997年在俱乐部赋闲一年，他却用办班的形式培养了李帅这样的好苗子。球队的大门交给他放心，队伍管理交给他更放心，多年以来他都兼职着队务工作，发放装备，安排客场比赛、饮食起居，他都梳理得井井有条。

这四个人聚在一起，各有所长，更有兄弟般的情谊，尤其是杨为健和王维满搭档多年，两人一直住在一个宿舍，有时候他们互相调侃，说比和自己老婆睡的时间都长。全青岛的教练班子也从另一个角度体现出青岛足球人才的丰富，俱乐部的初衷，也是希望他们这一年能在放松的心态下，得到更好的锻炼和成长。

队员们军训时精神抖擞、士气昂扬。摄影/袁蒙

这一年的领队，是前国家队领队李传琪，具备丰富的球队管理经验。有他的助力，能带动年轻教练班子的成长。

没有紧箍的后果

为保证2001赛季有个良好开端，赛季前球队党支部紧紧围绕球队的思想进行教育，组织球员参观企业，了解和体验一线工人的辛苦。球队在青岛海军潜艇学院进行了为期五天的军训，这让球员加深了自己对足球生涯的珍惜，“今日踢球不努力，明日努力找球踢”，成为球队的座右铭。职业球队党支部根据队伍年轻球员多的特点，充分调动团支部积极性，由团支部组织球员踊跃参加每年举行的义赛，对贫困地区义捐，提高球员对“奉献与索取”的认识。

但后来队伍出现的种种问题，给这个教练班子上了深刻的一课。事实证明，对球员的管理必须寸步不让，否则只能流于空谈。

年终总结，国作金在管理方面汇总了如下几点：

一、对生活中细小的管理要求不严格。

二、联赛期间对替补球员的训练有所放松，球员上场达不到整体的战术要求，队伍思想工作没跟上。

三、球队对比赛纪律的管理不够造成红黄牌过多，巴力斯塔两次受罚，梁明

比赛时球员情绪失控，红黄牌不断。
摄影/袁蒙

受罚，都体现出队员的心浮气躁。

四、对外援的管理过于宽松，中外球员间出现了矛盾。

五、个别年轻球员有吸烟现象，球队没有及时发现并制止。

队医廖炎的总结，则能从另一方面看到队伍管理的松散：

由于队伍管理不力，致使部分受伤队员不能积极配合治疗，治疗时间得不到保证，医疗程序无法完成，影响了训练和比赛。每当遇到这种情况，我都向主教练汇报。肖战波受伤后未能按时治疗，故拖延时间很长；刘军受伤后不能完全接受治疗，他要求回上海治疗，先用了一种封闭的药物，效果不是很好，后来在接受我的治疗后，七天痊愈；埃默森只接受他认为能接受的治疗，也就是一般性治疗，而不接受特殊、有特点的治疗，这造成恢复时间延长；张卫华在联赛最后阶段受伤，不接受治疗，只肯自己慢慢养。基于以上种种，建议完善队伍管理机制，加强队伍责任感的教育。

最令人头痛的是外援巴力斯塔。球队这一年接到一个大罚单："10月28日全国足球甲A联赛第19轮第127场天津泰达队与青岛啤酒队（天津泰达队主场）的比赛进行到72分钟时，青岛啤酒队28号运动员巴力斯塔对裁判员的判罚表示不满，被裁判员给予黄牌警告后，继续对裁判员予以指责和谩骂，被裁判员当场驱逐出场；该场比赛结束后，青岛啤酒队主教练国作金当众指责并辱骂裁判员。依据《处罚办法》第十五条和第十九条分别给予青岛啤酒队运动员巴力斯塔停赛4场（第20轮至第23轮），罚款人民币6000元的处罚；给予青岛啤酒队主教练国作金停赛2场（第20轮和第21轮），罚款人民币20000元的处罚。”

俱乐部据此开除了巴力斯塔。红牌和罚单的背后，是由于整支队伍心浮气躁，联赛一开始就出现门将朱慧谦推搡申花队员吴承瑛而被红牌停赛的情况，全赛季队伍黄牌多达53张，红牌5张，为此队员遭停赛24场次，其中主力队员停赛19场次，占整个联赛场次的75%，巴力斯塔一个人就被停赛8场，占整个联赛的三分之一。其中有相当数量的红黄牌是由于队员心理扭曲、不满裁判的判罚主动申请，或者严重违纪遭到足协追加处罚的。

另外拧巴的地方在于这一年先是国青队调人，曲波、高明、隋勇缺阵，而后国家队调人，陈刚、曲波缺阵，这虽然给队伍造成人员不整的困境，但从积极的角度去想，这其实也可以给替补队员带来锻炼的机会。培养年轻队员也是这一年的目标之一，但在实战中教练组还是没有完全放开。根据赛季后的技术统计，队中有9名小将的全赛季上场时间，仅为比赛总时间的14.7%，即使他们被派上场打的也是无准备之战，汤乐普总结的教训是：“没有更好地带好替补队员缩短替补与主力的差距，没有组织好第二套备战用的班底。”一年过去，既没有增加板凳的厚度，也没有取得应有的成绩，不能不说是两手空空。

杨为健“痛”说自我管理

上半年联赛打完，成绩下滑，教练组提交了阶段性总结，其中杨为健的《素质、管理、教育》一文让我印象深刻。这篇总结文字冷静克制，没有指名道姓，但能看出一名职业教练员的敬业态度，也能看出一些所谓职业球员对自己事业的态度，曾经艰苦奋斗的“老黄牛”，写出的实际是对后来人的“恨铁不成钢”。

令人汗颜的比分。摄影/袁蒙

我抄录下部分文字，让我们看看在职业联赛8年之后，一些职业球员在最基本的素养上，仍然需要像对待

"幼儿园孩子"一般提醒：

人的生命是最宝贵的。在做一件事情时，如果都能像爱护自己的生命一样去关心和投入，我想没有什么事情是干不好的。记得我们队第一次引进赞比亚外援的时候，我问过他们这样的问题："你们是怎么看待你们的职业的？"他们回答："我们把足球看作自己的生命一样。"确实如此，他们努力训练，努力比赛，珍惜每一次的上场机会，道理很简单，足球就是他们的饭碗，没有饭碗何来生命？

外援的管理是这个赛季的一大难题，图为杨为健和埃莫森。摄影/袁蒙

我们的职业联赛已经进行了8年，我们还需要对队员强化自我管理，自我管理得好，个人的责任感就强，自我管理得差，责任心就差，可以说这两点直接体现在生活、训练、比赛当中。足球是一个个体融入集体的项目，某一环节责任心出了问题就可能导致失败。现在的球员必须事事都要有教练督促和提醒，这就阻碍了各方面水平的提高。就队伍目前的状况来看，必须加强管理力度以求改变。

饮食观念的转变。运动员因为有职业要求在那里，不能和普通人一样想吃什么就吃什么，饮食中合理的营养搭配是球员必不可少的，要按照运动的要求科学进餐。就餐的时间必须准时，要求在俱乐部就餐就决不能在外面吃饭。充分的休息是训练的保证，中午与晚上的休息时间必须确保，必须自觉与强制结合。

情绪浮躁的球员 摄影/袁蒙

运动后的恢复与运动后的治疗必须要加强。不能随意性太大，特别是受伤的球员，应严格遵守队医安排的治疗时间和治疗方案，运动药物和运动饮料必须按队医指定的时间服用。

面对磕磕绊绊的2001赛季，教练组心情低落。摄影/袁蒙

集体观念要加强。在一个整体性特别强的项目中，没有集体观念，球队就会是一盘散沙，特别是在比赛不顺的时候，多一些鼓励的话，少一些不利于团结的话，想集体多一些，想个人少一些，每个球员要有荣辱与共的观念。

外援的管理和沟通要进一步加强。第一阶段队内氛围还算不错，到第二阶段是什么原因造成了内外援之间的隔阂？首先是外援要摆正自己的位置，不能凌驾于本土球员之上，要和球队融为一体，只要是队中的一员就必须按照我们的要求来做。教育其他队员要学会沟通和包容，不同的国家有不同的文化习惯，要懂得接纳而不是各自为战。

在积极投入训练、比赛的前提下，我想我们教练组应该拿出一定的时间和精力关注每一位球员包括替补球员，及时掌握球员的思想动态，有的放矢去开展工作。

队员缺乏竞争意识，宁愿做一个自然的接替者而不是去努力做一个赶超者，没有真正的危机感，没有真正体会我们训练场球门两侧所写的“今天踢球不努力，明天努力找球踢”，这种精神状态直接造成我们今年联赛第二阶段整体表现的下降，“只有付出才有收获”这个道理可能每个人都懂，但懒惰是最大的障碍。

球员的自我管理是职业化的基础，就目前状况看正面教育始终是第一位的，但必须配合严格的纪律处罚，松一松成绩很快就滑下去了。

不按时吃饭，不保证睡眠，不按时吃药，不好好说话，好笑吗？确实好笑，七八岁的孩子教好了，也不会有这些问题，但这确实是一群最需要自律精神的职业球员出现的毛病。当时队里的按摩师张春增就对此深为苦恼。老张岁数不小，队员们也都很尊重他，亲切地叫他“舅儿”，但这位“舅儿”最头痛的，就是怎么抓住队员抓紧时间做恢复按摩，因为好多熊孩子偷空就出去玩耍而不把这些必要的身体恢复当作一回事。为此老张常常要在宿舍里等到很晚。这怎么能不让人感慨，举国关注，不惜人力、物力、财力去建设的职业化，不仅要从娃娃抓起，还得像对待不懂事的孩子一样去抓管理。

远有中超，近要拆迁

俱乐部平时面对的，是大量类似“管孩子”一样的琐碎工作，承受的是成绩带来的压力，到2001年，现实又把巨大的难题摆在面前。

首先是位于宁夏路243号的基地面临拆迁。2001年10月30日下午，颐中集团与青岛市建设委员会举行联席会议，专题研究因东西快速路立交桥的建设而引起的俱乐部拆迁问题。看看当时的纪要：

青岛市快速路立交桥的建设，是青岛市人大确定的重要事项，是必须实施的，因而拆除是不可避免的。

俱乐部拆除后，其土地用于东西快速路立交桥后的剩余部分，应当按照青岛市政府《关于青岛市体育中心项目移交的会议纪要》(【1997】第74号)，由颐中集团用于商品房开发，但由于有关部门在颐中集团不知情的情况下，已将此地块规划成绿地，影响了颐中集团的利益，请有关部门按照市政府会议纪要的精神办理有关事宜。

俱乐部迫切需要另建新址。建设新俱乐部需要大量的费用，由于烟草利改税政策的实施，颐中集团的利润大部分转为税金，因此很难再向俱乐部投资。如果俱乐部的新址和建设费用问题得不到解决，俱乐部将无安身之处。

寻找安身之处很困难，但这毕竟属于基础建设的问题。2001年年底，我们开始不得不去认真面对中国足协提出的中超标准问题，其中最重要的是身份问题：

(一)标准第一条：俱乐部企业制度改造

1997年1月依照《中华人民共和国公司法》和中国足协有关规定，公司在青岛市工商行政管理局完成了“青岛颐中海牛足球俱乐部有限公司”的注册，为国有独资性质。但在实际上，虽是有限公司却不能满足5个股东以上的标准，没有股东会，没有监事，董事会也不是现代企业制度意义上的董事结构。股东会议制度、监事会议制度均没建立，公司仍然是颐中集团独家经营的“有限公司”。

(二)标准第二条：产权关系清晰

俱乐部的现状是：产权关系不明确，股东出资不到位，所有者权益达不到要求，验资证明、资产评估等不能自圆其说。

(三)标准第三条：建立健全规范的法人治理结构情况

2001赛季，我们又集体上了深刻一课。

俱乐部的权属界定很复杂，但球迷们最直白的表达就是“爱海牛”。摄影/袁蒙

俱乐部目前法人治理结构尚未确立，中足协要检查的股东会名单、董事会名单、监事会名单、董事会聘请的总经理文件及股东、董事、监事签字的会议记录等都无法提供，至今未能形成规范的股份制企业改造。

2001年12月11日，在青岛市政府市长办公会上，青岛市体育局副局长陈敬莘做了《关于颐中集团公司海牛足球俱乐部情况的汇报》，其中着重谈到了俱乐部的权属界定问题。

从1997年接手时，颐中集团只拥有管理权和经营权，职业足球俱乐部的所有权依然属于市政府。经办公会讨论后，决定要尽快完成俱乐部所有权的界定情况。在权属界定过程中，要根据最近几年政府的实际投入和即将给予的政策性资助的实际价值总和、颐中集团接手以来实际投入到足球俱乐部经营与发展的资金总和，确定政府和颐中集团在俱乐部中所占的比重，划分双方股份，政府所占股份由政府转让给指定的政府投资公司所有，俱乐部暂时形成阶段性股份制，为最终向真正的股份制过渡奠定基本框架，时机成熟时吸引其他投资者参与，建立多元化的股份制足球俱乐部，最终要争取上市。

青岛市足球指导委员会正式结束使命，俱乐部直接由臧爱民副市长、姜俊山秘书长、矫胜法副秘书长担任分工领导，主管部门为市体育局，体育局也将尽快成立足球运动管理中心，以便行使对于全市足球运动和职业足球俱乐部的管理职能，中心成立后，要尽快确立对职业俱乐部的管理方式、管理范围和职责，对于职业俱乐部本身的管理体制改革和管理制度完善拿出具体实施方案，经过分工领导和主管部门以及新的董事会审议后实施。

俱乐部的所有权和经营权分开，这个拧巴的局面，一直到颐中两年后退出时也没有完全解决，颐中集团转让给中能的也只能是经营权。

Chapter

12

第十二章

一个疲惫的管家

直到现在，有时候我驾车行驶在青岛的东西快速路上，每当经过宁夏路和福州路交接的路口时，我的目光总是会不由自主投向西南角那片曾战斗过的地方。如今那里已经耸起几栋高楼，而我心里浮现的，是办公室、训练场，是一支职业队曾经生活了好几年的“家”，我在那里的身份，就是一个大管家。

辛苦安了四个家

一开始驻扎宁夏路243号基地时，我就知道那是一个临时的“家”，因为青岛东西快速路建设势在必行，这个“家”将来肯定要拆除。但能够相对固定地安居几年，对当时的球队来说已是幸事。

这支草根出身的球队也许天生注定就是要漂泊，最开始组队打乙级联赛时，队员们挤住在外贸车队的小平房里，后来又从外贸车队搬到了五四广场海边的一

宁夏路243号基地，是很多孩子足球梦开启的地方。摄影/袁蒙

教练们在宁夏路基地结束了一天的辛苦训练。摄影/袁蒙

球迷们在宁夏路基地痴心地守候。摄影/袁蒙

排小平房中，其实那里是建筑工地的一排临时用房，因为老板喜欢足球，无偿把房子给球队暂住。

球队当时也没有固定的训练场地。王守业曾经和我讲过他们四处打游击出去训练的往事，最初球队借了青岛25中学的场地训练，由于学校的学生还要在场地内做课间操，所以每到学生出来做课间操的时候，王守业就只好暂停训练，把场地让出来给学生活动。之后海牛队借了田径学院的场地训练，这块场地是一块沙土场地，根本没有草，以致后来很长一段时间，海牛队员一到草皮上踢球就特别兴奋。

1997年宁夏路训练基地建成后，宿舍有了，食堂有了，澡堂有了，草皮训练场也有了，当年吃过苦的一帮老队员们都非常珍惜眼前的条件，最开始基地连个大门都没有，训练场的热烈气氛人们站在路边就能看到，很多球迷也经常自发到基地观看训练，看到精彩处他们会高声喝彩，那里很快就成了青岛足球的一个标志性场所。

成年队有了“家”，二、三线基地也急需立足之处，怎么办？还得只能请“娘家”想办法。1999年，我们想到了位于鞍山路3号的原子弟小学，企业不再办教育之后学校一直处于闲置状态，俱乐部给学校所属单位青岛卷烟厂打了报告，韩林厂长很支持，集团也在当年8月6日正式将小学划归俱乐部，于是我们就尽快做了规划：

为加强俱乐部二、三线队伍建设，规范俱乐部管理，解决俱乐部二、三线队伍长期以来无固定场所，靠租赁房屋解决食宿训练的问题，本着节约开支、充分利用闲置场所的目的，经俱乐部办公会研究，拟将鞍山路3号厂子弟小学校舍校

青岛市市长夏耕和颐中集团董事长蒲强为新基地揭牌。
摄影/袁蒙

这个新家后来见证了青岛足球最辉煌的时刻。
摄影/袁蒙

院改建为俱乐部二、三线队伍训练基地。子弟小学原有校舍三层1500平方米（15间教室、6间办公室、6个卫生间），平房四间160平方米，校院2400平方米。本着高效实用的原则，从简装修作为俱乐部二、三线队伍训练基地，平房设计为餐厅、灶间、健身房、浴室。宿舍30间，两边耳房建为卫生间，保留西头两间办公室（三层六间），按每房间4人可进住队员120人。校院长约60米，宽40米，建一条50米的锯末跑道作为素质训练用，其余场地可进行一般性体能和技术训练。外墙加建6米高球网。

这就是后来颐中足球学校的雏形。汤乐普、左文清、张全利、刘乐阳、王海芳等带着梯队都在这里工作、训练过，姜宁等球员也都是从这所学校出来的，这个"家"，一度很好地充当了青岛足球摇篮的角色。

还有一个"家"，是位于乳山的基地。

2000年2月3日，在青岛颐中俱乐部第二届董事会第五次会议上，俱乐部讨论了乳山足球训练基地建设的框架思路。

乳山足球训练基地地处乳山银滩旅游度假村，占地330亩，环境优美，交通便利，前期已完成7幢别墅楼、3幢公寓楼及相对配套的生活餐饮设施，基本具备了旅游度假酒店的规模和条件。1999年下半年颐中集团为支持足球事业的发展，二次投资扩建草皮训练场地4块，兴建运动员公寓楼3幢，并将其划归俱乐部管理和使用。利用该基地的房地产资源，将其建成一座集生活、旅游、娱乐、训练为一体的大型足球小镇，借足球气氛带动酒店的各项经营活动，以酒店的各项服务带动足球发展，既可为俱乐部解决场地不足和封闭训练无基地的问题，又能面向全国开展旅游和体育经营工作，实在是一举多得。

乳山基地建成后，除了当时的颐中海牛队每年来这里训练外，中国少年队和中国青年队等“国字号”球队也纷纷来到这依山傍海、环境安静、设备完善、条件优越的基地训练。沈祥福率领着国青队先后三次在乳山基地封闭训练，高洪波先后两次率领着国少队前来；由麦超带队的国青队和由刘春明带队的国少队和国家女子足球队也先后不约而同选择了乳山基地作为练兵之地，这使得基地渐渐和“国字号”球队结下了缘分。

借助于乳山基地这个平台，我近距离接触了这些一线教练，从他们身上，我看到了中国足球人的职业素养，也看到了努力和专注。比如少帅高洪波，在乳山基地时我们有过多次交流，我能感受到他对事业的热忱，能观察到他管理中的细致到位。这些年，高洪波始终坚守在中国足球的前沿，国家队也好，职业队也好，无论在什么位置，他特有的那份职业风范始终未变。

除了国字号的队伍之外，当时还有不少甲A队伍也纷纷慕名来到乳山的海牛基地，如上海申花、天津泰达、深圳平安和山东鲁能等，他们都多次在这里训练并打过教学比赛，对这里的环境和基地的优越条件羡慕不已。这个“家”，我们原本是想打造成和海埂基地、秦皇岛基地一样闻名的足球基地，但后来随着颐中集团退出足球圈，它的足球属性也渐渐褪去了。

颐中体育中心则是另外一种意义上的“家”。按照原定计划，体育中心建成之后，颐中海牛足球俱乐部将成为全国唯一一个拥有自己主场的甲A俱乐部。2001年，颐中集团已对体育中心投资3.2亿元，按照6万人规模设计，按照国际标准建设，2002年球场启用。这个“家”，见证了青岛足球至今为止最辉煌的时刻：球队夺取足协杯冠军。

每建设一个“家”，都耗费了颐中集团和俱乐部员工大量的心血，而搬一次家更是伤筋动骨。记得2002年底，俱乐部搬迁迫在眉睫，却要面对房屋土建工程完善、装修工程、两块训练场地修建等繁杂工作，俱乐部乐观估计第二年3月份入住，最早7月份可以用上训练场，而现实是球队训练、比赛、食宿、生活一天也不能耽搁。为俱乐部顺利搬迁，我们从2002年7月份开始申报，专题会研究了四次，但工程进展缓慢；未来要入住的运动员宿舍，仅装修费用就要320万元。为了搬家、安家，我们费时、费钱、费脑子，真是好大一本难念的经。

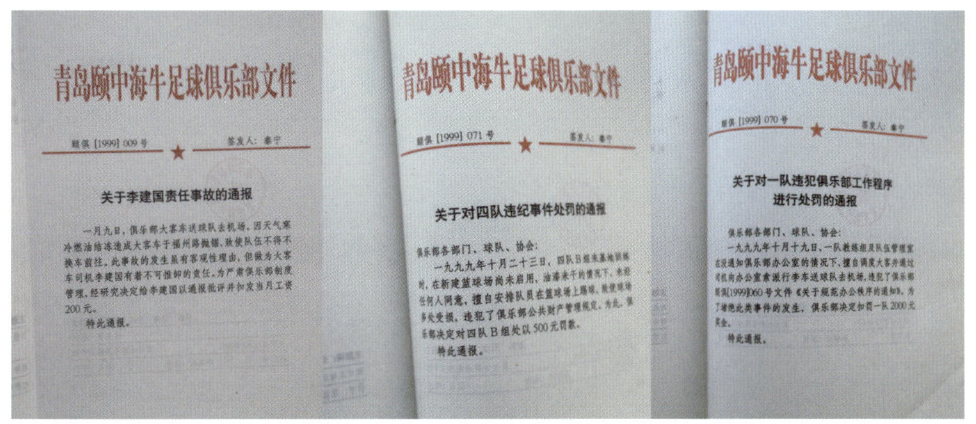

青岛颐中海牛足球俱乐部文件

颐俱［1999］009号　　签发人：秦宁

关于李建国责任事故的通报

一月九日，俱乐部大客车送球队去机场，因天气寒冷燃油结冻造成大客车于福州路抛锚，致使队伍不得不换车前往。此事故的发生虽有客观性理由，但做为大客车司机李建国有着不可推卸的责任。为严肃俱乐部制度管理，经研究决定给李建国以通报批评并扣发当月工资200元。

特此通报。

青岛颐中海牛足球俱乐部文件

颐俱［1999］071号　　签发人：秦宁

关于对四队违纪事件处罚的通报

俱乐部各部门、球队、协会：

一九九九年十月二十三日，四队B组来基地训练时，在新建篮球场尚未启用、油漆未干的情况下，未经任何人同意，擅自安排队员在篮球场上踢球，致使球场多处受损，违犯了俱乐部公共财产管理规定。为此，俱乐部决定对四队B组处以500元罚款。

特此通报。

青岛颐中海牛足球俱乐部文件

颐俱［1999］070号　　签发人：秦宁

关于对一队违犯俱乐部工作程序进行处罚的通报

俱乐部各部门、球队、协会：

一九九九年十月十九日，一队教练组及队伍管理室在没通知俱乐部办公室的情况下，擅自调度大客并通过司机向办公室索派行李车送球队去机场，违犯了俱乐部颐俱[1999]060号文件《关于规范办公秩序的通知》。为了堵绝此类事件的发生，俱乐部决定扣罚一队2000元奖金。

特此通报。

一年到头罚单不断，管理必须落实到细节。

奇奇怪怪的处罚单

1999年后，俱乐部在训练场以北新建了两层半的办公楼房用于经营。有时候我站在二楼办公室的窗口向下看去，绿油油的草皮和追逐奔跑的球员，真是一幅非常生动的画面，我心里会情不自禁为自己的工作自豪，但这点浪漫的感觉，大多数时候都被“一地鸡毛”的琐碎事给冲淡了。我从1999年俱乐部的文件中找出了几张罚单，看看这些奇奇怪怪的罚单，就知道我这“管家”管得有多“宽”了。

颐俱【1999】001号 关于邱忠辉违纪的处理决定

俱乐部各有关部门：

我俱乐部一队队员邱忠辉于1998年12月26日在家休息期间，骑摩托车不慎滑倒造成脸部受伤，影响了球队正常的生活秩序和训练。由于邱忠辉对所犯错误认识态度较好，经教练组研究决定并报俱乐部批准，决定给邱忠辉以通报批评，扣发5天工资的处罚，请全体球员以此为鉴，严格遵守纪律，提高自我保护和自我约束能力。

颐俱【1999】009号 关于李建国责任事故的通报

1月9日，俱乐部大客车送球队去机场，因天气寒冷燃油结冻，造成大客车在福州路抛锚，致使球队不得不换车前往。此事故的发生有客观原因，但大客车司机李建国有着不可推卸的责任。为严肃俱乐部管理制度，经研究决定给李建国以通报批评并扣发当月工资200元的处罚。

颐俱【1999】068号 关于对马金宽通报批评并扣发奖金的通报

俱乐部各部门、球队、协会：

我俱乐部一队队医马金宽，由于思想修养不足，说话办事违反原则，扰乱俱乐部正常办公秩序，几次造成俱乐部领导与主教练之间、队员之间的矛盾，致使球队产生思想波动，影响正常的训练与比赛。其行为严重违背了俱乐部工作方针，影响极坏。为此，俱乐部经研究决定，对马金宽通报批评，并扣发第四季度全部奖金。

颐俱【1999】070号 关于对一队违反俱乐部工作程序进行处罚的通报

俱乐部各部门、球队、协会：

1999年10月19日，一队教练组及队伍管理人员在没通知俱乐部办公室的情况下，擅自调度大客车并通过司机索派行李车送球队去机场，违反了俱乐部颐俱【1999】060号文件《关于规范办公秩序的通知》。为了杜绝此类事情的发生，俱乐部决定扣发一队2000元奖金。

颐俱【1999】071号 关于对四队违纪事件处罚的通报

俱乐部各部门、球队、协会：

1999年10月23日，四队B组来基地训练时，在新建篮球场尚未启用、油漆未干的情况下，未经任何人同意，擅自安排球员在篮球场上踢球，致使球场多处受损，违反了俱乐部公共财产管理规定。为此，俱乐部决定对四队B组处以500元罚款。

跟随着这个罚单，马上还得再来一个关于篮球场启用的管理规定——

颐俱【1999】077号

俱乐部各部门、球队、协会：

为规范队伍管理，培养运动员良好作风，提高训练场地及各种训练器材的功效，彻底改变以前训练房无人管理，脏、乱、差现象；同时，为丰富俱乐部球队业余生活，加强体能锻炼，俱乐部又开辟了篮球场、排球场、网球场，设置了单杠、双杠等运动器械，这些器械将相继投入使用。为做到管理维护到位，训练使用方便，规定如下。

从通知下发之日起，体能训练房，篮、排球场及各种运动器械配专人管理，均按俱乐部有关规定开放使用。

俱乐部设训练器材管理员一人，全面负责体能训练室，篮、排球场，单杠，双杠及各种器材的维护、保养、添置及室内场地的卫生工作。

体能训练房按球队训练计划定时开放，其他场地的使用要先通知办公室，借用体育器材要办理借用手续。

任何人不得穿足球鞋到篮球场上活动或到篮球场上踢足球，违者罚款。

规定看上去絮絮叨叨，但这就是俱乐部管理中的真相，不落实到细节就不能堵住漏洞，不堵住漏洞就很容易出现问题。虽然以磨破嘴皮子的姿态工作了5年，但值得欣慰的是因为对内抓住了“小事”、对外没有发生“大事”，在足坛负面新闻层出不穷的那些年里，颐中海牛俱乐部的球员没有因为“坏消息”上过头条。

养小狗的“熊孩子”和半夜往外跑的外援

2000年，高明这一代球员逐渐成为社会关注的焦点，随之而来的，就是针对他们的管理问题。能打主力了，赞扬声来了，他们的小尾巴也很快就翘起来了。

颐俱【2000】027号 对高明的通报批评及处罚决定

职业队、俱乐部各部、各梯队：

近一个时期以来，主教练奥斯托杰奇果断启用国青小将，为队伍注入勃勃生机，经过几轮主客场实战磨炼，队伍新老、中外球员逐渐优化，进入良性发展轨道。

6月4日甲A第十三轮，青岛颐中队对天津泰达队比赛进行到下半时18分钟时，我队1比0领先于客队。高明在对方前场防守3号古斯塔博，古已将球传出，高明极不冷静地将古正面铲倒。对高明的这一严重侵人犯规，当值主裁当即出示红牌将高明罚下场。俱乐部认为主裁这一判罚正确、及时。

高明被罚下，直接导致我队以少打多的不利局面，严重打乱主帅赛前部署，成为我队由有利变为不利的转折点，最终我队被客队逼平，丧失了几乎到手的胜利，后果严重、教训深刻。

高明的严重犯规，违背了职业足球运动员基本的职业道德，证明他这一时期以来，面对外界对自己的普遍好评和肯定，缺乏谦虚谨慎，更加严格要求自己的态度，缺乏关键时刻冷静把握自己的态度，单打独斗，忽视整体配合，个人英雄

马克在球场上的表现不佳，是因为背后藏着的一个“大秘密”。摄影/袁蒙

主义膨胀。

为严肃队纪，帮助年轻队员尽快成长，希望全队引以为戒，俱乐部在充分听取主教练和教练组意见后，决定对高明予以严肃批评教育，责令其做出深刻书面检查，停发该场平球奖金并追加5000元经济处罚。

同时在这一年成为焦点的，还有高明的小狗。主帅奥斯托杰奇在下课前的那次新闻通气会上表达了不满，其中一个就是高明在昆明买了一只小狗，其实不只是高明，史汉军偷偷在宿舍养了一只宠物猪，队友们都睁只眼闭只眼甚至悄悄给他们打掩护。而当年最让我生气的一个“熊孩子”，则是三队的一名编外球员，他无视队规队纪，曾因私自购买和传阅黄色书刊受到教练员严厉批评和警告，但该队员并未因此收敛悔改，又公开在宿舍内吸烟，造成极其恶劣的影响。最后他被停训离队。

国内球员要盯紧，外援的突发情况更让人始料不及。1998年时队里三名赞比亚外援，其中两个人一间宿舍，另外的队员阿隆和翻译王凯建一起住，主要是便于交流便于管理。那年王翻译遭了不少罪，首先是生活习惯不一样。阿隆沐浴后不穿衣服，裸身在屋里逛来逛去，王凯建就每晚喝点小酒助眠，主要也是屏蔽那些他不习惯的行为。有一天半夜，阿隆突然站在王凯建床前，要求带他出去玩，王凯建装作睡觉不理他，阿隆直接就掐他脖子。本来是赛前封闭，哪里都不能去，但王凯建50多岁的人，哪里经得起大个子这么折腾。当时都凌晨一点多了，我接到他的电话，问我怎么办。我说哄哄他，叫范师傅开门，带他去福州路走一圈，告诉他四周黑漆漆的，大家都下班了，赶紧回去。据王翻译后来和我说，阿隆一出门就扬手打了辆出租车，根本拦不住；上车之后他直接用中文说了目的地，然后跟凯建说：“放心，我有防御措施，你得尊重我的需要。等以后让老板带你去赞比亚，我给你介绍。”可怜的王翻译就这么跟着外援过了惊心动魄的一个半夜，然后再把他带回俱乐部。

2002年的时候，李章洙引进了外援马克。他在重庆队时神勇无比，到了青岛却三场不进球，越琢磨我越觉得不对劲。当时他自己单独住在颐中假日大酒店，于是我派人到酒店调取录像，发现他的屋里住着一位从重庆飞过来的姑娘。最后派出所民警进酒店以查身份证的名义，告诉姑娘住在酒店没有任何手续，必须到派出所说明情况。马克一听赶紧去求李章洙，就这样才让这位不速之客离开了青岛。结果就是：姑娘走了，马克进球了。

请多给我们点用水指标

对内“围追堵截”，对外“四处作揖”。

在宁夏路基地那几年，对外工作的重点之一，就是怎么去面对每天都要上门“拜访”的各位球迷。

俱乐部向来对球迷工作很重视。从1999年起，俱乐部特地办了一个名为《颐中海牛》的期刊，成立了球迷协会定期举办球迷活动，努力给球迷提供发声的渠道。当时不少球迷和俱乐部的沟通方式是写信，有的球迷还把信写到青岛市信访办。凡是转过来的信函，我们能回复的都尽量安排人回复。

还有一部分球迷喜欢现场交流，有的人甚至天天到俱乐部来“上班”。俱乐部训练场边有个水泥看台，凡是来观看训练的球迷，都上看台观看。但后来这看台上发生了不少故事，和球员冲突的有，高声怪叫的有，看队员哪脚球处理不当起哄的有，喊“下课”的也有。2000年奥斯托杰奇执教时，对这一点很不满意，因为这种公开观看影响了他的训练，后来俱乐部就封闭了看台。但球迷又选择了在门口聚集的方式。记得当年5月21日主场平了海狮，比赛结束俱乐部门口很快就围了一堆人，带头的人还拿着一个大喇叭喊叫。人家是真球迷真动情，我们是真着急真上火，这样的场景隔一阵来那么一次，最晚的耗到晚上11点半，整个俱乐部的工作人员都得“陪伴”着，说起来大家都是在为青岛足球“挑灯夜战”。

后来曲波、高明、隋勇等闪亮登场，少年成名，门口又多了另外一种球迷，那就是疯狂的追星族，为了要个签名球迷痴痴守候，各种鲜花、果篮、公仔送过来。我们不能驱赶还得要教育球员，对这些小女孩态度稍微好一点，签名的时候别使劲扒拉她们，万一摔伤了对谁都不好。有时候送来的礼物堆积太多，门卫师傅都看不下去了，直接给球员打电话：“赶紧来把生日蛋糕和这些东西拿回宿舍吧，放在这里坏掉扔掉太浪费！”每天堆在门口的还有大量照片和信件，我们都知道，即使送到队员屋里也大都被扔进了垃圾桶。

还有一些人对俱乐部的运动员食堂特别感兴趣。运动灶有标准，有营养师研究每周的食谱，餐前酸奶、餐后水果，海鲜和肉类的搭配，少吃猪肉多吃牛肉喝牛骨汤等等，都有讲究。来采访的、来参观的、来谈事的，有时候就会带着探索精神去运动员食堂吃饭，其中不乏一些熟人，这也得一一解释沟通，予以婉拒。真不是为了省俩钱，是为了保证运动员的正常生活不被打扰。

这些人和球队都是鱼和水的关系，不能不认真对待；各主管部门更是俱乐部“衣食父母”，比如俱乐部用水问题，1999年我们打了好几次报告。

1999年6月16日 关于申请增加自来水供水计划的请示报告

市自来水公司、节水办：

我俱乐部以前只有机关和一队及草皮球场浇地用水，由于现在增加了二、三线球队在基地训练，目前训练基地要承担俱乐部机关、一队、二队、三队近150人生活，以及运动员洗澡、两块标准足球草皮场地浇地用水，按原计划供水难以满足用水需求。

为保证我部训练用水及球场浇地用水需要，故申请在原日供水量80吨基础上，七、八、九、十月份给予增加为120吨，请批示。

1999年9月1日 关于申请自来水用水基数的报告

市节水办：

为增强我俱乐部自我造血能力，拓展经营范围，改善我部办公地点分散的状况，经市规划局批准在宁夏路243号处，建经营、办公楼房一座，业已竣工使用。由于一层设有酒店、商店及职工浴室等，望贵办能给予批准月用水基数1200吨，以满足用水需要。请批示。

俱乐部系统的管理规范和历年的文件汇编。

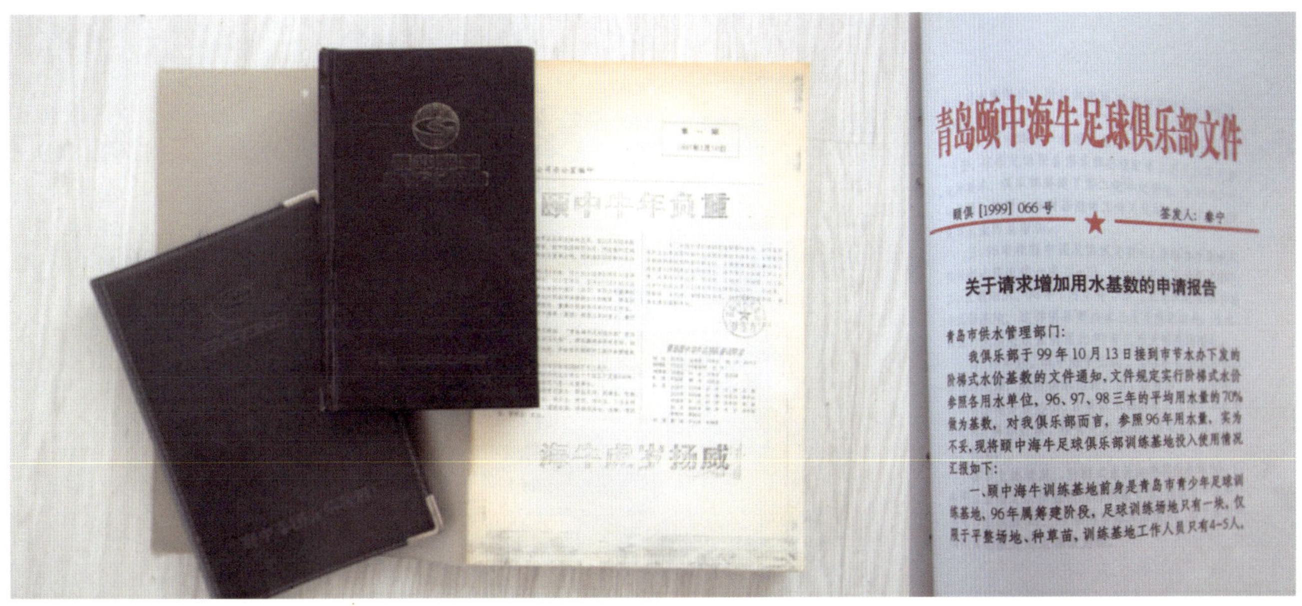

用得发黄的记事本和名目不断的文件。

1999年10月19日 关于请求增加用水基数的报告

青岛市供水管理部门：

我俱乐部于1999年10月13日接到市节水办下发的阶梯式水价基数的文件通知，文件规定实行阶梯式水价参照各用水单位1996、1997、1998三年的平均用水量的70%作为基数。对我俱乐部而言，参照96年用水量实为不妥，现将颐中海牛足球俱乐部训练基地投入使用情况汇报如下：

颐中海牛训练基地前身是青岛市青少年足球训练基地，1996年属于筹建阶段，足球训练场地只有一块，仅限于平整场地、种草苗，训练基地工作人员只有四到五人，所以用水量很少。

颐中海牛一线球队正式进入训练基地是1997年2月份，依据足球职业俱乐部必须配备二至三块草皮场地的要求，俱乐部筹建了第二块草皮场地，于1997年5月中旬投入使用，当时基地的工作人员增加到32人，所以用水量明显增加。

1998年根据中国足协规定要求，全国各甲级球队俱乐部必须组建一支U23、U19岁以下的职业梯队二、三线队伍，1998年5月下旬二线两支队伍进入基地。这样，俱乐部共有三支足球队在此吃住、训练、洗澡，用水量明显,1997年又有大幅度上涨。

1999年起，颐中海牛三线两支球队也在基地训练、洗澡，同时俱乐部的广告经营部门已全部迁入基地合署办公，俱乐部共有五支球队，再加行政、经营、开发工作人员，共计120人。

鉴于以上情况，阶梯式水价如参照俱乐1996、1997年用水量确定，基数指标明显太低，敬请市有关部门领导可否参照1998、1999年的实际用水情况，给予特殊考虑重新核定。

水的问题一而再再而三地好不容易解决了，草的问题又来了。训练场的草皮一天要修剪两次，剪下来的草屑既不是建筑垃圾也不是生活垃圾，生活垃圾每月交环卫费就会有环卫工定点收集，建筑垃圾定点清除也有办法解决，但每天出四车到五车草却没地方可倒，只能堆到训练场南边攒半个月，再找工程车拉出去。天热的时候，半个月草就臭了，对面就是青岛市卫生学校的宿舍，学生们窗都不敢开，学校来投诉，我们没有办法只好上门去拜访解释。其实旁边也是球员宿舍，球员们同样受不了，面对抱怨，我们只能让各位先忍忍，再马上想办法拉走。

2002年的一个暴雨夜，俱乐部南边的围墙倒塌，砸坏了停在旁边的车子，我连夜赶去现场处理，我禁不住感慨，我们每天马不停蹄应对各种杂务，还得应对“天之不测风云”，居家过日子真是万般不容易啊。

Chapter

13

第十三章

一个铁帅的情商

该管的管，不该管的不用管，在现代企业管理中，最重要的是责、权、利分明。在队伍管理那一部分中，我很期待能有一只铁腕来打造一支铁军，于是，铁帅来了。

“真诚直到永远”的谈判

在我搞足球期间，抽烟最凶的一次是在重庆，烟友是李章洙。烟雾缭绕中，我26个小时没合眼。

把目标瞄准李章洙，我们看中的就是他的“控制欲”。他在重庆和队中大腕斗智斗勇的故事路人皆知，他跑到歌厅去抓球员的故事堪称传奇，他带队去韩国集训也照样半夜里在大堂守候，把不好好睡觉想溜出去的球员抓个正着。他是外教中和中国足球“水土最服”的，所以，他是最适合颐中队的一个“紧箍”。

我和李章洙真正做到了促膝长谈。

2001赛季还没结束，我就开始运作此事。11月，我和他的经纪人秋显先在北京谈过一次。12月15日，我飞到重庆，接着和李章洙谈。我告诉李章洙和他的经纪人秋显："没关系，有什么咱们都慢慢谈，这次不行我就再来，来几次都没关系。"

李章洙抵达俱乐部，他是颐中海牛队聘任的第二位韩国主教练。摄影/袁蒙

两个大男人，不停地抽烟，互相试探，斗智斗勇。李章洙是有些傲气的，毕竟重庆队成绩摆在那里，他的人气也摆在那里，但青岛队这些年的成绩却一直十分尴尬。既然是上门求贤，就得摆正姿态，拿出三顾茅庐的精神来，"我们颐中俱乐部有一个三年规划和目标，下个赛季要花两三千万引进内外援，要加强青少年培养。你来了呢，可以统管一线队和预备队。成绩，以三年为目标打基础，争取进入甲A强队系列，梯队也能顺利接班，球队新鲜血液达到三分之一，球队年龄搭配合理，成绩希望能进入排行榜前六名。外援，我们真金白银地支持你买人。"

让我心底暗竖大拇指的，是李章洙对年薪真的没有斤斤计较，他在重庆的时候年薪50万美金，到我这里降了10万，两个人用5分钟就达成了关于钱的共识。他真正在乎的是这家俱乐部和这支球队，到底有没有努力向上的雄心壮志，他想要的是能率队去征杀的感觉而不是被动挨打。我内心深深渴望的，又何尝不是这种感觉。

2011年12月19日，李章洙抵达青岛流亭机场，对在这里等候的记者敞开心扉："其实两年前秦总就和我接触过，现在合作变成了现实。今年北京国安和沈阳金德也向我发出邀约，我之所以选择青岛，就是一种男人间的感动，秦总的诚意打动了我，以诚相待才是最关键的。"

确实，我和李章洙之间有一种莫名的亲近感，我想这里面有地域上亲近的关系。青岛距离韩国很近，地理环境相似，生活习惯也有相通的地方，这从饮食上就能看得出来，比如韩餐里的海鲜葱饼，其实也是胶东半岛的日常做法；比如对

铁帅到来，青岛足球开始一段新征程。摄影/袁蒙

大蒜的喜爱，有一次我看李章洙吃重庆火锅配油碟，里面的大蒜占了一半，而山东人吃饺子吃包子，都是无蒜不欢，一方水土育一方人，我们两个的身上，肯定都有着一份同样的“大葱大蒜”的豪情；另外就是“我拿青春赌明天”的勇气，李章洙很看重青岛拥有的青年军，年轻就有希望，我现在还能记得谈判结束时他简洁有力地和我说的四个字：“一起干吧！”

同样，在2002年年底续约时，李章洙在乎的也不是钱。半个月内我们进行了六次谈判，李章洙主要纠结在工作环境的改善上，相处一年了，他有很多不满意的地方：看台上球迷少怎么办？俱乐部要搬家了球队的训练安居问题怎么办？颐中体育中心的草皮条件不好怎么办？听说有主力队员要走怎么办？夺得足协杯冠军后明年的目标怎么办？记得最后一次在颐中假日酒店谈完后，参与谈判的俱乐部董事长刘青文用“交流错综复杂，真诚直到永远”来归纳，他把李章洙称为“完美主义者”，因为李章洙考虑问题很是周全，对自己不满意的地方毫不客气，他的注意力确实都集中在球队的目标上，他要的是再向前进一步的支持和底气。

在和李章洙共事的一年多时间里，我和他有过多次交流。青岛正宗的韩餐馆很多，因为年轻时喝酒太多伤了肝，老李一般都不怎么喝酒，但说到高兴处他总是忘记这一点，倒上一杯一饮而尽。他经常和我开玩笑说自己是个农民，“不用点太多菜，给我来一个酱汤”，酱汤泡上米饭他吃得很香。和他吃饭我经常感觉是和自己家人在一起吃饭，也许就是因为这种独特的性格，能让他在中国足坛如鱼得水游走那么多年。

“打”高明和“弃”曲波

2001年初到青岛，李章洙是有备而来，通过媒体，他把自己脾气不好的事

李章洙的执教风格，和家中的长辈很类似。图中是他与马永康、高明在训练中的场景。摄影/袁蒙

广而告之，“我这个人性格、脾气都不太好，以后有做得不好的地方希望大家能够理解。我不会撒谎，比较坦率，只尊重那些存在的事实，相信大家都会和我一样。”

训练时，李章洙简单粗暴。首先是加量，每个人每堂训练课平均都要比以往多跑1000米。在李章洙的足球哲学里，双方对垒，谁的体能好谁就能主宰比赛节奏，即使面对比自己强劲的对手，只要通过积极凶狠的拼抢，在体能方面占据优势，那么等到对手体力不支技术动作走形时，机会也就来了，拥有体能优势的一方，将会最终获得比赛的胜利。这一点，其实与当今足坛的穆里尼奥有几分相似。

其次是“动粗”。李章洙在这一点上毫不避讳：“我把球员看成自己的孩子，有时候看到不满意的地方，忍不住会动粗，记得刚来中国的时候因此引起过不小的议论。对此我心里其实很抱歉，但是这确实是出于一种急切的心情，还好队员们都能理解，我和绝大多数球员之间也都拥有很深的感情。”

后来的“打”高明事件就是在这样的不避讳下被媒体演绎出来的，以致当事人高明不得不通过另外的渠道去辟谣。“6月30日下午的训练是我们队前往北京之前的最后一次训练，按照惯例，这只是一次调整性的训练，不仅训练量不大，而且整个训练的过程也颇有游戏的色彩。也正因为这样，在训练的过程中，有一些后防线的队员便冲到了前面去。看到后面有些空，我便跑到了后面去。训练结束，李章洙教练走到了我的面前，通过翻译对我说：‘你应该出现在自己的位置上，为什么跑到后卫的位置上去了？’说完，他在我的背上拍打了两下。客观地说，李指导当时确实是有些生气，语气也比较严厉，但由于他对我的要求一直都是非常严格，使用类似的语气对我进行批评指正也是常有的事，所以说，在听了李指导的话后，我也意识到自己的确更应该坚守在自己的位置上，便没有再言语。至于说被李指导拍打，对我来说也同样不是第一次，所以我也并没有觉得这和平时有什么不同。”

球员的说法是最真实的反映，在他们眼里，李章洙的执教风格，其实和家中

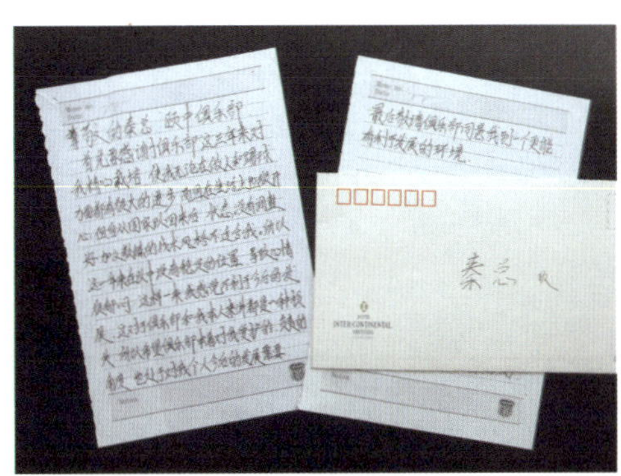

同样是因为家长式的执教风格，让他和曲波之间出现了一些小误会。摄影/袁蒙

的长辈很类似，每当孩子不听话的时候，抡一巴掌是很正常的事情，这也是韩国文化和中国文化很类似的地方。李章洙自小在一个很传统的韩国家庭中长大，父亲在家里有至高无上的地位。他在家中排行老三，他说自己在父亲和大哥面前从来不敢抽烟，他父亲也不知道自己的儿子会抽烟，所以在李章洙心里，无条件尊重长辈是天经地义的事情。

也正是因为李章洙的这种理念，造成了他和曲波后来的一些误会。

曲波赴英超托特纳姆热刺队试训前，李章洙专门在颐中假日酒店设宴送行，参加者只有他、曲波和翻译兼助理教练李春满三个人。在将近两个小时的时间里，师徒二人围绕前往英超踢球的话题，进行了深入的探讨。李章洙鼓励曲波，到了英国那边要好好踢，第一年去各方面肯定会有很多的困难，他希望曲波一定要在艰难的环境中坚持下来，争取在英超站稳脚跟。

但是后来热刺方面工作安排有误，希望将试训的时间拖后，无奈之下，曲波回到青岛，继续等待热刺方面的消息，这让老李很不高兴，“曲波再怎么说也是

个国脚吧？热刺对他呼来唤去的，我心里并不是很舒服。”他自然更不乐意曲波就那么待着等消息，所以客场对中远的比赛，他坚持带曲波前往，打完这场比赛才让曲波离队启程前往英国。

曲波从踏上甲A赛场后就一直很顺利，这次他带着一颗跃跃欲试的心出发，最后却因为劳工证无果而终，一个21岁的年轻人此刻的沮丧感和挫折感自不必说，他本身性格有些内向，遇到不顺心时喜欢默默消化。在李章洙看起来事情却很简单，年轻人这点挫折算什么？去不了英超就好好训练比赛，所以一旦曲波训练中有些表现不如人意，老李心里自然会觉得，“你去英超试训怎么那么努力，回俱乐部劲儿哪里去了？”

就这样，曲波郁闷地过完了下半赛季，上场表现机会很少，以至于给我写信要求转会。虽然我劝说他要主动和李导多沟通，但一个脸皮薄一个性子倔，2002年联赛结束，曲波到国奥队报到，中间又去荷甲试训，也没和李章洙打招呼，这对于讲究“师道尊严”的老李来说，免不了要发牢骚，他发的牢骚很能代表他的个性，那就是凡事得讲究个面子，而且他喜欢和韩国比较：“作为中国国家队的前锋，曲波就不该去试训。像他这样四处试训实际是在丢中国足球的脸，是在自贬身价。按道理说国家队的队员是不应该参加试训的。就像韩国的宋钟国和日本的小野伸二，他们都是对方俱乐部来考察后，没有经过试训就登陆欧洲的，这才代表国家队球员的实力。”

李章洙很善于调动训练气氛。摄影/袁蒙

大哥大哥你好吗?

李章洙有老师的严厉一面，看不惯年轻人的“娇气”，但有时候他又像个大哥，用另外一种方式去进行管理。

举例来说，李章洙刚来中国的时候，很看不惯球员们抽烟喝酒，他曾经想过办法去制止，比如没收他们的香烟，没收打火机，但这并不见效。后来，他慢慢了解到，抽烟喝酒是中国文化里一种普遍的现象。陌生人之间初次见面，为了表示友好，会互相递给对方一支香烟。李章洙明白了，这不是靠他一个人去战斗就可以改变的，这是社交、文化。意识到这一点，他的态度转变成劝队员最好不抽，实在不行就少抽，还不行的话，就靠球员自觉，主教练也没有办法。

他还很会用“老婆”战术来管队员，这一招数李章洙在重庆时即运用得法。

姜峰（右二）追随李章洙加盟青岛队。

他会抽出时间到队员的家里去访问，和他们的家属聊天，这一招的“杀伤力”可想而知。到青岛后全队聚餐一定要队员带上家属，因为“光指着教练管也是不行的，还得同时依靠家人的力量。老婆的力量是不可低估的。”而在球员老婆们面前，他就像一个慈祥的大哥一样，既会说场面话给队员留足面子，又会来点小敲打适当督促一下，分寸总是掌握得很好。2002赛季结束后，肖战波一度萌生去意，李章洙亲自出面和肖战波还有他的妻子一起谈判，彻底打消了肖战波要“换个环境”的想法。

加盟青岛队之后，老李带来了旧部姜峰、江晖还有比坎尼奇、马克。马克老是不进球让他一度很没有面子，当知道马克把一个姑娘藏在酒店之后，李章洙气得直摇头，把马克给狠狠训了一顿；江晖表现也是差强人意，但2002年李章洙还是给了他很多机会，并没有像之前所说的那样，真的能放手去锻炼队中的年轻人。等第二年我离开俱乐部后，看到李章洙在联赛的后半段把江晖、白毅下放到预备队的新闻。之后白毅被他重新使用，而江晖从那时起就不再在球场内出现，李章洙甚至对外用这样一句话来形容自己的心情：“带江晖来到青岛是我犯的最大错误。”

我不知道这师徒二人之间究竟发生了什么，外界对此有很多的猜测，但这也符合李章洙性格的一面，对自己信任的人，他很用情，甚至有时候难免会“护犊子”；一旦发现问题之后，他也很容易受到极大的伤害。

越是情感丰富的人对感情的依赖越大，和金正男彬彬有礼的教授风度不同，和奥斯托杰奇独来独往的高冷气质不同，李章洙在这一点上很需要“组织感”和“归属感”。虽然他人在中国，但韩国大选结果出来了，他能喝多；家乡庆尚南道的议员选举结果出来了，他也能喝多。青岛的韩国人特别多，有做生意的，有在企业打工的，有一阵子我感觉韩国人简直是天天来找李章洙“拜码头”，因为他名气太大了，而他确实又是韩国教练在中国成功的典范，训练比赛之余来找他的人很多，见面就叫他大哥，很快以“李章洙大哥”为中心，形成了一个同乡会。我还记得其中一位在青岛开了一间卡拉ok厅，李章洙的歌唱得很好，有时会去唱唱歌散散心。在这种场合，他都是绝对的中心，被簇拥被尊重的感觉李章洙是非常享受的。

当然，当大哥就要请客，因此他也花了不少“招待费”，有朋友从韩国过来看他，吃喝住行他都负责。大哥的大哥来了更不得了，李章洙最重要的客人是韩国庆尚南道足协会长田炯斗，这位田会长一向被认为是李章洙的“吉祥物”，凡是有他助阵的比赛，大多都得胜而归。从李章洙在重庆执教时田会长就经常前去探望，到了青岛亦是如此，每次来李章洙都倾

赛场内的李章洙性格强悍。摄影/袁蒙

力接待；这种应酬回韩国也不少，有一次他休假回来跟我开玩笑，说休假不好，太贵了。原来他回国之后，各种朋友上门探望，其中的一个活动项目是打高尔夫球，到首尔周边去打一场球，再加上咖啡吃饭喝酒，一整套下来消费是很高昂的，尤其是和青岛相比，“太贵了，花不起。”当时我听了之后，忍不住哈哈大笑。这也是李章洙在中国一有空闲就去打高尔夫球的原因，很简单，便宜啊。

当然，他也知道谁是他的老大，李章洙是个外交人才，很善于搞人际关系，哪个领导是干什么的，介绍一次他就记得住；2012年他在恒大中途被下课，我看到他举着酒杯满脸绯红，和老板许家印“含情脉脉”互道别情的时候，真的很佩服他的情商。

两面性和舞台感

带有江湖气的仗义是李章洙的特点，带有江湖气的执拗也是他的特点。

2001年底李章洙离开重庆时，他和这家相处了四年的俱乐部最后闹得很不愉快，尤其是和当时的总经理石雪清，当时媒体报道了很多是是非非。李章洙跺脚离开，但心里的疙瘩是显而易见的，所以到青岛之后，每次青渝之战，媒体聚焦的都是所谓的恩怨情仇，但李章洙是真较劲大家也都看得很清楚。

2002年第一回合双方以0：0结束，主场作战的李章洙丝毫没掩饰心里的郁闷，他在新闻发布厅连手都没和对方主帅塔瓦雷斯握，这当然是极其少见的。第二回合回到熟悉的重庆，在江北机场李章洙再次受到重庆球迷冒雨迎接，他很动情，但在球场上他则是很用劲，最后双方打成1比1，也算让他出了一口气。

镜头前的李章洙游刃有余。摄影/袁蒙

最有代表性的一件事，还是2003赛季前的摘牌大会，上榜球员中有四川大河队的姚夏，姚夏早就通过媒体表示其实他只愿意到力帆队踢球，因为孩子年幼、

2002年率队夺得足协杯冠军后，时任青岛市市长夏耕给李章洙颁发荣誉市民证书。摄影/袁蒙

父母年高，选择离家比较近的俱乐部踢球可以照顾家庭。其实这也是在和其他俱乐部暗示，请大家高抬贵手。

我知道依照李章洙的性格，这个摘牌大会有的看。据一起去北京摘牌的同事回来和我讲，到现场之后，老李一直半真半假大打太极，还貌似认真地告诉姚夏，让他做好到青岛踢球的准备，姚夏特别认真地请李导手下留情。青岛队在摘牌顺序上排第8，重庆排第10。摘牌之前，当女主持人邀请青岛队摘牌的时候，李章洙示意陪同他参加摘牌的翻译李春满高声叫姚夏的名字，这当即成为摘牌大会上最大的新闻。

这就是李章洙的个性。“截杀”姚夏后，他实话实说：“我从来没有说过不摘姚夏的话，既然他上了转会榜，任何俱乐部都可以将他‘买下’，这是现在实行的倒摘牌制度赋予我们的权利。”后来李章洙在中国辗转国安、恒大等多个球队，这样的恩恩怨怨也积攒下不少。

李章洙这么较劲，其实也是很想干出一个样子来，能赢得他最在乎的韩国足坛的认可。虽然在中国联赛大出风头，但在韩国，他是“来自中国的李章洙”。越这样他越想证明自己，所以有些时候甚至显得“冷酷无情”，1999年他的老师金正男率领青岛队到重庆去打足协杯，李章洙率队打出一个7比0，比赛结束之后，我注意到金正男当时的脸色十分难看。“他是我的恩师，在韩国足球圈里也是一位很受尊重的长者。但是没有办法，足球就是这样残酷，不讲任何的私情，

到青岛执教后，李章洙很好地融入周围的环境中，这是我和他还有时任青岛市体育局局长周鹏举的合影。

胜利是每一个主教练的唯一目标。”

因为李章洙在中国的成功，很多韩国媒体都来中国采访他。2002年他在青岛时，甚至从韩国来了一个摄制组，专门拍摄一部纪录片电影，名字就叫《李章洙》。在足球的这个舞台上，李章洙确实是一个主角，他的目标，是在更大的舞台上当更大的角儿。

后来李章洙的舞台换到了北京，却并没有在北京享受到夺得冠军的快乐；换到了恒大，老板更有钱了，他终于捧起中国职业足球比赛顶级冠军奖杯。但老板需要更大的腕儿，所以后来他的位置被里皮替代。随着时间的推移，大家对他的长处看得很清楚：适合在一支球队的成长期打基础，帮球员养成好的训练和比赛作风，建立能拼能抢能跑敢战的比赛气质。

我一直把李章洙视为大哥一般尊重，我们私下的相处也像家人一样。2002赛季结束后，春节他没有回韩国，我携带家人和他一家、颐中假日酒店外方总经理万宝一家、青岛黎马敦包装有限公司的外方总经理一家，一起度过了一个特别的除夕之夜。有一次我曾经和他探讨过，在青岛投资搞一个足球学校，由他负责认真培养青少年足球人才。他虽然很喜欢青岛，也考虑过我这个建议，但他还是更喜欢高强度高刺激的联赛，更享受球迷的呐喊、记者的追逐，更需要站在聚光灯下。他始终想站在中国足球的高点，一度他似乎也站在那里了，足协杯冠军、中甲冠军、中超冠军、超级杯冠军，作为一名外籍教练，李章洙完成了在中国执教的冠军大满贯。但如果2002年真的做了足球学校，可能两代球员都培养出来了，荣誉感和成就感与这么多年的漂泊相比，哪个更有意思呢？当然，这只是我自己的胡思乱想罢了。

Chapter

14

第十四章

一个组织的冷暖

2002年是中国足球历史上值得记录的一年。这一年，我和其他俱乐部的领导一起，五味杂陈地观看了世界杯的比赛，对中国足球的希望和失望交织在一起，对中国足协所承受的压力有了进一步了解。在中国搞足球，没有一颗强大的心脏真是不行。

我们理解中国足协，但在工作中也免不了摩擦和冲撞，作为一家地方足球俱乐部的总经理，在多年和中国足协这个最高管理机构打交道的过程中，冷暖自知。

和朱和元较了一回劲

2002赛季李章洙带队，青岛各界对球队的成绩有了新的期待。这一年国字号队伍征战的任务也很频繁，陈刚和曲波先后进入国家集训队，曲波、高明、隋勇、杨君入选了国奥亚运集训队。为国字号服务虽然是俱乐部义不容辞的责任，但面对人员的抽调，俱乐部和主教练不得不努力去调整。

8月份的时候，联赛激战正酣，国奥队的调令又下达到俱乐部。记得当时通知是晚上来的，曲波当时要去英超试训无法参加，匆忙之间工作人员记错了名单，多了一个白毅，等白毅和其他队友一起出现的时候，国奥队的领导自然是莫名其妙。在这种情况下，国奥队和俱乐部沟通一下，了解一下情况，事情很简单就处理好了，没想到我接到了领队朱和元态度极不冷静的质问电话，不分青红皂白地把我一顿训斥，大有兴师问罪的味道。

2000年国青队集训，一下子抽调了颐中7名队员；2001年集训，抽调4名队员，这一次同样如此。且不说这种抽调对联赛的影响有多大，俱乐部向来是本着支持的态度，没有二话，但这一次我真是没有压住心里的火气：就算我们搞错了

杨君、高明、隋勇等是国青队和国奥队的常客。
摄影/袁蒙

一个名单，让白毅归队就是，何须这么高高在上地一通指责？不体恤俱乐部的难处，在这么一件小事上大动肝火，还谈什么一家人？在这种情况下，我也没有客气，干脆做了一个决定：几个队员都不去参加集训了，回俱乐部认真打联赛！

颐中俱乐部三名队员的缺席，自然引来媒体的关注，我们还被冠上了“颐中和中国足协对抗”的大帽子，实情无从和外人言说，我想对抗就对抗吧，我还就是要对抗一下这官僚主义的作风，没有人有权力这样对自己的战友和伙伴颐指气使。

原本是大家共同参与运转的职业联赛，由于特殊的体制，中国足协始终是领导者的角色。那几年比较集中的是裁判问题，俱乐部上书最多的，也是针对裁判问题的申诉。我担任俱乐部总经理期间，比较严重的一次是2000年7月颐中海牛客场对阵云南红塔的比赛，在颐中海牛1：0领先的情况下，硬生生被主裁将对方一个未进球判成进球有效，最后主队2：1胜出。当时俱乐部和青岛足球指导委员会双双发函给中国足协，除了详细陈述判罚中各种有意偏袒主队的细节，还特别提出一点：在赛前准备会之前，当天发行的《云南信息报》就披露了下午比赛的主裁判。按照中国足协的有关规定，只有在比赛当天上午召开的准备会上才能公布本场的执法裁判。当地媒体赛前便知晓当值主裁，既违反了相关规定，对颐中海牛队来说也有失公允，这一异常现象不敢肯定当地的比赛组织者工作有失误，但已经向公众暗示了这场比赛将会发生些什么。

对此种种怪现象，我向中国足协递交过《足球裁判立法》。

提出裁判立法，是痛定思痛的考量，也是法治社会、法治足球的应有之义。对裁判立法有以下思考：一是要明确裁判执业许可条件。除了遵纪守法、品行良好等基本条件外，建议推行考试和认证相结合的选拔制度，考试是对业务能力的筛选，认证是对执业素质的考察，改变一考定终身现象，例如每隔三年就开展一次执业认证或辅以等级测试，这种执业的压力，将迫使从业者不敢懈怠，从而保证风清气正；二是明确裁判的业务规则和范围，详细规定可为的行为和不可为的行为，对如何为进行规范，压缩裁判自由裁量权的范围，也让裁判执业更有法律依据和保障；三是要明确界定裁判资格取消条件，除了收受贿赂等违法乱纪行为外，建议将球迷的民意评判或因裁判失当酿成社会事件纳入裁判资格取缔参考；四是明确行业协会对裁判的管理。行业协会既可以依法保护裁判合法权益，为裁判执业提供服务保障，同时也可以协调处理裁判不当执业行为所引发的影响；五是要明确裁判的产生规则，对什么级别的比赛，什么赛区的比赛，应选取什么资质和条件的裁判，明确选择裁判的时间、选择办法、选择程序及公证、监督、备案等规则，避免过早将裁判暴露于公众之下，产生不必要的困扰；六是明确裁判的投诉申诉规则，构建相关方投诉、受理、处理机制，作为对裁判执业认证的依据。构建裁判对自身执业的申诉机制，维护裁判正当权益；七是对裁判执业行为的法律责任予以明确。制定与裁判执业行为有关的经济的、行政的、执业资格的及违法行为的罚则。只有利剑高悬、警哨长鸣，才能促进裁判依法依规执业，打造阳光赛场。

对裁判立法就是对赛场秩序的整饬和执业界限设定，只有让“赛场上的法官”有约束、有敬畏、有规矩，才能保证比赛有公平、有秩序、有正义，才能促进足球职业化道路越走越远、越走越宽广。

建议书也好，申诉信也罢，并没有得到中国足协的任何书面回复。那时陆俊担任联赛裁判组的组长，负责处理联赛中类似的纠纷，从专业人士的角度来说，陆俊是负责任的，有争议的判罚他也都会认真回看，但基本的套路就是打个电话给俱乐部：“哎呀，这场比赛确

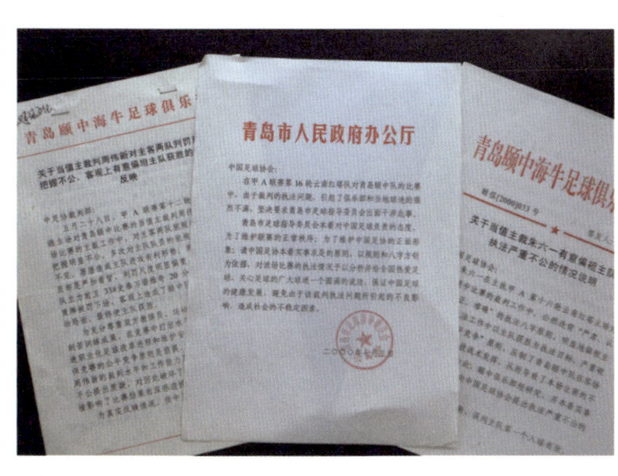

没有得到回复的申诉信。

实有点问题，但这次是不是就这样了，下次有重要的比赛，给你们派个更有水平的，兄弟理解一下咋样？”

对这种和稀泥的方式，我是反感又无奈，但大环境如此，又能改变什么？所以这次和朱和元的较劲，也有之前积累的“疙瘩”在里面。后经过中国足协其他人士的几度沟通，三名队员还是去参加了国奥队的集训。作为一家地方俱乐部的管理者，我就想让有关人士明白：只有更多的理解和尊重，才是中国足球向好的大前提。

大家都很乐意为郎效农效劳

我始终认为，正是由于这些长期积累的问题，2001年才出现了实德系。实德系出现的背景，实际上是俱乐部对足协垄断联赛的不满。联赛本应该是一个独立运营的实体，但足协包揽了冠名权、转播权、商业比赛，联赛赚取的收入又没有做到合理分配，国字号集训需要球员的时候也根本不管俱乐部的利益，最终就有人站出来想打破这种垄断。

当时实德俱乐部董事长徐明很希望得到更多俱乐部支持，他来青岛时是我和董事长刘青文接待的，作为联赛的参与者之一，我们很理解徐明提出的种种症结以及表达的种种不满，但从大局出发，我们并没有明确表示自己的态度。

这时中国足协相关领导意识到了问题的严重性。2001年11月份在上海举行的中超联赛筹备座谈会上，足协全面推出了未来中超联赛组织和运行机制框架。未来的中超联赛在组织形式上将借鉴英格兰超级联赛，其所有权将由中国足协委托授权给一个专门的中超委员会，该委员会由参加中超联赛的各家俱乐部、中国足协代表和社会各方面专家组成，负责中超联赛游戏规则的制定和赛事的组织。整个中超联赛的市场经营权，则是由一家专门成立的中超联赛经营公司全盘操作。这个股份有限公司的股东是每个参加中超联赛的俱乐部，以及中国足协，它按照公司法设立，实现平股平权，切实实现法人治理的结构。总的来说，中国足协将真正实现角色的转换，由大包大揽的“家长”，转变为监督者和管理者。而作为所有权者，各家参加中超联赛的俱乐部都有权利参与比赛规则的制定，决定所有重大事项的处理办法。

这个蓝图，是由时任中国足协中超办公室主任郎效农宣读的；这个蓝图，其实经过了长期酝酿，在征求意见的过程中，我也是老郎多次沟通的对象之一。

由于长期在工作中的接触，我和上海、天津、山东、江苏、大连、深圳等几

工作中，和中国足坛的很多教练成为朋友，图为我和贾秀全（左图）沈祥福在进行交流。

家俱乐部的总经理建立了良好的关系，大家平时有诸多关于联赛管理的交流，意见也都基本统一。在老郎架构未来中超联赛的过程中，很重视我们这些俱乐部总经理的意见，利用会议的机会也好，随时打电话沟通也好，作为一名多年从事足球工作的老前辈、一名足协的处级领导干部，他的虚心、耐心、恒心是很被我们这些后辈敬佩的，所以大家也都十分配合他的调研，尽可能把多年积累的一些感想、去国外学习交流过程中得到的一些感悟、工作中遇到的问题和想到的建议，言无不尽地讲给他听。

那时我和上海、天津等三家俱乐部老总商议产生的“上青天”杯足球对抗赛，是中国职业联赛历史上第一个由几家俱乐部自发组织的一个小型杯赛，原本是利用联赛间歇期，加强球队的交流，检验备战效果，为新阶段的联赛热身，后来也有山东、北京等俱乐部想加入，这却被不少人戴上了有色眼镜看待，说是在搞小联盟，在足协那里遇到的态度也是不置可否。俱乐部连这样的一点自主权都没有，其实很让人灰心丧气，这些我都和郎效农进行了沟通，希望足协能更好地保护俱乐部的积极性，让俱乐部能有更大的发挥空间。

乐意为郎效农效劳，体现了大家对专业足球工作者的尊重。老郎一直未婚，他天天在足协加班到深夜，被戏称“老郎的媳妇就是中国足球”，他的身上，体现了中国足协官员敬业、勤勉、虚心的一面，后来郎效农有了一个“中超之父”的称号，我认为这个称号他是当之无愧的。

世界杯归来后给足协提建议

2001年赴卡塔尔观看十强赛时，与亚足联主席维拉潘合影。

2001年和2002年，作为国足球员的输出俱乐部，我有机会见证了国家队的十强赛之旅和世界杯之旅。国人对中国足球有多爱？我在卡塔尔的体会最深。

在多哈，我跟随中国足协代表团去了中国驻卡塔尔的大使馆，使馆的工作人员用最高的礼节欢迎国足的到来。为了让球员能吃上一顿家乡饭，他们几乎用了整整一天的时间给队员包饺子，在远离祖国的异域，在冲击世界杯的关键时刻，可想而知这些饺子里面凝结了多少情意和期待。

2002年在世界杯的看台上，所有的中国球迷心里藏的几乎都是最卑微的期待，国足第一次进世界杯，不期望能有什么奇迹发生，赢一场球是奢望，进一个球总能有一点戏吧？但最终的结果是一点戏都没有，除了为段子手们又提供了冷嘲热讽的素材，国足的表现毫无亮点可言。三战结束，我身边的人没有一个脸色好看，我相信看台上的每一个中国人都心情沉重。在世界杯的这个大家庭里，我们真的是差得太远了。

米卢带来了快乐足球，也带来了历史性的快乐时刻，但一次出线，解决不了中国足球存在的问题。

中国队在2002年世界杯赛场上的短暂征程，更让人觉得中国足球任重路远。摄影/袁蒙

世界杯归来后，在2002年8月29日，青岛颐中海牛足球俱乐部向中国足协递交了《对促进我国足球事业发展的几点反思与建议》，节选如下——

国家队在世界杯小组赛中一球未进、一场未平、一场未胜、净失九球的表现，充分说明我国足球水平的整体发展幅度，与国际潮流乃至韩、日邻国相比，确实是微不足道。直面2006年世界杯外围赛和2008年奥运会，更应该正视我国足球事业发展速度相对滞后的客观现实，我们应知难而上奋起直追！

现仅就深化足球职业化改革，促进我国足球事业发展的几个问题予以反思并提出以下建议：

一、建立合理有序、相对固定的赛制赛程

合理有序并相对固定的职业联赛赛制赛程，是保证联赛正常进行、提高足球竞技水平和满足球迷需求、营造良好球市的先决条件，是职业俱乐部赖以生存的基础。应排除各种干扰，尽最大可能维持联赛赛制赛程的完整性和稳定性，使俱乐部规范化建设和工作秩序纳入良性有序的轨道，从而确保联赛的高水平和高质量。

二、加快市场开发步伐，扩大职业化发展空间

需要认真探讨、研究、建立起符合中国国情，有利于加快市场开发步伐的职业足球管理机制，即施行管办分离的职业足球管理体制，中国足协制定大政方针，实行宏观调控，而职业足球的经营权由各俱乐部共同承担。足协掌管计划，把握方向，俱乐部共同体（职业联盟）抓市场，按市场经济的规律和法则运作。

只有这样，才能将足球职业化真正导入市场经济的健康发展轨道，逐渐克服目前市场萧条、招商困难、社会参与度低和观众热情下降的倾向。

三、加强职业球员素质教育，提高职业队伍形象

职业球员的综合素质和职业球队的形象代表着国家足球的整体水平。就国家队在世界杯赛场上的表现和成绩来看，加强职业球员的素质教育，提高职业队伍形象势在必行。

严格管理，建立从中足协到职业俱乐部自上而下协调一致、相互支持的管理约束机制，加强对职业球员的管理，坚决刹住“软、懒、散”“我行我素”等不良作风，坚决打击“黄、赌、毒”的违法行为，树立正气。

严格训练，坚持推行行之有效的“三从一大”训练原则，倡导和树立吃苦耐劳的顽强作风，通过高质量的严格训练，达到竞技比赛的高水平。

弘扬爱国主义，加强对职业球员职业道德、社会责任和国家、集体、队伍荣誉和利益至上的教育，坚决刹住“拜金主义”歪风，消除“水平不高、大腕脾气见长、腰包膨胀”的不良风气。

强化比赛作风和比赛纪律，强化球员纪律观念，提高球队管理水平，增强队伍的向心力和凝聚力。

四、真正建立起青少年普及培养体系

目前俱乐部主要精力在一线职业队和二线预备队，尚不完全具备从一线队到五线、六线队以及足球学校一起抓的支撑能力。建议充分发挥地方足协的优势，实施对当地足球学校和中小学中广泛普及足球运动的组织指导、扶持管理工作，促使足球运动像乒乓球运动那样普遍植根于青少年之中，也更有利于实施目前中足协出台的大区赛和冬、夏集训营的赛场赛制，有利于当地普及类竞赛、城运会、省运会、全运会等非职业赛

我们如愿从阎世铎手中接过了金灿灿的奖杯。摄影/袁蒙

阎世铎与蒲强、陈晓政（时任青岛市足协副主席兼秘书长）和我的合影。

事的组织管理和训练竞赛。

五、倡导举国体制，大力开展青少年运动队的对外交流工作

为加强青少年队伍的培养，除请进来高水平教练之外，应大力提倡选派优秀队伍到国外接受系统的教育和培养，围绕2008年奥运会和2014年世界杯，在全国范围内选择优秀苗子，到足球发达国家进行培养。

六、培养一支德才兼备的高水平裁判队伍

除加强对裁判队伍的再培养教育外，加大在亚足联范围内的交流工作，扩大国外高水平裁判在联赛中的执法场次，对国内裁判起到良好的示范作用和传帮带作用。

七、注重缓解劳资矛盾，实施球员收入总量控制

以加强中足协宏观调控与职业俱乐部行业自律并举为措施，实施合理的球员工资、奖金约束机制，实施球员收入总量控制。对严重脱离我国国情的球员工资、奖金、转会费等进行合理调整并有效控制，坚决刹住球员私欲膨胀的歪风，扭转目前球员高收入、低风险而管理者高投入、高风险的不正常状况，注重缓解劳资矛盾，维护和保证俱乐部经营者的权利。

我请阎头儿来看足协杯决赛

关于中国足球发展中的一些想法和建议，我和时任中国足协专职副主席的阎世铎交流颇多。

阎世铎学法律出身，曾主持了《中华人民共和国体育法》的起草工作。因为专业相同，我和他交流的时候感到很顺畅，能从他身上学到不少东西。尽管处在这个岗位就等于处在火山口上，但他的话语里经常流露出北方汉子的豪放还有一个文学老青年的情怀。在我和他接触的过程中，他从来没有提过任何和足球无关的要求，这让我很尊重他。

2002年足协杯决赛之前，我非常诚恳地邀请他来青岛观战，他非常理解此战对于青岛足球的意义，他也跟我开了一句玩笑："你怎么就知道你们能夺冠呢？对于我来说，可是手心手背，谁夺冠我都会为他们高兴的。"我也回了他一句："阎头儿，不想当元帅的士兵不是好士兵，不想拿冠军那是假的，我们有信心把这个冠军拿到手，如果能从你手里接过奖杯我会很高兴。"

我如愿从阎世铎的手中拿到了足协杯冠军奖杯。后来我们两人都离开了足球，但两个人的交往被他记录到了他撰写的《忠诚无悔》这本书中——

这天，秦宁走进我办公室时，手里提着一个用报纸裹着的长方形的东西。进门后他把这个东西小心翼翼地放在了沙发上，然后坐在了我对面，说："最近，足球界发生的这些事，我作为俱乐部老总心里是十分清楚的。前些日子，我们一些俱乐部老总在一起聊天，都说应当支持你。但现在这个环境，我们没法出来说话。大家说，这个时候，我们别惹事、别出事就是对阎头的最大支持。我早就决定要送你一件礼物。这件礼物已经做了很久，我怕你不收，一直没有送给你。现在，我要走了。前几天，颐中集团领导找我谈话，准备调我到另外一个岗位工

张吉龙到颐中海牛足球俱乐部基地考察。摄影/孙立

作。现在还没有正式对外宣布。在我临走之前，要了却这份心愿。这份礼物也是我对你的认识和希望。”

说着，他把那个用报纸包着的东西从沙发上拿过来，放在我的办公桌上。他一边轻轻地把报纸撕开，一边对我说：“这是一幅铜版画。在这幅铜版画上有你的头像，还有几句话，这幅铜版画和这几句话都是我精心选择的。制作这幅铜版画的人是曾经给美国总统克林顿制作过铜版画的著名雕刻家，画上的这张照片也是我在你的许多照片中挑选出来的，这张照片最能体现你的性格。画中的这几句话是引用了《三国演义》的开篇之词略加修改的。”

秦宁用手指着画中的字，一句一句地念了起来：“滚滚长江东逝水，浪花淘尽英雄，是非成败，秋月春风，青山依旧在，几度夕阳红，古今中外事，尽付笑谈中。”

我把这幅铜版画拿了起来，反复地端详画中的我，看着画中被雕刻家苍劲有力的刀锋刻写出来的几行字。我过去读过这首词，甚至能够把它背下来，但此时我感到既熟悉又陌生。我一字一字在读着，我其实不是在读字，而是在品味，在思考，在进行着心灵的洗礼。我确实非常喜欢这幅铜版画上我的画像和这几句话。虽然我不认识这位雕刻家，但我非常感谢他，更感谢秦宁。

我把这幅铜版画一直放在我家的写字台上，作为纪念，更作为激励和教诲。每当我看到这幅铜版画，就想起了我的朋友——秦宁。

那份礼物，确实是我非常用心准备的，那份礼物，代表着我的一份情意。我理解这位老大哥在那些年里承受的煎熬，那种煎熬我们在足坛不同的岗位上都感同身受。我相信大多数足球管理者、参与者，对这份事业都是发自内心热爱和投入的。我相信无论“几度夕阳红”，中国足球始终会“青山依旧在”。

另外一位我非常尊重的足协领导是张吉龙，龙哥被称为足球外交家，有一次他在青岛开会，我前去他下榻的酒店探望，正赶上他和亚足联秘书长维拉潘在一起。龙哥见到我，马上给维拉潘做了介绍，并让我以中国一家俱乐部总经理的身份和维拉潘交流一下，让他更多地了解中国的职业联赛的一些细节，也希望能从这里让中国足球得到亚足联更多的关注和认可，这种随时随地的外交思维，让我心里暗暗敬佩。

张吉龙是山东人，他对山东足球自然抱着一份特殊的感情，但在面对两家俱乐部时，他始终能很好地把握分寸。足协杯决赛我也邀请他前来观看，他的回话是除非其他主席都有事不能前来他才会考虑到青岛，因为“大家都知道我是山东人，虽然这不代表着什么，但我必须考虑其他俱乐部的感受”。我非常理解他的想法，我也相信这种细心和周到，是龙哥能在国际足坛大家庭中赢得广泛认可和尊重的原因。

Chapter

15

第十五章

一个冠军的到来

2002年11月16日晚，青岛颐中体育中心，史无前例地坐进了五万多人。不仅是这五万多人，还有整座城市，都在等待着一座冠军奖杯的到来。

有一句话是这么说的，人在最幸福的时刻有时候是不自知的。将近20年过去，我们这才知道那原来是青岛足球最幸福的时刻，那种幸福短暂而又甜蜜，那些泪水与欢笑永远在那一晚定格，那些梦想和期待不知何时才能重现。

彻夜未眠后抽来上上签

2002年10月28日，我一夜没合眼，因为第二天要举行当年中国足协杯决赛主客场抽签仪式。这么多年以来，我还是第一次这么紧张，那天晚上，我怎么也睡不着，因为我知道肩上担子的分量，我是代表青岛700多万人民来参加这个抽签仪式的。

我紧张，对手辽足可能比我还紧张。抽签的时候，我是独自前往，而辽足总经理程鹏辉却带着两个副总。我抽的是“先客后主”，很多媒体评价这是“上上签”。但我自己还比较清醒，抽签好只是一个有利因素，能不能拿到青岛职业足球历史上第一个冠军，最关键的还是要靠全体将士的努力。我第一时间给李章洙打电话告知结果，铁帅的回答还是那清楚的四个字：“一起干吧！”

美好的祝福在夜色中闪亮。摄影/袁蒙

对于足协杯，所有俱乐部的态度都是打着看。

青岛足球得到了前所未有的关注。
摄影/袁蒙

我记得是在2002年的夏天，杯赛打着打着就打出了激情，2002年6月23日，球队在上海通过点球大战淘汰了中远队，历史性地杀入足协杯四强。我没有跟队去上海，但是消息传来的时候，我承认自己当时第一次有了一颗“冠军的心”。我想起李章洙刚到青岛上任时和我开的玩笑，“明年给你弄个大奖杯”，当记者电话采访我的时候，我毫不犹豫喊出了目标：“杀入决赛奔向冠军。”

那场比赛前，俱乐部的创始人郭承文刚刚去世，本来在这场比赛前颐中队准备搞一些悼念仪式，但因为客观原因没有得到中国足协批准。这个历史性的突破也有他的奉献。我常常会想起这位老人，自从颐中接手之后，他就把自己定位为看台上的普通一员，但他对球队的关心是自始至终的。我始终记得他和我说过的话：“小秦，当时我们一帮人拉起这支队伍，都是因为对足球发自内心的喜欢。现在球队职业化了，交到你们手上，不要把青岛足球这个牌子砸了，你的担子太重了。”

还有已经去世的牟周老人、青岛足球的开创者和耕耘者们、青岛球迷、这座城市，都太需要一个冠军了！2002年时，除全国成年职业比赛的冠军外，青岛几乎夺取过所有全国性足球比赛的冠军：1995年和1999年，青岛队连获两届城运会男足冠军；1997年和1998年，俱乐部连续两年荣获甲A三线队金牌；1999年和2001年，俱乐部又先后在全国U21和U19联赛中称雄，但在职业联赛的赛场上青岛足球却一直抬不起头。第一次，大家觉得可以尝尝触摸冠军奖杯的滋味。

打半决赛之前，从队员们的眼神里已经可以看到热情和渴望，队员训练格外

战前动员达到了前所未有的严肃状态。摄影/袁蒙

认真，比赛前也不用动员。从夏天到秋天，收获的季节已经到来，一种前所未有的气氛在悄悄涌动着，等决赛的抽签结果传来，他们看到李章洙时都学着他的腔调说出那四个字："一起干吧！"

决赛开打之前的一周，辽宁队玩了一招"乾坤大挪移"，他们把比赛的主场从北京迁回沈阳的五里河，用意不言自明：五里河是中国足球冲入世界杯的福地，他们要沾沾这块福地的运气，也需要家乡球迷的呐喊。比赛时间定在晚上的7点30分，沈阳11月份夜间的寒冷可想而知，这将对我们造成极大的障碍。

2002年11月13日19时30分，2002年足协杯决赛第一回合，沈阳五里河体育场寒气逼人，那场比赛确实打得艰苦，辽宁队依靠李金羽、徐亮、王新欣的进球以3比1取胜。我们的进球其实是个乌龙，第87分钟，外援乌克亚在禁区内从对方球员徐亮脚下抢断，然后把球分到中路，隋勇右脚低射，球被出脚解围的王刚碰了一下，变向飞入辽宁队球门，辽宁队门将刘建生对这个球毫无办法。终场前隋勇仍有破门机会，可惜一脚铲射划门而过。赛后发布会上，一名沈阳记者直接向李章洙发问："怎么逾越3比1的比分？"铁帅斩钉截铁地回答："我告诉你，我们回到主场要2比0扳回！"

队伍11月14日就返回青岛，两天后，第二回合决战就要打响。时不我待，我们要从思想上、战略上、战术上做好必胜的准备。我和李章洙单独谈了40分钟，和中方教练谈了一晚上，我们把第二回合比赛的每一个环节都分析清楚。毕竟，只要对方在我们主场进一个球，我们就可能彻底无缘冠军。

最关键的还是球员。我们把队员们叫到办公室，锁上门，故意营造一种紧张气氛。我、李章洙还有教练组成员，一起看着他们，队员们刚开始还有点蒙，以为出什么事了。教练组把第二回合比赛的每一个细节讲给队员们听，并针对每个人进行分析，充分达成战术思想的一致。最后，我做了一个动员发言。那几天晚上我睡得很少，人处于一种既紧张又亢奋的状态，眼睛是红的，喉咙里感觉有火，估计当时的形象也十分“狰狞”。我的发言没有多少技术含量，非常简单：“我们具备夺冠的实力，我们有主场优势，有多年渴望全国冠军的热情，有青岛各界和颐中集团的倾力投入，有青岛700多万市民的期待，拿不下来我们愧对江东父老！”我也当了一回恶人，直接向球员发问：“有没有人想坏这个集体？有没有人不想要这个冠军？谁如果腿被踢伤或者踢断了，球队养你一辈子；谁如果拼倒了，球队养你全家。只要主教练没换你，裁判终场哨声没响，就要用尽全部力气一直拼下来！”

比赛前一天下午，时任青岛市人大常委会副主任程友新和副市长臧爱民来给球队打气。程友新的话说得很动情：“10年了，青岛足球经历了许多磨难，现在足球终于给我们带来了快乐，你们打进足协杯的决赛，已经创造了青岛足球的辉煌，明天我们期待着你们给全市人民一个更大的惊喜。”

我此生见到的最好舞台

11月16日下午，这座城市突然间安静了许多，连喧嚣的市区也不复平日的熙来攘往。那个下午，有近五万人涌进颐中体育中心，还有更多的人守候在电视机前，在初冬的午后开始了静静地等待——等待峰回路转，等待奇迹上演，等待胜利时刻最终降临。

当时青岛日报的记者丛云曾经用这样抒情的笔调来描述：“这是一次漫长的等待，已经有很多年了，在痛苦和低迷中挣扎着，在苦涩和失意中惆怅着，只有这一次，甜蜜的感觉才距离我们如此之近。心，是忐忑的，也有一些如在梦中的恍惚。那是一座城市的等待。颐中体育中心绿茵场上的11员战将，成了全城瞩目的中心。以往见惯了他们抱憾的面孔、沮丧的神情，这一次，看他们能否担得起这般重托。”

比赛15点30分开始。中午12点刚过，球迷就开始有秩序地入场。赛前，李章洙自掏腰包向球迷们赠送万张门票。他解释说："买一万张球票不是一个小数目，但是我的性格一向如此，认为值得做的事情，就义无反顾决不回头。我这样做的目的很简单，就是请大家来球场看球，请大家关心青岛足球，请大家来共同营造一个热烈的主场气氛，请大家来一起目睹青岛足球的历史性一刻，请大家一起分享足球能给我们带来的喜悦和欢乐。"

"我们要打一个2比0！"我也在那一天看到了一群真正的汉子，从哨声响起的那一刻，队员们就开始了发疯一样的拼抢，发疯一样的进攻。我们有必要记住首发阵容：22.杨君、3.周新、5.白毅、6.张卫华、7.肖战波、9.姜峰、13.鲁纳、20.隋勇、21.乌克亚、23.史汉军、29.马永康。李章洙，又一次站到足协杯的决赛场上，与上次夺冠有两点相同，其一，他所率领的球队第一回合比分落后；其二，他所穿的衣服与那时一样，幸运风衣加灰色西装加黑色西裤和黑色皮鞋。

尽管双方射门次数是15比2，我们几乎是压着辽足打，但上半场双方战平。中场休息时，李章洙给队员打了"镇静剂"："大家要冷静下来，这个上半场是我们今年比赛中打得最好的一次，只要这样打下去，我们一定会进球。如果这样打还进不了球，只能是我这个教练运气太不好了。我要告诉你们，哪怕在比赛的八十分钟破门，我们也还有机会，大家一定不要放弃，我们一定有机会进球！"

下半场，为加强进攻，曲波换下了后卫周新。第58分钟，曲波不辱使命，打入一球，1比0。第76分钟，李章洙放手一搏，用比坎尼奇换下中卫张卫华。比坎尼奇上场不到一分钟，就接到队友的任意球后头球攻门，球打到对方球员身上弹入网内，

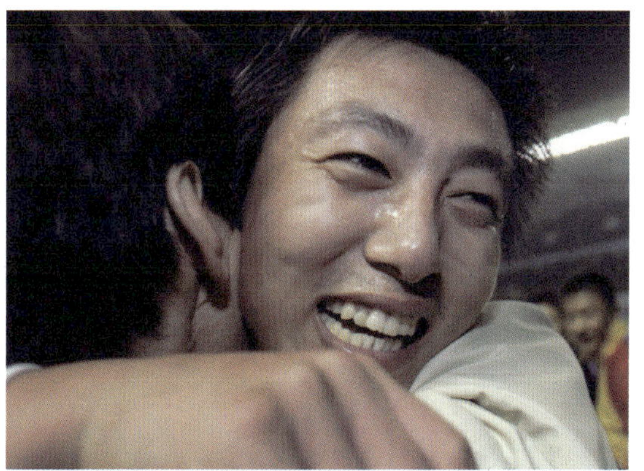

哭了！笑了！这一天，你还记得吗？
摄影/袁蒙

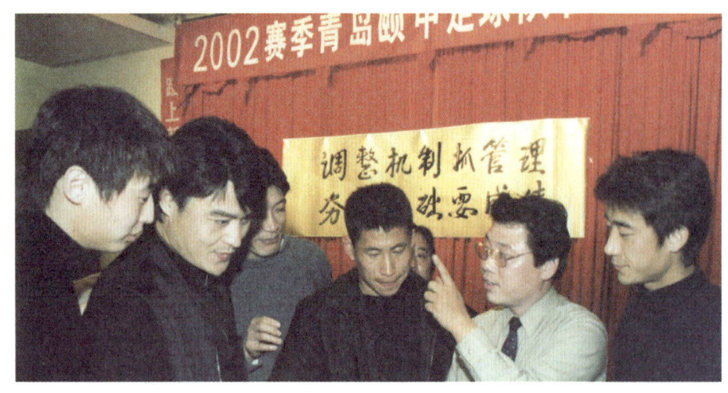

2002赛季开始，我们表达了一定要争第一的决心。

2比0，李章洙的换人收到了奇效。

82分钟，辽足主帅王洪礼用小将张考换下吕刚，做最后一搏。青岛队老将姜峰则退到后防线加强防守，84分钟，辽足角度极刁的直接任意球被门将杨君托出底线，这次扑救非常关键。最后，我们就是在主场打了对手一个2比0！

2002赛季结束，我们拼了！赢了！这一晚，我们真正体会到了足球的快乐。摄影/袁蒙

随后的感觉现在想起来还像做梦，那是我此生见到的最好的舞台，灯光那么璀璨，草皮那么青翠，人群那么可爱，笑脸那么灿烂，奖杯那么耀眼，欢笑那么纵情，拥抱那么用力！我什么时候悄悄地哭了，又是在怎么咧着嘴巴傻笑，我拥抱了谁，拍打了谁，我似乎说了很多话，但好像还有很多话没有说出口，我只知道，太不容易了，我们是冠军了！

在王维满的鼓动下，队员们把我抛向了空中，那感觉太刺激也太享受，我终于真切地体会到了足球的快乐。在回休息室前，守门员杨君把奖杯给了我，他说："秦总，这个奖杯该是你的。"我承认，当时我的鼻子酸了。这个奖杯背后有太多人的付出和努力，但在那一刻，请允许我动情一会儿。

一封语重心长的回信

来自各方面的贺信和嘉奖，纷至沓来。

11月16日，青岛市委、市政府连夜发出贺信，省体育局、省足协发来贺电。

11月27日，青岛市委、市政府召开庆功会，祝贺青岛哈德门足球队夺得足协杯冠军，并给予颐中海牛俱乐部100万元的重奖。

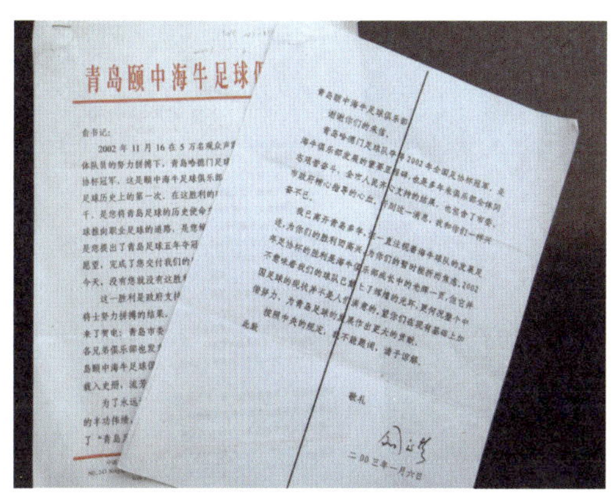

嗨了！美了！真心感谢为青岛足球发展呕心沥血的人们。摄影/袁蒙

在忙碌之中，我们发出了两封特殊的感谢信，写给青岛职业化足球的缔造者，时任湖北省省委书记的俞正声。

俞书记：

您好！

在十六大胜利闭幕的凯歌声中，青岛颐中海牛足球队赢得了青岛足球历史上第一个足球冠军——足协杯冠军。在这双喜临门的时刻，青岛颐中海牛足球俱乐部全体将士，青岛颐中集团万名职工向您表示最衷心的感谢，感谢您为青岛足球做出的贡献。

11月16日是个难忘的日子，在终场哨响的那一刻，整个颐中体育场成为一片沸腾的海洋，看台上、主席台上无数人流下了激动的泪水，教练员、运动员疯狂地高举奖杯绕场奔跑，多年心血终有回报，这座您曾经工作过的城市沉醉在片欢乐之中。

触景生情，思绪万千，是青岛市700万人民的鼎力支持，是俱乐部全体将士的艰苦努力，铸造了这一胜利的时刻，但唯独让我感到遗憾的是，俞书记您不能在现场和我们分享那胜利的时刻。当时是您把青岛足球的历史使命交给了颐中，是您把青岛足球推向了职业化道路，是您提出了青岛足球五年夺冠的计划，今天，我们实现了这个愿望，千言万语汇成一句，谢谢您！

此致

敬礼

蒲强

2002年11月19日

与此同时，青岛颐中海牛足球俱乐部也向俞书记发出了一封信，除了向俞书记汇报夺冠的心情、分享夺冠的喜悦之外，我们在信中写道：“为了记住这胜利的时刻，进一步激励青岛足球前行，俱乐部组织编写了《青岛足球这十年》纪念画册，在画册即将出版之际，诚请青岛职业足球的推动者俞书记为画册题词留言”。

在2003年元旦过后，我们收到了俞书记的回信。

青岛颐中海牛足球俱乐部：

谢谢你们的来信。

青岛哈德门足球队夺得2002年全国足协杯冠军，是海牛俱乐部发展的重要里程碑，也是多年来俱乐部全体同志艰苦奋斗、全市人民齐心支持的结果，也包含了市委、市政府精心指导的心血。听到这一消息，我和你们一样高兴。

我已离开青岛多年，但一直注视着海牛球队的发展足迹，为你们的胜利而高兴，为你们的暂时挫折而焦虑。2002年足协杯的胜利是海牛俱乐部成长中的光辉一页，但它并不意味着我们的球队已戴上了辉煌的光环，更何况整个中国足球的现状并不是人们满意的。望你们在现有基础上加倍努力，为青岛足球的发展做出更大的贡献。

按照中央的规定，我不能题词，请予谅解。

此致

敬礼

俞正声

2003年1月6日

如今重看这封回信，其中的语重心长让我辈汗颜。确实，青岛足球并没有因为这个奖杯而获得质的飞跃，那只是无数人努力之后，在天时地利人和中获得的一个阶段性成就。我们本应该更上一层楼，但从此我们再也没有跨越过去的辉煌。

告别的那天是情人节

获得足协杯冠军之后，我过了一段连轴转的日子。经过一段时间的沉淀，我深感自己这5年多的足球大学该翻篇了，再加上颐中集团对干部队伍的重新调整，我开始为自己的“退役”做准备。

1997年，抱着学习的态度，我进入了一个陌生的行业。

2003年，抱着感恩的心情，我告别了自己的足球生涯。

退役之前，安排好球队下赛季的工作，协同刘青文完成主教练李章洙的续约工作，对内外援的引进提出了自己的构想，和未来的总经理孙能文做交接，还提交了一份《青岛颐中海牛足球俱乐部股份有限公司体制改造组织结构设计方案》，其中提到“股份制足球俱乐部战略发展构想”：

1.机制的突破

长期以来，由于传统专业队体制、管理模式的惯性，由于职业化初期盲目投入、互相攀比、唯成绩论造成的足球市场混乱和弊端，严重束缚了青岛足球的发展。尽管近几年中国足协、青岛足协加大对地方俱乐部管理力度，出台一系列规范和标准，加之颐中对青岛足球的投入和基础建设取得了较快发展，但仍无法摆脱入不敷出的状况，在资产界定、制度创新、管理体制、运行体制等方面是落后的，许多先进的管理方法由于受到各方面制约而无法推行。因此，颐中海牛采取股份制的形式，摆脱现行的运行机制，实现投资主体多元化，是青岛足球管理决策层的主要考虑之一。

2.产权的清晰

由于历史原因，颐中海牛足球俱乐部自1997年注册成立时起，其产权主体就不十分明确，这一问题带来体制上的制约，除背离现代企业“产权清晰、权责明确、政企分开、管理科学”的要求外，还严重阻碍足球产业发展。因此，新的股份制俱乐部必须明确产权。

3.合理调整岗位机制。

明确责权利，实行全员风险抵押金制度，调动各方面的积极性，科学、合理划分专业技术（球员、教练、队医、翻译）人员试行合同制；行政管理人员试行岗位晋级制，经营人员试行基薪加效益工资制，所有辅助岗位试行临时用工合同制，以确保新机制的落实。

正式道别的那一天，是2003年的2月14日。新闻发布会后，出现了我没有想到的一幕，青岛电视台的记者万义民上前拉住了我：“秦总，1999年那次球迷通气会，我知道给你造成了很大的压力，其他的话我就不说了，很多人后来跟我要过完整录像，我都没给。今天我把唯一一盘翻录带送给你，留一个永久的纪念吧！”我接过这份礼物，什么话都没有说，只是紧紧拥抱了一下这位老大哥。

回到家中关掉电话，我踏踏实实睡了一觉。起床之后，招呼妻子和女儿，走，咱们也出去过个情人节。我们一家三口打车到了台东商业街，在挤挤挨挨的人群中去吃小吃。那天晚上，我们吃了三家店，对妻子和女儿来说，这是真正的节日，因为自从我进入“足坛”之后，就没有这样心情放松地陪过她们。

在这5年多的时间里，我的女儿从一个小学生变成了初中生，当她清楚地意识到自己的爸爸是做什么工作时，最不愿意同学们问起爸爸的职业，最担心的就是球队输球，最痛恨的词就是“保级”，唯一的一点骄傲，就是她能“走后门”，悄悄拿到曲波、高明他们的签名足球；至于我的妻子，她承担了所有的家务，照顾双方老人，陪伴女儿的成长，有时候还得在输球之后看我阴沉的脸色，在球队低谷时跟着我牵肠挂肚，周末我基本等于不存在，大半夜也可能被电话吵醒，我对她深感亏欠。

但我也珍惜足球带给我的，那是一笔无形的财富。不仅仅是拿到过这个冠军，挫折其实更能磨炼人。在我的电话通讯录中，至今有一个分类是“足球界”，

20年的时光倏忽而过。1997年我初入足坛时，女儿还未上小学；2017年此书酝酿时，她已经大学毕业。

1999年的我，抱着美好的期待，并不知道前方有多少考验。

2002年的我，捧起了沉甸甸的奖杯，更拥有了一段宝贵的经历。

那里有中国足协、地方足协、兄弟俱乐部等各个单位，官员、教练、球员、裁判、经纪人、队医、翻译、记者等各个岗位几百个人的电话号码，我从他们很多人身上学到很多，有些人成为终生的朋友；在有意无意之间，我积攒了几箱子的资料，有剪报、文件、信函、总结、报告，林林总总，里面珍藏了一段岁月，也记录了无数人的智慧和心血，最终成就了这本书。

对青岛足球、对中国足球，多少人始终是“心有千千结”，青岛媒体这样记录1994年11月12日海牛冲A成功后，从天津回到青岛的情景：“当晚，我们与球队乘坐凌晨两点的火车返回。清晨当列车驶入青岛火车站时，站台上军乐高奏，锣鼓喧天，前来迎接的人群站满了看台，大家用最热烈的拥抱欢迎海牛将士的凯旋。青岛市委书记俞正声早已在酒店等候，他要在第一时间为将士们庆功。记忆犹新的是在那天的庆功会上，俞书记与全体队员唱起了《大海啊故乡》，歌声真是嘹亮。”

那是青岛足球梦开始的时候，梦的远方呢？相信不会远，因为我们一直在路上。

附：给中国足球的三个提案

关于足球俱乐部运营涉及税收问题的一个提案

自1994年中国足球职业化以来，足球职业俱乐部已经运营多年，但是运营中涉及的税收问题一直困扰着俱乐部的规范运行。经青岛颐中海牛足球俱乐部多次召开内部会议研究，决定就经营中面临的税收政策有关问题向中国足协提出建议，同时提请足协在进行充分的调查研究后向全国人大提出关于鼓励和支持足球产业涉及有关税收问题的提案。

一、关于俱乐部涉及球员转会费的收入纳税问题

按照规定，“涉及转会费的球员转会，原俱乐部与新俱乐部应当签订转会协议，并由球员签字确认。转会协议应当载明转会日期、转会费数额、双方权利义务、违约责任和仲裁条款等。转会费数额由原俱乐部与新俱乐部协商确定，但不得低于培训补偿和(或)联合机制补偿的标准。”目前，由于球员的培养机制复杂，在财务上无法完整合理计量球员的培养成本，因此，俱乐部在账务处理时将球员视为一项技术资产设于无形资产科目项下，并在球员转出时，确认为技术资产转出收益。因此，建议从鼓励足球技术开发的角度，站在国家鼓励发展足球产业、推动建立足球技术市场的高度，恳请足协提请从国家层面出台政策，将球员转会收入在一定时期内不纳入营业税和企业所得税的征收范围。

二、关于球员个人所得税问题

(一)境内职业球员

无论是否俱乐部的签约球员，职业球员来源于俱乐部的收入主要包括工资薪金、训练补贴等各项津贴、比赛奖金、出场费等。对于球员每月取得的训练补贴等津贴根据《个人所得税法实施条例》的规定，属于工资、薪金的一部分，需

与当月工资、薪金一起由俱乐部代扣代缴个人所得税。对于比赛奖金、出场费收入，因与赛时、赛事相关，具有不确定性，因此，建议俱乐部对于球员取得的该部分收入以年终奖形式一次性发放，并单独计算纳税。

球员来源于外单位的收入主要是广告费、代言费、某项活动的出场费等，均属于劳务报酬所得。若球员个人以自身的名义与外单位签订广告合同、代言合同等，并直接收取相关报酬时，建议外单位向球员支付广告收入时，均明确为税费后净收入，纳入劳务报酬所得一并计算个人所得税，不再涉及其他税费。若球员受俱乐部雇佣，由俱乐部与外单位签订广告合同、代言合同等，合同中约定具体进行广告代言的球员，俱乐部与该球员约定并向其支付广告分成收入。此情形下，俱乐部取得外单位支付的广告代言费，严格按照有关规定交税，但俱乐部按分成比例支付给具体球员的收入，建议视为球员受雇单位发放的奖金，并入球员当期的工资、薪金所得征收个人所得税，税款由俱乐部代扣代缴。

为鼓励球员走向世界，境内俱乐部或球员为境外俱乐部在境外提供的文化体育服务（参加体育比赛、提供体育指导等），以及广告投放地在境外的广告服务获取的各类收入，建议免征各类税金。

境内球员若被租借至境外俱乐部，因其劳动关系仍隶属于境内俱乐部，境外俱乐部支付的薪酬属于代付，因此由境内俱乐部对该球员取得的薪酬按工资、薪金所得代扣代缴个人所得税。针对此类球员来源于境内外的工资薪金所得，建议根据球员在境内外工作时间，依据双边协定（或安排）的有关规定确定纳税义务，并出台税收抵免政策。

（二）境外职业球员

境外球员来源于俱乐部的收入主要为周薪、津贴、出场费、比赛奖金等，内容与境内职业球员相同，应按工资、薪金所得计算个人所得税，来源于外单位的广告代理收入，需按劳务报酬所得征收个人所得税。但是，为积极引进国际先进的足球技术，推动中国足球走向世界，打造向国际开放的国内足球市场，建议在向境外职业球员征税时，充分考虑球员来源国的税收政策，避免双重征税，必要时可以建立抵扣的具体条款。

三、其他税收问题

（一）建议国家出台完善体育产业税费政策，充分考虑体育产业特点，将体育服务、用品制造等内容及其支撑技术纳入国家重点支持的高新技术领域，对经认定为高新技术企业的体育企业，征收企业所得税时减征或免征。同时，明确体育企业发生的符合条件的广告费支出，符合税法规定的可在税前扣除，进一步落实符合条件的体育企业创意和设计费用税前加计扣除政策，鼓励企业捐赠体育服装、器材装备，支持贫困和农村地区体育事业发展，对符合税收法律法规规定条件向体育事业的捐赠，可在计算应纳税所得额时扣除。

（二）建议国家鼓励俱乐部建设体育场馆并自用于运动训练、运动竞赛及身体锻炼，涉及的相关房产和土地，如果向社会开放、满足公众体育活动需要，享受有关房产税和城镇土地使用税优惠，必要时可以免征房产税和城镇土地使用税。

（三）由于境内外足球运动员收入来源的多样性，与足球俱乐部之间关系的差异（转会或租借等），有关足球俱乐部之间、足球俱乐部与运动员之间、运动员与外单位之间的各项收入涉及的税种、税目、税率、计税依据及征管办法颇为复杂，建议国家层面进行充分调研，出台系统的全面的有助于足球产业发展的系列配套税收政策。

关于裁判自律和规范执法问题

足球裁判员是足球比赛场上规则的执行者、比赛过程的操作者、比赛秩序有效运作的维护者，更是足球竞赛文明的传播者。足球裁判员必须具有崇高的事业心、强烈的责任感，能够自觉献身于足球裁判事业。为人正直才能做到忠于职守，裁判员应严格履行自己的职责，坚持原则，实事求是，以严谨的工作态度，秉公执法。

一、自律方面

（一）职业道德

足球裁判员的职业道德是指足球裁判员在执行临场任务时所遵循的规范和准则。足球裁判员必须把职业道德作为自己应具备的首要素质，这样在比赛中就能做到以事实为根据，以规则为准绳，从而正确地划清合法与违法、是与非、轻与重的界限，作出客观而正确的判罚。足球裁判员的职业道德，对维护足球竞赛公平、公正及自身权益有重要作用。

（二）业务能力

1.学习足球新规则。随着足球竞技水平的不断提高，足球运动技术的发展、足球竞赛规则也出现了相应的变动，这要求足球裁判员必须不断地学习、研究和掌握新规则。

2.熟练掌握足球规则和裁判法。作为优秀的足球裁判员，应深刻理解和全面掌握足球规则和裁判法，这是足球裁判员进场判罚的理论基础。足球竞赛规则是足球运动员行为的法规，是足球裁判员执法的准则，在足球比赛中具有法律效应。足球裁判法是足球裁判员在足球比赛过程中，以足球规则为依据，对足球比赛场内外发生的一切行为作出正确判断的方法。两者是统一的，要在掌握规则的前提下，掌握裁判法。

3.熟悉足球运动的特点及技、战术。作为优秀的足球裁判员，要了解足球运动的特点，熟练掌握足球技术要领，才能有效地掌握足球的运动规律，对运动瞬间完成的复杂的技、战术动作，作出快速而准确的判断。

（三）言行举止

1.仪态优美。在足球比赛中，足球裁判员的仪表起着标榜的作用。健美的身躯、庄重的表情、整齐统一的服装、威严的裁判胸徽、翩翩的姿态、潇洒的风度，都能够表现出“赛场法官”的良好精神面貌，这不但给人以美的感受，而且对调节赛场气氛、树立楷模形象起着重要的作用。

2.手势规范。足球裁判员在足球比赛中，判罚主要是通过手势来进行的。因此，在给出判罚时，手势要准确无误。再者是要把动作做到位，并且在给出判罚后要将姿势保持一定时间，以便让运动员、现场观众和裁判席看清楚。

3.语言简练。在足球比赛中，足球裁判员的语言要文明、简练，裁判员要吐字清晰、发音标准，避免运动员或其他裁判误解自己的意思。

4.哨音洪亮。足球裁判员哨音要洪亮有力。裁判员还应该明确各种哨音的准确含义，例如长鸣和短鸣的区别等。

（四）执法风范

1.公平公正。公平公正是足球裁判员执法的首要原则，判罚不公践踏了体育精神，败坏了社会风气，与精神文明建设和思想道德建设背道而驰。足球裁判员应坚守和践行“规则至上、公正无私”的信仰，充分认识到“法官”在执法中的作用，树立“法官”的高大形象，清楚执法不严、不公造成的后果，使足球比赛在公平的气氛中进行。

2.判罚准确。足球裁判员作为足球赛场上的“法官”，要根据场上复杂且瞬息万变的情况，及时、果断、准确地作出判罚，使比赛始终在自己的掌控之中。

3.团结协作。足球裁判组的工作是一个整体，应分工协作、各司其职。要充分发挥每名足球裁判员的特长，主裁、边裁、第四官员要正确对待分工，恪尽职守，服从大局。裁判员之间要相互体谅、相互信任，做到既有分工又有合作。

（五）执法戒律

1.戒偏。偏就是不公正。防偏的根本途径是提高自己的思想觉悟，培养高尚的道德品质，业务上精益求精，判罚上求准。

2.戒怒。愤怒是足球裁判员临场失去理智的一种表现，是激化比赛矛盾、引起赛场风波的“导火索”。聪明的足球裁判员往往是以怒制怒，以理服人，以规则制乱，只有这样才能体现出“法官”的修养和风度。

3.戒贪。贪赃受贿，势必枉法。足球裁判员要做到清正廉洁不受贿，重金难买公正心，做一个正直无私、刚正不阿的足球裁判员。

4.戒情。要戒情，就要做正直、正派的人，不搞拉拉扯扯、吃吃喝喝。只有这样，才能在临场工作中不徇私情、铁面无私、执法如山。

5.戒傲。足球裁判员无论何时都不能骄傲自满、自以为是、目中无人、固执己见，要言谈高雅而富有风趣、举止洒脱又平易近人、谦虚谨慎且落落大方。

6.戒无精气神。足球裁判员无精气神，就不可能有良好的临场状态，也就不可能很好地完成临场任务。临场中要精神抖擞，充满活力、朝气和信心。

7.戒优柔寡断。足球裁判员在临场判罚中，不得表现出软弱无力、犹豫不决、举棋不定、拖泥带水，否则就会失去运动员、教练员和观众的信任。要做到敢于担风险、敢于对自己负责、敢于对运动员负责、敢于对比赛负责。

8.戒火上浇油。每当比赛中发生意外或复杂矛盾时，首先要沉着冷静，千万不要说激化矛盾的话和做激化矛盾的事；不小题大做、不火上浇油、不乱上添乱，要釜底抽薪，缓和暴怒的情绪。

9.戒自我表演。足球裁判员在临场中，无论是移动还是哨声，无论是手势还是表情，都要按照足球规则和足球裁判法的要求做。不华而不实、不添枝加叶、不故弄玄虚、不装腔作势、不突显自己。

10.戒喧宾夺主。足球比赛中，足球运动员是主体，足球裁判员是为足球运动员和足球比赛服务的。形象地说，足球运动员是红花，足球裁判员是绿叶。因此，足球裁判员在比赛中绝对不能以自我表演的形式，把观众的注意力吸引到自己身上。

11.戒先入为主。足球比赛是千变万化的，胜负的影响因素是复杂的，弱队胜强队的例子也是屡见不鲜的，裁判员如果有先入为主的思想，就不可能根据比赛的实际情况进行公正执法。

12.戒主观臆断。足球裁判员临场的判罚，贵在求实。足球裁判员的准确判罚，来源于足球比赛的实际情况，必须与足球比赛的客观实际相吻合。足球裁判员决不能主观臆断，因为这是错判、漏判的根源。

13.戒尺度不稳。足球裁判员的判罚尺度要做到一视同仁，要上半时与下半时一样、开始与结束一样、弱队与强队一样、明星队员与普通队员一样，不得见风使舵，不得厚此薄彼。

二、规范裁判执法对策

（一）足球裁判员执法监督机构的规范化建设

裁判员执法监督机构规范化建设的关键在于行使裁判员执法监督权的机构首先要做到廉洁奉公、恪尽职守。我国现行的裁判员制度是计划经济的产物，已不能适应市场经济的需求。在市场经济体制下，要彻底铲除体育运动中的腐败行为，就必须对我国现行的体育体制进行改革，在制度上建立防腐监督网。目前，中国足协集培训、管理和监督职能于一身，过大、过于集中的权力，为裁判员执法问题的出现提供了可能性。监督 3项工作分别由3个完全独立的部门来担任，彼此间“井水不犯河水”，按照各自的分工，在部门的职权范围内独立开展，独立行使自己的权力。

（二）足球裁判员执法监督工作的规范化进行

首先要确保监督主体（裁判委员会）对被监督对象（执法我国职业足球联赛的裁判员）所进行的监督行为具有绝对的独立性，否则，再好的执法监督机构和执法监督措施都无法发挥其应有的效能。其次，足协、联赛和裁判委员会之间应具有相互制约和相互监督的职能，只有这样，裁判委员会对裁判员执法的监督才能真正发挥其应有的作用，成为名副其实的裁判员执法监督机构。

（三）足球裁判员执法监督措施的规范化执行

裁判员监督措施的规范化执行首先取决于裁判委员会对执法监督员的任命是否符合合理、有效、公正的原则。其次，还要取决于裁判委员会能否制定出防止执法监督员与当值裁判员之间过多不正常人际交往的有效措施。此外，裁判员监督措施的规范化执行还取决于执法监督员能否认真、公正地对当值裁判员执法行为进行有效监督，能否对裁判员执法监督的措施和条例按部就班地予以执行。

三、裁判规范执法建议

（一）应遵循“以人为本”的原则

裁判员是具有社会职能的人，而非执法的机器，不可能在执法的全过程中像机器一样不出现一次错判、漏判。我们首先要明确的一点是，执法和执法监督管理条例是为裁判员这一特殊职能群体制定的，所以，制定执法和执法监督管理条例时必须以裁判员为中心，必须要适合裁判员执法的实际需要。如果只从管理者的角度去制定管理条例，将无法达到预期效果，而出现在执行过程中，条例无法对裁判员的执法起到促进和有效的监督作用。对此，我们在制定裁判员管理和监督措施时可以适当借鉴英国职业足球制定裁判员管理和监督条例的经验。

（二）避免出现“权力寻租”现象

执法和执法监督管理条例的制定、实施和监督全部由中国足协掌控，这必将会产生“权力寻租”！ 在“寻租”理论中，权力寻租是以信息不对称和监督不力为基础的。相比较而言。足球的比赛规则还是比较科学和直观的 ,运动员、裁判员和观众基本拥有相同的知识结构，而且均能判定越位、手球、拉人和禁区犯规等动作，各行为主体基本不存在信息不对称问题。裁判员的执法行为在众目睽睽下进行，所以，也谈不上对执法过程的监督不力。但裁判规则赋予了裁判员较大的执法选择余地，比如对抬脚过高、进攻方无意手球和防守方有意犯规等行为，裁判员的判罚存在较大的主观性。这种规则使裁判员可以在防守方岌岌可危的关键时刻，化解进攻方凌厉的攻势并瓦解球队一鼓作气的斗志，同时，按照现行的裁判规则，裁判员是球场的最高执法者，也是竞技纠纷的“终审法院”，在对球场行为的判断存在较大主观性时，缺乏职业道德的裁判员就会实施“权力寻租”。

（三）避免出现“蝴蝶效应”

“蝴蝶效应”对我们的启示是，细节是决定成败的关键。执法和执法监督管理条例是由每一条具体条例组合而成的一套完整体系。任何一条不科学、不合理的条例都会导致整个执法和执法监督管理系统的运行不畅，使其不能发挥良好的效能，更无法达到制定条例的预期效果。从我国目前的管理条例中可以看出，赛前当值裁判员有机会同比赛执法监督员进行充分的沟通，降低了监督的有效性，使监督员对当值裁判员执法工作情况的汇报不能达到完全准确和真实。所以，必须保证每一条管理细则的合理性，从而使整套管理条例能顺畅地运行，达到预期制定的效果。

关于推动竞技体育立法之裁判立法先行的提案

中华人民共和国成立以来，我国竞技体育运动经历了从国家主导、政府投入到逐步走向职业化、市场化改革发展之路，目前正处于政府引导、多元市场主体投入的发展阶段，群众性体育运动蓬勃发展，全民健身已深入人心。在体育产业全面快速发展的同时，个别领域频现违背职业道德的现象，甚至滋生了一些危害整个体育产业健康的病菌。影响较大的就是以足球为代表的三大球领域，如不加遏制，任其蔓延滋生，势必危害体育产业长期健康高质量发展。推动建设由国家引导、依法监管、市场主体规范运营、市场从业者尊规守矩的法治化体育产业，推动体育产业治理体系和治理能力现代化已势在必行。

一、推动法治体育产业建设的意义

（一）推动法治体育产业建设符合国家政策方向

党的十九届四中全会审议通过了《中共中央关于坚持和完善中国特色社会主义制度、推进国家治理体系和治理能力现代化若干重大问题的决定》，党的十九届五中全会在研究制定十四五规划和2035远景目标规划时，又提出了建设体育强国和健康中国的规划发展目标，实现上述治理目标和规划目标，在国家引导鼓励体育产业发展的同时，必须通过单项立法的方式，针对每一项体育运动的具体特点，制定法律规范，加强执法监管，使体育运动和体育产业步入公平竞争、良性循环、有序发展的法制化轨道，这是体育运动领域构建治理体系和治理能力现代化的重要一环。

（二）推动法治体育产业建设是市场化发展的必然要求

改革开放以来，我们越来越深刻地认识到，成熟健康可持续发展的市场化取向必然是走法治化道路，体育产业的发展也是如此，一段时间以来，国家为保护体育产业的发展，主要通过政府引导、政策支持、行政干预等方式，一方面极大调动了产业发展积极性、主动性和创造性，另一方面也模糊了政府和市场的边界，造成一些不利影响。随着体育产业职业化、市场化探索持续深入，社会各界对体育产业市场化运作机理、机制、规律的认识逐渐深刻清晰，在总结国内外经验教训的基础上，推动立法规范已具备丰富实践条件和现实基础，体育产业市场化发展亟待呼吁法治化、规范化发展的春天。

（三）推动法治体育产业建设是贯彻新发展理念的必然选择

体育产业与体育运动、体育用品、健康健身、动漫娱乐、文化消费、生活消费、知识产权保护、人格权保护等方方面面具有广泛而密切的联系，而且在一定程度上能够汇集民族的凝聚力，提升文化的软实力，彰显国家的竞争力，因而体育产业的健康有序规范发展具有特殊而重要的意义。鉴于体育产业所涉及利益主体多元化、受众人群规模化、拉动效应多样化，因此实现体育强国和健康中国的发展目标，必须贯彻创新、协调、绿色、开放、共享的新发展理念，通过国家立法方式规范、平衡各主体的利益，最大程度保障社会公共利益、人民利益和国家利益。

二、有关立法建议

本着顶层设计、循序渐进、重点突破、试点先行的原则，建议制定体育产业国家中长期立法规划，从推动三大球领域的立法入手，规范体育产业各利益主体的行为，调节各利益主体间的法律关系，由过去政策导向走上法治化发展轨道。

在三大球立法中，建议首先探索启动《竞技体育裁判法》立法。实践证明，裁判行为对体育运动健康发展具有重大影响，裁判不公如同投向社会人群的“心理炸弹”，极易引发社会稳定事件，对体育产业长期健康发展产生严重冲击。目前仅通过裁判行业自律，很难保证公平公正履行裁判行为，只有通过立法，明确其执业资格取得、考评条件，确立收入、财产公示制度，界定其执业行为边界，实施执业行为有效监督，明确奖惩措施和执业禁止，才能为其依法规范执业营造法制环境，才能保障其依法规范执业，从而推动体育产业在法治化轨道健康发展。

番外篇

2021年2月1日，青岛足球人一次难得的聚会，与往事干杯，为未来喝彩。后排右起：张健、傅晓、刘乐阳、袁生、丛云、秦宁、左文清、陈刚；前排右起：陈敬莘、马元培、金志国、孙至周、程友新、刘学才、谢保家、刘青文、杨鹏鸣（青岛市新任足协主席）。

这些年，他们一起追的足球

一堂课接一堂课写完，感觉意犹未尽，尤其是这些年来一直耕耘在青岛足球一线和中国足球一线的教练和球员，他们的故事，需要一个专门的篇章；这个篇章能体现的也仅仅是部分代表，不足以穷尽青岛足球人多年的倾情付出。

以年龄为序，从我十分敬重的张全利教练开始。他是“足球从娃娃抓起”的最有力实践者，为青岛乃至中国足坛培养出一代又一代后浪。正是因为有这样的传承精神，我们的绿茵梦才得以生动地延续。

◎张全利

1971年，从“胡同足球”中踢出小名堂的张全利升入青岛一中并进入校队；在同年的青岛市中学生足球赛上，张全利和他的小伙伴代表青岛一中勇夺冠军。这个冠军，坚定了他与足球相伴一生的信念。

因为在这次比赛中展现出来的全面技术和巨大潜质，张全利被选拔到青岛市少年足球队，接受更为系统科学和严格的专业训练，他成为球队当仁不让的核心，代表青岛少年队接二连三夺得山东省冠军。

1973年的全国第一届中学生运动会足球赛，张全利初次在全国赛场上亮相，他表现非常抢眼，最终帮助山东队获得第七名，创造了青岛足球在全国赛场上的历史最好成绩。1974年，张全利被原北京军区部队挖走，成为一名穿军装的绿茵虎将。

1980年，张全利转业回到青岛足球的怀抱，到青岛市体委工作；1986年，张全利主动按下了从事青训的启动键；1988年，张全利出任第一届全国城市运动会青岛足球代表队的教练，率队夺得第四名，宿茂臻当时是队中一员；1993年底，张全利进入刚诞生的青岛海牛俱乐部，担任梯队教练，培养出了高明、李帅、邓小飞等一众享誉中国足坛的绿茵才俊，而鲁能如今的国脚刘洋也是从张全利起初组建的舒美少儿足球俱乐部里走出来的；2002年，张全利出任颐中海牛U15教练，很快就培养出了青岛足球又一批佼佼者——姜宁、刘震理、姚江山、孙江山、徐群、胡俊等球员；2014年，张全利率队获得第23届省运会男子甲组冠军，这也是他第三次执教青岛队夺冠，如今的国脚，北京国安前锋王子铭和恒大的钟义浩以及参加世少赛的刘炜成（中能），均是来自这支队伍。

2016年张全利退休，在青岛市足协的力邀下，出任市足协与黄海足球俱乐部共建训练点的总负责人。

海牛伊始，张全利早已结束攻城拔寨的征战生涯，但他用时光谱写了一曲“放牛班的故事”，作为“青岛港”上的第一批青训教练，张全利30多年的坚守和付出令人感动，坊间也尊其为青岛足球的“青训教父”。

张全利和弟子们的一张合影。
一排左前，李帅（海牛）、高明（海牛）、王大龙（海牛）、邓小飞（海牛）、赵睽（鲁能）、马天翼（海牛）；
后排左前，徐群（鲁能）、陈晓（海牛）、刘斌（广东明峰）、李晓（广东明峰）、王伟帅（海牛）、曲开（海牛）、刘磊（海牛）、韩中（鲁能）。

张全利一直牵挂着每位弟子的成长，这是徐群在中国国家少年队时，和主教练刘春明的合影。

恒泰地产

◎国作金

1988年从山东队退役，时年28岁的国作金开启了执教青岛海牛的峥嵘岁月，他担任青岛青年队教练时，陈刚、王国栋、范学伟、纪玉杰、王灏等“老海牛”当时都在队中。

1989年、1990年，国作金以教练兼队员的双重身份，征战了两个赛季的乙级联赛，那是青岛足球冲击职业联赛的开始；1995年，作为青岛海牛青年队主教练，国作金率领马永康、邱忠辉、杜斌、崔肖佳、乔伦、周新、王伟等“小海牛”夺得了青岛建市以来第一个综合运动会冠军——第三届城运会冠军；1996年3月，国作金和弟子马永康、邱忠辉随中国健力宝青年队前往巴西留学。

1998年8月，也就是中国健力宝青年队结束使命归国后的两个月，国作金重归老海牛体系，出任青岛颐中海牛助理教练，辅佐时任“东北大帅”李应发征战甲A联赛；1999年国作金以领队和助教的身份辅佐韩国主帅金正男，金正男因为带队成绩不佳黯然下课，国作金临危受命接替主教练一职，率队打了7轮联赛；2000赛季，国作金继续担任领队和助教，协助主教练奥斯托杰奇，1999赛季那一幕“历史重演”，国作金再度接替中途下课的外教，率队打完剩余的11轮联赛，以不俗战绩保级成功；2001赛季，青岛颐中海牛教练组实现本土化，国作金担任主教练。

2002年，国作金前往意大利国际米兰俱乐部进修半年，2003年任职深圳健力宝俱乐部副总经理，次年转岗教练组协助主教练朱广沪力夺中超元年首个桂冠，足协杯也闯入三甲。2005年，国作金受时任国足主帅朱广沪的邀请加盟教练组，协助其征战亚洲杯并小组出线。2007年3月因为意外受伤，国作金离开国家队，当年7月被聘为青岛科技大学教授，担任校队主教练，他开始深耕高校足球，探索“体教结合”的崭新模式，带领青科大队夺得全国大学生锦标赛冠军、全国大学生五人制总决赛亚军、四次省大学生联赛冠军、两度参加全国乙级联赛。2019年，国作金出任全国大学生男子足球队主教练。

国作金是一位爱动脑筋、善于钻研、极度敬业的业务型教练，这是青岛海牛倚重他、前国家队主帅朱广沪信赖他的根本原因，也是他能够扎根校园、辟出新路的根本原因。

国作金指导史汉军。

国作金和昔日健力宝弟子李玮峰。

作为一名勤奋进取的青岛教练，国作金赢得了社会各界认可。图为秦宁、国作金、刘青文与时任青岛市市长王家瑞的合影。

◎王东宁

从1982年到1996年的14年间，王东宁是国家队的常客，他演绎了一段极具传奇色彩的国脚生涯。1982年5月，王东宁入选国家二队开启了个人国脚生涯。1984年，王东宁作为国家二队队长，领衔出战马来西亚第28届默迪卡杯赛，以1比0力挫美洲劲旅阿根廷队，赛后他当选最佳球员，他也是首位荣膺国际邀请赛最佳球员的中国球员；1985年8月，王东宁以队长身份代表中国队夺得日本神户世界大学生运动会铜牌，他被评为赛会最佳球员；1994年，王东宁被主教练戚务生力排众议召入国家队，以33岁“高龄”征战广岛亚运会，为中国队勇夺亚军立下赫赫战功，他也以右边后卫的身份入选亚运会最佳阵容。

1997年1月，年届36岁的王东宁从上海豫园加盟重返甲A赛场的青岛海牛，身披5号战袍，他开始了自己职业生涯的最后一站，为青岛足球留下了一段老骥伏枥的美谈。王东宁的加盟让青岛海牛的防线多了一道难以逾越的“大闸”，他与希德尼打造的坚强后盾，令甲A各路射手望而生畏。

1998年王东宁退役后转型经商，但他始终无法割舍对足球的爱。他与左文清成立了青岛东清足球俱乐部，联合十多所小学深耕校园足球，从娃娃抓起；他经常参与青岛公益足球活动，向青少年传授自己宝贵的绿茵经验。全国老甲A联赛王东宁以球员兼主教练的身份再度驰骋绿茵场。

王东宁在赛场上孔武勇猛，被誉为“坦克”；他可胜任前中后三线，被赞为“中国的马特乌斯”；国脚生涯逾二十载，他被称为中国足坛的“不老松”；他重情重义，是令人尊敬的足坛“大哥大”。

左起李强、王灏、王东宁、王海芳等。

◎刘乐阳

1991年，刘乐阳头顶省运会狂进24球的光芒从山东队返回青岛，加盟外经贸委队参加全国乙级联赛；1992年，刘乐阳不仅力助青岛一举冲甲成功，还荣膺当年全国乙级联赛的最佳射手。

1996年7月，刘乐阳因脚伤无法坚持而饮恨挂靴，深入南京路小学等最基层学校开启执教生涯，这一干就是23个年头，历经青岛颐中、青岛中能两大阶段，为青岛足球乃至中国足球培养出了王永珀、刘健、姜宁、邹正、郑龙、姚江山、朱建荣、朱世玉等众多国脚和名将；在培养后备人才的期间，刘乐阳于2011赛季至2018赛季出任中能助理教练，2016年1月担任青岛中能领队，2021年青岛中能更名为青岛海牛队，这位老海牛继续在梯队中培养小海牛。

在中国足球专业体制时代，刘乐阳是享誉国内足坛的“快马”，1982年至1984年正是凭借着他犀利的进攻，山东队才得以连续三年获得全国甲级联赛亚军，他的“快”更是成就了青岛海牛从乙级到甲级以及从甲B重返甲A的两次“飞跃”。

在培养后备人才上，刘乐阳堪称好手中的“快手”，一大批足球才俊从他这里迈向了职业舞台，这令青岛足球城的名片更加熠熠生辉。

右起刘乐阳、殷铁生等。

adidas
頤中海牛
11
28

◎汤乐普

1987年，作为沈阳部队队的正选前锋，汤乐普被八一队借调参加了亚俱杯和六运会；1990年3月份，汤乐普入选了高丰文执教的国家集训队。

1992年，汤乐普从沈阳部队队返回青岛效力，以主力前锋的身份向全国甲级联赛资格发起冲击；1995赛季，青岛海牛的甲A处子赛季，第四轮主场对阵开局三连胜的“领头羊”广东宏远，汤乐普在比赛中梅开二度，帮助老海牛取得甲A历史上的首场胜利，这是他至今被青岛球迷津津乐道的扛鼎之作。赛季末，在著名的“成都保卫战”中，青岛海牛2：3不敌四川全兴，汤乐普打进了第一个进球，这一赛季他进账6球；1996年是青岛海牛矢志重返甲A的特别赛季，汤乐普不负众望总计打进7球，与纪玉杰并列为队中的最佳射手；1997赛季结束后，汤乐普退役。

1998年，汤乐普担任颐中海牛青年队主教练，兼任青岛城运会代表队主教练；1999年他率青岛代表队勇夺西安城运会冠军，而且经城运会考察，为青岛海牛引进了曲波、杨君等5名“火车头小将”，极大夯实了颐中海牛的后备力量；2001年他出任山东省九运队主教练，率队夺得季军；2002赛季汤乐普出任颐中海牛助理教练，辅佐李章洙力夺足协杯冠军；2004赛季他接替李章洙出任主教练，当年10月向俱乐部请辞，自此淡出职业足坛。

职业生涯只是汤乐普足球人生的一部分，他和自己当年的爱徒史汉军一起深入中小学，大力开展校园足球教育，延续着自己的足球梦想。

极富个性、爱憎分明的汤乐普，在场内驰骋纵横，进球如探囊取物。汤乐普用他的天赋和血性，书写了自己颇具传奇色彩的足球人生，给岛城球迷留下了无尽的甜蜜记忆。

10
20

万

20

◎张健

1978年到山东队，1985年下半年到南京部队队，1988年回到青岛为家乡队效力，张健征战了三个赛季乙级联赛；1992年，张健在绿茵场上的角色转换队员兼教练，辅佐主教练刘国江带领队伍实现青岛足球冲甲梦；1993年，张健退役开始自己的教练职业生涯，当年他出任由山东队和青岛队合并组建的第七届全运会山东代表队的守门员教练，负责训练两位守门员王灏和王军，最终山东队在主教练吴洪月的执教下获得了第四名。

1994、1995赛季，张健在海牛担任守门员教练，当时跟他训练的有王灏、朱慧谦、毕建涛和付子良；1997年，张健的工作下沉到海牛青年队，和主教练汤乐普一道率领高明、隋勇、史汉军等小海牛勇夺1998年U23联赛冠军。1999年他又辅佐主教练汤乐普征战四城会，青岛队蝉联城运会冠军；2000年，张健出任山东九运队守门员教练，获得2001年九运会第三名；2005年初，张健任职中能青训系列守门员教练，2016赛季后半段和2017赛季应时任中能主教练殷铁生的邀请加盟教练组，率队冲甲未果；2018年，殷铁生执掌中乙球队泰州远大，张健追随而去，成为那年该队冲甲的功勋教练之一。

2021年，张健随殷铁生主教练再次回归，成为青岛海牛队教练组中的一员。虽然张健没能在中国足球职业化联赛中为青岛海牛把守一分钟的大门，但他身为幕后英雄的角色无可争议。

1999年，张健与汤乐普、冷波在西安城运会赛场。

2018年，泰州远大主帅殷铁生与3名青岛籍助理教练张崇来、黄国昌、张健登泰山。

◎王维满

1995年，青岛队从甲A降入甲B，王维满在乡情的呼唤下，从深圳返回青岛，以守门员教练身份开启了在老海牛长达14年的执教序幕。

1997年颐中集团接手俱乐部，王维满改任俱乐部顾问；1998年王维满再次出任门将教头；2004赛季汤乐普突然请辞挂印而去，王维满临危受命出任主帅，带队两胜两平两负收官；2005年中能接手球队，王维满身兼两职，担任领队和守门员教练；2009年9月王维满卸任赋闲在家。与青岛足球亲密"厮守"的14个春秋，王维满先后培养出王灏、朱慧谦、杨君、李帅、刘震理、邓小飞诸多蜚声国内的一流门将。

2010年3月，王维满应老搭档李章洙主教练邀请，前往广州恒大担任守门员教练，直至2012年5月、李章洙突然被恒大官宣下课。2013年年底王维满再次重出江湖，出任青岛海牛（青岛黄海前身）常务副总经理兼领队；随着黄海制药接手青岛海牛，王维满再度"归隐"。2016年，他再次南下广州，担任恒大足球俱乐部守门员总教练。

始于1995年，止于2009年，一干就是14年，王维满是与青岛海牛相爱相守时间最长的"老海牛"；全神贯注守门，一门心思育人，王维满如今桃李满天下，堪称中国足坛守门员教练中的"教父级"人物。

右起王维满、王灏、徐永来。

◎杨为健

杨为健的职业生涯有过国字号的经历，作为山东队的中场“指挥官”，1985年他入选国家青年队，以绝对主力的身份代表中国队参加了当年的世青赛，跻身8强。

1990年，杨为健从山东队返回青岛，以主力身份代表外经贸委队征战全国乙级联赛，历经三个赛季将家乡球队送上了顶级职业联赛的舞台；1995年在成都与四川全兴队保级生死战中，杨为健打进一脚惊世骇俗的远射世界波；1996赛季，又是杨为健在客场对阵湖北一役中用一记远射，令青岛海牛时隔一年重返甲A。

1996赛季结束后，杨为健退役留在球队出任助理教练，1997赛季至1999赛季他先后辅佐李应发、刘国江和金正男率队征战甲A联赛。1999赛季收官阶段，青岛海牛遭遇到严重的保级危机，最后三战，杨为健以主教练身份破釜沉舟，力克申花、天津和吉林，完成保级重任。2000至2003赛季，杨为健继续以助理教练的身份为球队效力，先后辅佐奥斯托杰奇、国作金和李章洙，2003赛季兼任青岛贝莱特队领队，2004赛季担任预备队主教练，率队力夺全国预备队比赛亚军。

2005赛季，杨为健受邀前往厦门队出任助理教练，辅佐少帅高洪波，次年又与高洪波一同加盟长春亚泰，以助理教练、领队等身份征战中超联赛。他还曾辅佐过李树斌和沈祥福两位名帅，为长春亚泰队豪夺中超冠、亚军立下汗马功劳。2010赛季，杨为健返回青岛出任中能领队兼中方教练组组长。2012年赛季，杨为建短暂出任中能执行教练，指挥球队征战两轮中超联赛。2013年8月，杨为健离开中能，2014~2015赛季出任舜天助理教练，2016年加盟高洪波率领的国家队团队负责技术分析工作；2017~2019赛季前往北控执教。2020年，杨为健再次重返青岛足球的怀抱，出任青岛黄海助理教练。

杨为健脚法细腻、速度快、擅远射、拼抢猛，他是青岛海牛场上的定海神针，那拼命三郎的顽强斗志，那势大力沉的惊天远射，那潇洒随性的滑翔机庆祝动作，是老海牛的一个经典标记，这些画面至今历历在目。

27

◎矫春本

1980年，原本在田径场上练习中长跑的矫春本踏上绿茵场，进入山东四队，1983年进入山东一队并成为铁打的主力，他在场上的位置是左前卫；1983年9月入选国家二队，时任主教练徐根宝对其青睐有加，矫春本参加了1985年世界大学生运动会，并荣获第三名，不久后他就进入国家队。

1990年，26岁的矫春本从山东队返回青岛，开始为家乡队效力，并冲A成功；1994赛季，青岛海牛首次征战甲A，矫春本贡献了全队19粒进球中的4粒；1995赛季，矫春本创造了自己职业生涯的一大纪录，在10月8日第16轮主场与济南泰山的甲A联赛中，他在第70分钟时为青岛海牛力拔头筹，由此成为齐鲁德比取得进球的老海牛第一人；1996赛季，33岁的矫春本宝刀未老，为青岛海牛以甲B亚军身份打回甲A贡献了5粒进球，射手榜上排在汤乐普、纪玉杰和左文清之后；1996年年底，矫春本退役，职业生涯暂告一段落。

1999年，矫春本加入刚刚成立的青岛海利丰足球俱乐部，以球员兼助理教练的身份重返职业赛场，征战全国乙级联赛。2001年，青岛海利丰“借壳”广东宏远获得甲B参赛资格，矫春本彻底挂靴，全力辅佐主教练殷立华；2005年年初，他加盟青岛中能青训体系任三队教练，之后又出任青岛中能队助理教练亮相中超。2021年青岛中能更名为青岛海牛队，作为老海牛的他，担任海牛U14–U15梯队教练。

矫春本是中国足坛罕见的体能“超人”，让人叫苦不迭的12分钟跑，他是所有球员中跑不死的第一名；他的技术硬朗而又细腻，攻防兼备，在场上兢兢业业堪称典范。

左起矫春本、纪玉杰、张军、范学伟等

◎袁生

1994年底，袁生从中国火车头队转会到青岛海牛队，这是青岛足球职业化后从转会市场上引进的第一位球员，与当今动辄几千万甚至是上亿的转会费相比，袁生当时的转会费只有14万元人民币。1995赛季，袁生正式代表青岛征战甲A联赛；1996赛季，袁生在甲B赛场打进了为家乡队效力的个人第一个进球，在主场对阵江苏迈特的比赛中，他通过角球机会头槌建功；1997赛季，袁生成为队中绝对主力，当年齐鲁德比首回合在泉城鏖战，袁生右腿大腿拉伤，赛前他打了四针封闭，硬是咬牙踢满了90分钟，帮助球队一球凯旋，然而赛后他要从大巴车上下来回酒店的时候，却好长时间动弹不了；1998赛季，袁生的主力位置依然无人撼动，他所领衔的后防线固若金汤，这个赛季所有主场比赛，青岛海牛仅仅输掉了与豪强大连实德的对决。

1999年年初，袁生退役。退役后，他长年活跃在青岛的业余足球赛场，还以主力中卫的身份参加了多届全国老甲A联赛。

袁生属于“非典型”职业球员，15岁才偶然爱上足球的他，没进过体校，没经过专业训练，从“街头足球”跻身老海牛功勋之列，除了天赋，依仗的是他的勤奋上进和铁汉一般的斗志。

◎左文清

1989年9月，左文清从山东队返回青岛，开始为家乡队效力，征战全国乙级联赛；1991年左文清前往广东佛山队参加甲级联赛；1992年左文清重返青岛，成为外经贸委队征战乙级联赛的绝对主力；1993左文清年入选山东七运会足球队并获得季军；1995年他转会深圳队，帮助这支新兴城市球队勇夺甲B联赛冠军；1996赛季，在家乡球队的召唤下，左文清毅然放弃在甲A赛场大显身手的机会再返海牛，力助青岛重返顶级联赛；1997赛季至1999赛季，尽管已到球员职业生涯末期，但左文清风采不减当年，帮助球队在甲A站稳了脚跟。

自1994年中国足球职业联赛诞生到1999赛季左文清退役，他5年间踢了122场比赛，打进35粒进球。

2000年开始，左文清转型进入职业教练行列，他先后担任颐中海牛梯队教练和一队助理教练；2004年左文清转投青岛海利丰任主教练直至2006赛季结束；2008至2009赛季他应邀加盟青岛中能出任助理教练，辅佐郭侃峰征战中超。

2013至2016赛季，左文清以主教练身份率领青岛沙滩足球队参加全国沙足赛，先后夺得冠军和亚军。左文清还代表老海牛参加了2015至2017年三届全国老甲A联赛，与范志毅、彭伟国等曾经的绿茵“小伙伴”重温激情岁月。

2016年，左文清将自己的重点转移到青训上，成立了青岛东清足球俱乐部，从校园足球抓起，为青岛足球培养起后备力量。

左文清具有鲜明的技术特点，脚法细腻华丽，或杂耍般直捣龙潭虎穴，或左右开弓横扫对方城池……岛城球迷送他“油蛋”的绰号，他“油”出了自己绿茵风采。

中杰地产

◎姜峰

2002赛季，姜峰应李章洙邀请，前来青岛效力，当年随队夺得自己职业生涯的第二座足协杯金杯，两年前他随李章洙在重庆前卫寰岛获此殊荣。之后姜峰又为青岛颐中海牛效力两个赛季。2005年年初，姜峰前往新加坡新麒俱乐部效力一年并兼球队教练，2006至2007赛季他继续以队员兼教练的身份加盟江苏舜天，并在那里退役。

姜峰是老海牛当中资历深厚的国字号球员之一，1993年首次入选国家队，1994年参加亚运会获亚军，1995年参加了国家队当年一系列友谊比赛，1996年和1997年又代表中国队参加了亚洲杯和世界杯外围赛。

2008年，姜峰出任青岛中能助理教练，开启了教练生涯；2010年他取得国家A级教练证书，同年加盟广州恒大教练组，三年间辅佐李章洙率队豪夺中甲冠军和两次中超冠军；2013年姜峰短暂加盟中国国青队教练团队之后，先后出任大连阿尔滨、成都天成、广州富力助理教练，2016年5月，跟随李章洙入主长春亚泰；2017赛季，他首次以主教练的身份亮相，执教大连千兆；2018至2019年他加盟陕西长安竞技出任领队。

虽然不是青岛人，不过姜峰娶了青岛姑娘，也和青岛足球结下了深刻的缘分，在青岛足球登顶足协杯冠军的光荣榜上，就印刻着这位青岛女婿的名字。

姜峰和江晖（左二）随李章洙一起加盟青岛队

2002年颐中海牛队主力阵容合影，前排左起：肖战波、比坎尼奇、江晖、高明；后排左起：杨君、张恩华、白毅、马克、姜峰、马永康

◎王国栋

1986年，王国栋被选拔到青岛体工队进行专业训练，自此开始绿茵追梦；1988年王国栋入选国少队；1989年，他代表国少队参加了苏格兰世少赛16强决赛圈的比赛。

1994年，王国栋初登职业联赛舞台，在青岛海牛司职中后卫，当年甲B联赛收官战，客场对天津的比赛中打入关键一球，帮助球队荣膺冠军、冲A成功；1995赛季，王国栋加盟深圳队，换了一个地方又获甲B冠军；1996赛季，王国栋重披海牛战袍，以主力身份力助家乡队重返甲A；1998赛季王国栋前往四川全兴效力；2000赛季他转会重庆力帆，在主教练李章洙的带领下斩获当年的“足协杯”冠军、甲A第四名；2001、2002赛季效力江苏舜天，在那里王国栋结束了自己的球员职业生涯。

2003赛季至2008赛季，王国栋一直出任青岛海利丰青年队主教练，2004年他取得国家B级教练证书，次年又拿到了A级证，先后培养出宋龙、高翔、李建滨、牟鹏飞、李凯、宋文杰等诸多国脚和知名球员；此后王国栋开始着手打造自己的青训体系，2009年他成立了青岛国栋足球俱乐部，悉心培养后备人才；2013年，青岛新海牛成立，王国栋重返职业足坛，出任新海牛俱乐部总经理，搭档主教练宿茂臻，上演了球队当年成立，当年冲甲的中国足坛“神话”。2014年新海牛易帜，王国栋前往荷兰定居，从事起中荷两国间的足球培训工作，在此期间作为青岛老海牛的负责人，他积极热心组织参与了2012年至2019年全国老甲A联赛。

王国栋是中国足坛为数不多的“拼命三郎”，他身高不足作风补，拼抢非常勇猛，封堵又准又狠，断球成功率高，在中后卫的位置上尽显舍我其谁的气魄，让黄金时代的“海牛”洋溢出强烈的阳刚之气。

◎王灏

上世纪80年代末，王灏入选国少队，作为主力门将随队参加了亚少赛，力助中国队取得世青赛决赛圈比赛资格；1990年王灏入选国青队，1992年升至国奥队。

1992年，王灏随队征战全国乙级联赛，自此一直以主力门将身份镇守青岛海牛的大门，一步步登上甲A大舞台。1998赛季结束后，他前往沈阳海狮效力至2000赛季。

2003年，王灏出任青岛海利丰守门员教练；2007年至2009年再度出任青岛海利丰守门员教练。两度执教之后，他逐渐淡出职业足坛，近年在全国老甲A联赛赛场上，他代表老海牛登场亮相，位置踢的不是他擅长的门将而是前锋，且偶有助攻和破门惊喜献给球迷。

中国足球职业化初期，王灏恰逢当打之年，他之所以能在国奥队门将位置上与孙刚、张蓬生竞争，是自身绝对实力的体现。

RYOBI

◎范学伟

1993年，范学伟作为青岛海牛中生代的一员，开始征战职业联赛。1994赛季，甲B联赛首轮主场对阵河南，范学伟在开场17分钟就破门得分，为青岛海牛拉开了冲击甲A的序幕，这个赛季他为球队贡献了4粒进球，显示出巨大的发展潜力；1995赛季他继续担当主力，只有24岁的他出场次数多达19场；1996赛季，范学伟不仅是队中铁打不动的主力，还从退役的王海芳手中接过了队长的袖标，这一戴就是四年；1997年打完八运会夺冠之后，泰山队主教练殷铁生力邀范学伟前往济南效力未果。1998年殷铁生再度发动了“挖人”攻势，青岛市上上下下发起了一场挽留行动，重乡情的范学伟再次拒绝了“铁蛋”。1999赛季，在率队取得保级大战胜利之后，范学伟于年底洒泪转会鲁能。

2000至2006赛季，范学伟从替补打起，不仅在鲁能站稳了脚跟，而且还成为队中的“领头羊”，7年间他和队友一起夺得2004年足协杯、中超杯的“双杯王”，2006年中超联赛、足协杯的“双冠王”。2006年12月，35岁的范学伟职业生涯。

范学伟的球员生涯中，留下了浓墨重彩的几笔：1990年入选国少队并参加亚少赛预赛，1993年被时任主帅戚务生召入国奥队，参加了韩国“总统杯”和东亚运动会。他还曾在1997年和2001年入选山东代表队征战全运会，分别获得八运会冠军和九运会第三名。

在2006年效力山东鲁能足球队期间，他完成中国足协举办的C级、B级、A级足球教练员课程，并成为中国足坛首位尚未退役就获A级教练证书的职业球员。2008至2010年任鲁能学校U16、U19和鲁能泰山预备队主教练，2010年11月至2011年11月出任女足国少队主教练，2014年1月至2015年12月任鲁能俱乐部竞训部副主任，2011、2015年曾分别任两届全运会山东女足甲组和男足甲组队主教练，2017年开始任鲁能预备队助理教练、鲁能预备队领队。范学伟为鲁能培养出了刘彬彬、吴兴涵、王彤、韦世豪、买提江等诸多国脚。

“无论做人还是踢球都是年轻队员的榜样。”鲁能俱乐部总经理康梦君曾这样评价范学伟。范学伟堪称绿茵典范，他低调奋进、勇于担当，不仅是球场上的“多面手”，更是足坛“常青树”。

◎陈刚

1991年是陈刚的职业生涯“元年”，他以小将身份随青岛队征战全国乙级联赛，1992年球队冲甲成功。经历了两年的历练，陈刚迅速成长为青岛海牛的中流砥柱，自1992年至2001年，10个赛季，陈刚几乎场场不落，这一数据不仅是青岛海牛队中的绝对“全勤王”，就是放眼整个中国足坛也是凤毛麟角。

陈刚的第一个联赛进球是在1994年，在青岛海牛客场挑战大连长波的甲B联赛中，他在禁区外突施冷箭建功；由于司职右边后卫，陈刚的进球并不多，但每每在球队重要关头他都会挺身而出。1997年甲A联赛收官战，深陷保级泥潭的青岛海牛客场挑战广东宏远，海牛只剩取胜一条路可走，陈刚打进了价值千金的第二粒进球，青岛海牛2∶1拿下这场保级生死战；1998赛季客场挑战山东泰山的齐鲁德比战，陈刚从中场奔袭40米攻陷了“老大哥”的城池。

1996至2000赛季是陈刚职业生涯的黄金时期，1999年、2000年他两度入选中国足协甲A联赛最佳阵容，2000年5月他完成了个人在甲A联赛的100场比赛；2002赛季结束后陈刚转会申花，第一个赛季就随队夺取甲A冠军，这也是中国足球甲A时代的最后一个冠军。

陈刚的国脚生涯有着同样精彩的篇章，2000年他入选了米卢执教的新一届国家队，2000年黎巴嫩亚洲杯决赛圈的比赛，小组赛首战韩国，陈刚上演了精彩的边路助攻，下底传中一记妙传找到宿茂臻，后者头槌破门，中国队最终以2∶2逼平强大的太极虎。2001年十强赛，陈刚虽非主力但一直稳居23人名单，在沈阳五里河主场对阵卡塔尔的比赛中他替补孙继海出场15分钟，亲历了中国队历史性进入世界杯的时刻。

2004赛季结束后陈刚退役，陪孩子在国外读书，2018年回到青岛。2020年12月28日，第七届青岛市足球协会会员大会在府新大厦三楼多功能厅举行，大会换届选举产生了新一届的足协领导班子。青岛市人大常委会原党组成员杨鹏鸣担任新一届青岛足协主席，青岛市足球运动管理中心主任田卫国任常务副主席兼秘书长，陈刚当选为青岛市足协副主席。

陈刚用自己的笃实执着，诠释了“成功的足球人生”，国少、国青、国奥、国家队，“国字号”一个不缺；联赛冠军、杯赛冠军，一个不落。

陈刚和半岛都市报资深记者苗卫国在青岛海牛足球俱乐部座谈

◎纪玉杰

1993年年底，21岁的纪玉杰成为青岛海牛正式一员；1994年是纪玉杰职业生涯的处子赛季，他因为阑尾炎手术错过上半赛季，复出之后，他很快就在主场对前卫寰岛的甲B联赛中迎来第一个进球，他在禁区外一记势大力沉的凌空远射，力助本队2：1获胜；1995赛季，意欲在新赛季大显身手的纪玉杰，不幸遭遇腿骨骨折，不得不暂别绿茵场，也因此无缘“成都保卫战”，只能遗憾地在电视机前为苦苦保级的球队加油；1996赛季，老海牛上上下下誓要重返甲A，纪玉杰打进8球并有6次助攻，和队友们一起创造了一年即重返顶级联赛的惊喜；1999赛季末惊心动魄的三场保级大战，纪玉杰在客场对垒上海申花的鏖战中，禁区内接彭伟军妙传铲射得分，最终2：1力克申花，取得保级之路上首个宝贵的3分。

1999赛季结束后，纪玉杰转会厦门蓝狮，2004赛季接到海利丰召唤的纪玉杰回家乡效力，尽管他随队参加了海南和昆明的集训，但由于足协突然取消了当年的升降级，他由此退役出任海利丰青训主管，协同王国栋、王东海、李新起等组建梯队，为青岛足球培养后备人才，培养出了于大宝等多名国脚。

2007年，纪玉杰担任海利丰队主教练，他也成为青岛足球史上最年轻的职业俱乐部主教练。三个赛季后，纪玉杰暂别足坛。

2011年纪玉杰前往昆明执教锐龙，率队征战了两个赛季的乙级联赛，第一年取得了第三名的佳绩，在当年的足协杯赛场上，锐龙一路淘汰四川、申花等强队，在8强战中迎来与恒大掰手腕的宝贵机会，虽然未能更进一步，但表现令人称赞，被足协评为当年足协杯最劲爆的“黑马”。

2014年1月，纪玉杰以俱乐部总经理身份，与主教练李霄鹏一起肩负青岛中能重返中超的重任。由于父母年事已高、孩子尚小，赛季结束后纪玉杰再度告别职业足坛，一边照顾家庭一边组建纪玉杰足球俱乐部，基于校园足球搞起了青训，三年内为各级俱乐部输送了很多优秀后备人才。2019年，纪玉杰加盟杭州绿城俱乐部重返青训一线。

纪玉杰球风彪悍冲击力强，攻守兼备，左右脚均衡，技术出色，既能打中场又能客串中锋，青岛海牛曾经犀利的右路“进攻走廊”，缺少不了他在“中间”游刃有余的串联。

海尔冷柜
21
葡萄酒

◎崔肖佳

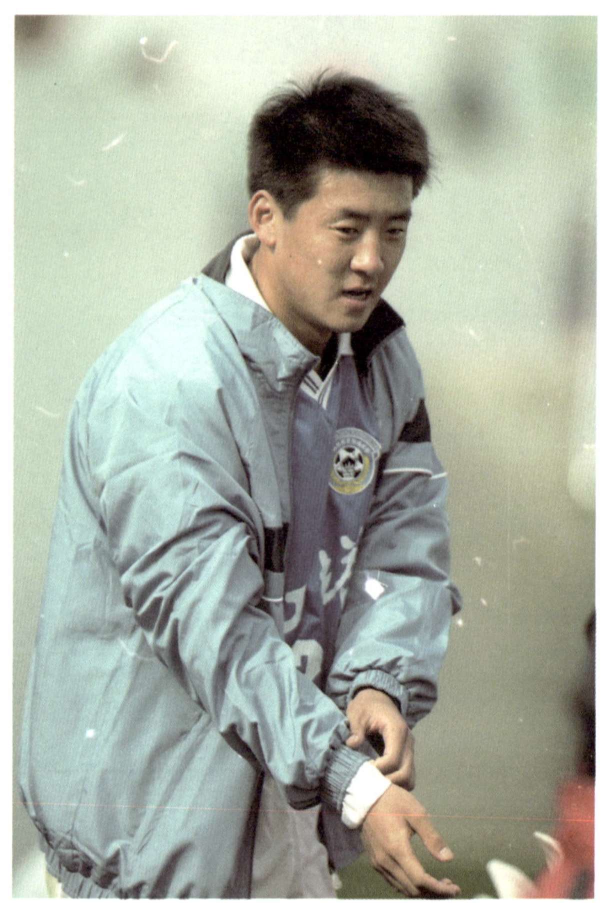

崔肖佳个人职业生涯的第一场联赛来得并不迟，在1995赛季客场对阵大连的甲A联赛中，他首发登场并打满90分钟。初次亮相他就赢得教练组和岛城球迷的信任，在接下来的四场比赛中，崔肖佳连续获得首发且均踢满了全场；1995赛季那场荡气回肠的“成都保卫战”，崔肖佳因为随城运队拿了冠军放假而无缘经历；1996赛季，崔肖佳代表国青队集训备战亚青赛预选赛，因为时间上有冲突就没有报名联赛，6月结束国青队比赛任务回国之后，为了保持状态球队将他外借到上海福宝队参加了乙级联赛；1997赛季，崔肖佳从上海返回青岛，主教练刘国江将其从盯人中卫改造为后腰，随后的几个赛季，他的场上位置根据李应发、奥斯托杰奇和国作金的不同打法，在后腰、左中卫、边前卫等几个位置来回切换；2001赛季末，崔肖佳迎来了职业生涯的“开和之作”，他在颐中海牛主场对阵大连的联赛中罚中点球。这个赛季结束后他被云南红塔在转会他市场上摘牌，2003赛季中期二次转会又前往申花效力两年，职业生涯末期是在海利丰度过的，2006赛季结束后他选择了退役。

退役之后，2012年年底崔肖佳担任新海牛俱乐部副总至2014年，为期两年。全国老甲A联赛，崔肖佳自2012年第一届开始届届不落。

崔肖佳是青岛海牛职业联赛初期为数不多的新生力量，有身高，头球好，足以胜任中后场任何一个位置，是青岛海牛阵中难得的全能型防守球员。

青岛钢铁

◎马永康

1995年，马永康正式成为青岛海牛大家庭中的一员。2000赛季，在主场对阵山东鲁能的齐鲁德比中，马永康打进了个人职业生涯的第一粒进球。2002年，他与队友们分享了足协杯冠军这一历史性的荣誉。效力青岛海牛期间，马永康于1999年入选霍顿执教的国奥队，参加泰国亚运会并取得了第三名的不俗战绩。

2005赛季结束后，马永康开始转型做教练，2007年他拿到了亚足联B级教练员证书，2013年升级为亚足联A级，两年后又晋级为职业级教练员；2009年，应挚友郝伟的邀请他加盟湖南全运队教练组出任助理教练；2010年1月17日，马永康回归青岛，在中能担任助理教练，2011年出任中能U19队主教练。

2012年，郝伟接替李霄鹏入主中国女足，并力邀马永康担任助理教练，马永康在女足一待就是5年，奠定了女足如今得以重振的基础。2016年9月，马永康从女足“跳槽”到男足，短暂出任U23国家队助理教练并兼任领队。

2017年7月，武汉卓尔官宣马永康出任球队的助理教练；2018年，他辅佐时任主教练李铁以中甲冠军的身份成功冲超；2019赛季，马永康和他的团队取得中超第六名。

马永康性格沉稳内敛，位置感极好，防守选位、卡位、封堵、出击，环环相扣滴水不漏，在绿茵场上将“后防大闸”的角色演绎得淋漓尽致。

◎许翔

右起白毅、耿志强、周新、许翔、邱忠辉

1994年，许翔从海牛青年队晋升一线队；1995年首次代表青岛海牛亮相，就赶上了著名的“成都保卫战”，下半场第60分钟，他身披11号战袍替补登场，助攻汤乐普打进1:1扳平之球；1996赛季，青岛海牛客场挑战深圳，许翔打进职业生涯的第一个联赛进球；2000赛季，许翔获得洋帅奥斯托杰奇的垂青，身披9号战袍，屡屡获得首发机会；2000赛季结束后，许翔本已与上海申花谈好加盟事宜，结果在摘牌大会上被大连赛德隆截和；一年之后许翔又从大连转会到上海中邦，2004赛季加盟上海联城，2005年因伤无法继续打拼而退役。

1995年，许翔以主力前锋身份代表青岛队夺得三城运冠军，他以21粒进球荣获“最佳射手”；1997年他代表山东队夺得八运会冠军，进账两球。

2012年，许翔加盟青岛中能青训体系，从执教U9娃娃起步，历时七年，他将这些足球小将带到了U16，先后夺得了全国冠军杯亚军、第二届青运会第四名、省运会冠军，30多人次入选国字号。

扎实的基本功、细腻的脚下技术、“猎豹”般的速度，许翔具备了一个优秀前锋的所有要件；职业生涯闯荡过多家俱乐部，机缘却总是在和他“开玩笑”，自嘲“总是不会选择”。相信他最终从经商回到绿茵场、“从娃娃抓起”的选择就是最好的选择。

右起乔伦、许翔、周新、邱忠辉

◎周新

1992年，15岁的周新从青岛市体校队进入海牛二队，先后师从主教练国作金、应仁德，并深受他们的赏识担任队长。

1997年，周新被提拔到海牛一线队，开始了长达10年的职业生涯。1999年4月11日甲A联赛，青岛颐中海牛主场2：1战胜辽宁，周新收获个人联赛第一粒进球；5月23日足协杯，青岛颐中海牛1：0重庆，他迎来个人杯赛的首个进球。这个赛季，周新共计出战23场联赛、4场杯赛，逐步在队中站稳脚跟；2000赛季，主帅奥斯托杰奇刮起了“青春风暴”，周新占据主力左后卫的位置；2001赛季和2003赛季他先后被锁骨骨折和脚趾骨骨折困扰，2006年4月因伤退役。10年职业生涯，周新斩获1997全运冠军、2002年足协杯冠军、2003年超级杯亚军。

2006年5月，周新开始担任中能二队U18组教练，郑龙、姚江山、邹正、王建文等新一代青年才俊当时都在队中；2007年1月至2010年3月，周新加盟青岛海利丰出任助理教练，2008年他考取了亚足联体能教练证书；2010年4月至11月，周新重返中能出任U12主教练，当年取得亚足联A级教练员证书并于年底上调到中能一队任助理教练直至2013年6月；此后周新先后出任青岛鲲鹏和中创恒泰队主教练。

周新就像是一个“邻家大男孩”，球风稳重扎实，不求花哨只求好用，他给青岛海牛的后防线注入了务实稳健的风格。

青島啤酒

◎邱忠辉

1995赛季，邱忠辉升入青岛海牛一队登上甲A联赛的舞台，他首次代表球队出场赶上的竟然是荡气回肠的“成都保卫战”，这也注定了他未来的足球职业生涯必定会经历个起伏跌宕的“大场面”；1996年，邱忠辉入选了朱广沪执教的中国健力宝青年队，前往足球王国巴西学习。1998年，健力宝青年队学成归来，邱忠辉重返颐中海牛为家乡队效力。2003赛季他转会北京国安，进入职业生涯黄金期，随北京国安获得足协杯冠军。2007年邱忠辉短暂回归青岛中能，随后因伤退役。

退役后，邱忠辉潜心学习研究青少年足球教育发展模式及课程内容，致力青少年足球人才的培养，他创办了“锺辉足球俱乐部”，和日本职业足球俱乐部及青训大师展开合作，每年都会带领俱乐部的孩子前往日本交流学习。

邱忠辉是典型的大器晚成型球员，效力青岛海牛时期，他常常以替补前锋的身份登场，加盟北京国安改打后卫，才找到了真正的用武之地，在竞争激烈的“御林军”中牢牢占据主力位置，在当时顶级赛场也是屈指可数的一流铁卫。

RYOBI

◎乔伦

乔伦年少成名，1993年他代表青岛夺得第五届全国中学生运动会足球冠军，1994年为青岛捧回了第十七届省运会足球桂冠，1995年以队长的身份为青岛勇夺第三届城运会足球冠军；1996年入选国青队任队长，随队赴德国留学；次年归来后齐任在第八届全运会冠军争夺战中，助攻宿茂臻打进决胜球。

1996赛季，乔伦正式在青岛海牛获得联赛报名资格，当年球队誓要从甲B重返顶级赛场，初出茅庐的他无缘获得出场机会；1997赛季，重返甲A赛场的青岛海牛开始起用新人，在5月份与香港愉园队的热身赛中，刘国江将乔伦推向前台，这是他第一次代表青岛海牛出场亮相，并打入职业生涯首个进球。随后几个赛季，乔伦游走于主力与替补之间，出场机会不固定。为了寻求更好的发展，2001年他转会至长春亚泰，2004年转会湖南。

退役后，2007年乔伦赴新加坡学习体育管理，2013年创立了青岛乔伦体育文化发展有限公司，致力于体育产业发展与跨界融合业务，打造了一个体育产业与科技、文创、教育等众领域协同创新的综合服务体系，开办了多处“乔伦足球公园”。

乔伦曾是青岛海牛新生代的代表之一，作为攻击性中场，他不仅速度快，大局观了得，更是常有灵光的表现，这令老一代球迷念念于心。

◎朱慧谦

1990年朱慧谦进入青岛体育运动学校，在教练应仁德麾下接受了足球启蒙教育，两年后他被召入青岛市体工队师从主教练国作金。

1999赛季，朱慧谦进入颐中海牛甲A联赛报名大名单，由于队中门将人才济济，直到2001赛季第一轮颐中海牛客场挑战北京国安，他才迎来出战联赛的机会；在客场与上海申花的足协杯第一轮争夺战中，朱慧谦在常规比赛中扑出兰柯维奇的点球，在双方2∶2进入最终的点球决战中，他又扑出对方三个点球，护送颐中海牛6∶5爆冷取胜晋级；2003赛季结束后，朱慧谦转会上海申花，与国门庹伟亮竞争首发位置；2006赛季，朱慧谦返回青岛加盟海利丰，一度出任海利丰守门员教练，2009赛季中期他临危受命，在球队保级的紧要关头复出镇守大门。

2011年，朱慧谦出任青岛科技大学守门员教练，辅佐国作金率队参加中乙联赛；2013至2014赛季，他加盟新海牛任俱乐部副总经理；2016赛季，他担任青岛中能守门员教练，2017年他前往中乙球队沈阳城市建设任守门员教练，2018年任中超球队贵州恒丰的预备队守门员教练，2019赛季任中乙球队青岛红狮的守门员教练。

朱慧谦的门将生涯有点“既生瑜，何生亮”的意味，在颐中海牛，他陷入“前浪”江洪、刘新伟和“后浪”杨君的夹击；在上海申花，又遭遇庹伟亮和刘云飞 。尽管球路坎坷，但青岛球迷都记得他在门前的闪耀时刻。

太白广场

◎杨昆鹏

1986年，8岁的杨昆鹏开始接触足球，在青岛第二体育场教练蔡军的引领下接受专业训练。

1997赛季，杨昆鹏迎来了相当多的出场机会，司职中后卫的他代表海牛踢了至少三分之一的甲A场次，其中一半是首发出场；1999赛季结束后，杨昆鹏想到外面的世界去看看，以180万元的身价在距离转会窗口关闭最后一天，“压哨”转会军旅八一队。

效力八一队三年间，在主教练裴恩才的重用之下，杨昆鹏迅速成长为队中的主力中卫；2002年，八一队退出历史舞台，杨昆鹏追随裴恩才加盟武汉，在江城的5个赛季，他迎来了自己的职业生涯最鼎盛的时期，是球队当之无愧的后防中坚，还是球队的灵魂——队长。2006赛季，杨昆鹏力助武汉问鼎中超杯，这也是杨昆鹏代表山东夺得全运会金牌之后荣获的又一个冠军。2007赛季结束后，杨昆鹏回到青岛以队长的身份为中能效力直至2009赛季。2010年，杨昆鹏应恩师国作金的邀请，代表青科大参加了当年的乙级联赛，之后于年底退役。

杨昆鹏属于大器晚成者，在青岛海牛期间不怎么显山露水，在武汉终成大器，2004赛季鲁能一度要引进杨昆鹏，武汉也标出了当年360万的“标王价”，但最终在武汉市相关方面的挽留下杨昆鹏留了下来，终成武汉职业足球历史上“百场内援”第一人。

22
32

中杰地产
5
25
10

◎隋勇

1999年，隋勇从海牛青年队进入一线队；2000赛季，喜欢提拔使用年轻人的主教练奥斯托杰奇将隋勇推到了聚光灯下，身披20号战袍的他那个赛季在甲A赛场出场6次。

2002年11月13日足协杯决赛客场鏖战辽宁的首回合比赛，隋勇迎来了足以载入青岛足球史册的一粒进球，在青岛海牛三球落后的严峻形势下，下半时第41分钟他力挽狂澜扳回价值连城的一球，为青岛海牛第二回合回到主场翻盘夺得足协杯冠军赢得了生机。

在球员时代，隋勇是国字号的常客，在国少、国青、国奥都能经常看到他的风采，他也曾先后参加过亚青赛、世青赛和釜山亚运会等重大赛事。

2007年，隋勇因伤病缠身选择退役，2015年接手黄海预备队直至2019年底，而后他前往贵州恒丰一线队出任助理教练至今。除了俱乐部层面，2019年他还接手过U18国青队一段时间。令人称道的是，隋勇经过学习和进修，已经手握亚洲最顶尖的职业级教练证书，拥有执教国内任何一支职业球队的资格。与此同时，他还获得了中国足协颁发的足球讲师资格证书，在青岛开设的几期教练培训班上，他就曾作为讲师“解惑授道”。

隋勇在绿茵场上就像一道“闪电”，常常将对方的防线冲得七零八落。如果没有18年前那个在凛凛寒风中金子般的进球，青岛足球也许至今也无法跻身中国足坛冠军球队之列。

前排右二为隋勇，后排左三为高明。

隋勇和高明是一起长大的伙伴。图为两人从国奥队集训归来。

如今的隋勇已经成为一名教练。

◎曲波

1999年，颐中海牛俱乐部将曲波从天津火车头队“挖”到青岛；2000赛季，曲波被时任主教练奥斯托杰奇提拔到一线队，以19岁的年龄开始了“追风少年”般的职业生涯。在当年首次代表颐中海牛出场的足协杯比赛中，曲波在对沈阳海狮的比赛中梅开二度；第9轮的开始踏上甲A赛场,在不到一个赛季的时间里攻入8粒进球，成为队中最佳射手；2002年7月，曲波前往英超热刺队试训，无奈因劳工证遗憾搁浅，次年又尝试前往荷兰费耶诺德队，也因伤未能如愿。

2005年中能接手球队，曲波依然是队中的“台柱子”，他深得时任主帅殷铁生的赏识和信任；在2009年中超第17轮主场战重庆的比赛中，曲波上演了其个人职业生涯的第一个帽子戏法，并以12粒入球加冕本土射手王。

2010年年初，曲波暂别青岛前往陕西效力，而后随队辗转迁移到贵州，2013年4月曲波首次亮相亚冠赛场并打进一球，帮助贵州队2：1战胜澳大利亚水手队。2014年6月，曲波重返青岛加盟青岛新海牛队，一年半之后转会天津泰达；再度驰骋一个赛季之后，曲波于2017年3月2日宣布挂靴。

曲波曾多次入选国字号球队为国效力：2001年他以主力前锋的身份参加了阿根廷世青赛；2000年底曲波入选国家队，2002年入围“米家军”23人名单，征战日韩世界杯；职业生涯16载，曲波先后获得米卢、朱广沪、福拉多、殷铁生、高洪波、卡马乔、佩莱、傅博执教的国家队的征召，为国家队“追风”。值得一提的是，2010年东亚四强赛，曲波和他的小伙伴们三球力挫韩国，终结了长达32年的“恐韩症”。

退役不是告别，而是更好的开始。2017年年末，曲波开始全力打造自己的“青训帝国”，成立了“追风少年”体育文化公司，全身心地下沉到基层，从校园足球的点点滴滴布局，矢志不移要为中国足球培养更多的“追风少年”。

左起曲波、杨君、梁明

◎耿志强

1997年，耿志强身披小海牛战袍，获得了全国甲A三线足球锦标赛总冠军并入选最佳阵容，次年进入汤乐普执教的海牛二队，代表海牛青年队问鼎全国U23联赛冠军，1999年他代表青岛队夺得四城会冠军；2000年，耿志强被洋帅奥斯托杰奇提拔到颐中海牛队；2001赛季倒数第四轮联赛，耿志强在颐中海牛客场对阵辽宁的比赛中迎来了职业生涯的第一场甲A联赛，初次亮相他奉献一记助攻；2002赛季，耿志强跟随颐中海牛分享了足协杯夺冠的荣耀时刻；2003至2005赛季，耿志强获得更多出场机会。

2006赛季，耿志强离开青岛加盟甲B球队上海群英，一个赛季过后他转会到同城的上海七斗星，2008赛季他效力于前国家女足主教练马良行执教的上海中邦，2009赛季重返青岛加盟海利丰。

耿志强作为1999年颐中海牛的“新生代”成员，曾入选过国青队，2001年他入选国奥队并随队参加了卡塔尔四国赛。

2010年，耿志强退役。2013年，耿志强出任新海牛助理教练，协助主教练宿茂臻率队以冠军的身份成功冲甲，接下来的两个赛季他继续以助理教练的身份为球队效力。2016至2019赛季，耿志强就任青岛黄海技术部担任U16以上青训总监，2019年他作为青岛黄海预备队代理主教练，率队获得中甲预备队联赛第六名，这也是黄海预备队历史最好名次。

耿志强身体优势不足，但在技术上精益求精，赛场上灵活应变，前国奥主教练沈祥福正是基于此，才从2001年九运会赛场上将耿志强招入当年的国奥队。

左起白毅、范学伟、耿志强、李霄鹏、金巍、梁明

◎叶荣顺

1998年，叶荣顺从山东泰山梯队回到了当时汤乐普执教的颐中海牛青年队，以主力身份多次为青岛捧得全国青少年比赛的桂冠，1999年他在西安夺得第四届城运会冠军。在此期间，叶荣顺凭借着过硬的技术和出色的身体条件博得沈祥福的青睐，并多次入选由其执教的国青队；1999年年底，他上调到颐中海牛一线队，自2000年至2004年叶荣顺一直在颐中海牛效力，2001年代表山东队参加了第九届全运会获得铜牌，2002年随颐中海牛夺得足协杯冠军。

2005年至2009年，叶荣顺效力于青岛中能，截止到2009赛季他总共参加了近百场甲A和中超顶级联赛。

淡出顶级联赛之后，2010年叶荣顺加盟国作金执教的乙级队青岛青科效力一个赛季，之后转战业余赛场；2011至2014年，叶荣顺加盟黄海制药队参加青岛城市联赛，2014年以教练兼球员的身份获得了全国业余比赛第三名，为黄海制药拿到了中乙资格。

退役后，叶荣顺考取了中国足协A级教练员证书当起了教练。2015年叶荣顺投身中国足坛新军青岛黄海，至2016年出任黄海预备队助理教练，2017年转入俱乐部青训工作岗位，担任俱乐部U16以上梯队的青训总监。

无论是职业生涯起步时的那个大男孩，还是现今的叶教练，叶荣顺始终保持秉直刚毅的内心，"踢球先做人"在他身上得到了很好的诠释。

◎高明

高明的第一个联赛进球在2000赛季青岛对阵厦门的保级关键战中上演，上半时第30分钟，在背对球门的情况下，他抢到队友开出的角球头球后蹭，为本队打开了胜利之门。

2003赛季，高明以9粒进球创造了青岛海牛甲A征战史上单赛季最高进球个人纪录。在效力颐中海牛的5个赛季中，2001年高明代表山东全运队夺得九运会第三名，2002赛季和队友们分享了足协杯冠军的荣耀。

2004赛季结束后，高明以300万元的身价转会山东鲁能；2006赛季高明前往长春亚泰效力；2007赛季被租借到今中超豪门广州恒大的前身广州医药，在中甲第23轮客场1：0险胜上海七斗星的比赛中，高明下半场打进了全场唯一一粒进球，帮助广药提前三轮冲超成功；2008赛季，高明正式转会到恒大，赛季结束后挂靴回到青岛。

2013年，高明加入青岛中能青训团队开启自己的教练生涯。2014年，高明进入中能一线队任中方教练组执行教练兼预备队主教练，他也由此成为继孙新波之后又一名进入中能教练组的80后教练；2015年，高明入职青岛昌盛东方实业集团，出任华盛东方文化体育有限公司法人和总经理；2019赛季，高明中途接过山西龙晋队教鞭，并在2019赛季结束后接手这家俱乐部，成为山西龙晋足球俱乐部有限公司的法定代表人。

高明的国字号经历也相当精彩，1999年他入选国青队并出任队长，率队获得世青赛亚洲区小组赛小组第一，个人获得最佳射手和最佳球员称号；2000年他继续以国青队队长的身份获得世青赛亚洲区决赛第三名并进军世青赛，个人入围最佳阵容；在2001年阿根廷世青赛上，高明成为中国队打满所有比赛的3人之一，其表现异常抢眼获得了“希望之星”评选提名。2001年，高明在主教练沈祥福的带领下征战釜山亚运会，为中国代表团获得一枚铜牌；2002年，高明入选神奇教练米卢执教的国家队，同年又入选国奥队以主力的身份参加了雅典奥运会亚洲区比赛。

高明个性鲜明，自称“没啥天赋”的他只要一上场就忘我地投入，既有“拼命”的一面，又有飘逸灵动的一面。遗憾的是高明在27岁就早早挂靴，这不免让人对曾经的黄金一代怀念不已。

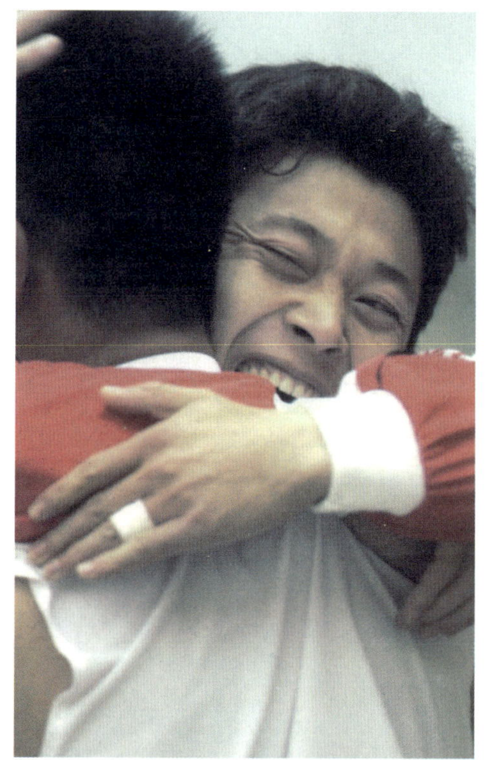

◎李帅

1997年，年仅15岁的李帅就开启了自己精彩的足球生涯，当年他经过王维满的培训入选海牛三队；经过几年的历练，2002年，时任主教练李章洙将他提拔到一队担任“三门”。当年9月2日在与北京国安的甲A联赛的下半场，他以替补身份迎来了职业联赛的处子秀；由于队中的朱慧谦、杨君都是当时一流门将，因此他蛰伏了两个赛季，2005赛季李帅开始担门将，这个赛季他共出场23次。

2007年，李帅离开家乡前往广州加盟广药队，以主力门将的身份帮助该队斩获中甲冠军并成功冲超。从2008赛季开始，李帅迎来了自己职业生涯的“高光岁月”，他牢牢占据着首发主力的位置，2010年9月18日迎来了他个人代表广州征战联赛的第100次出场，2013年11月9日和2015年5月15日，李帅两度随广州恒大问鼎亚冠联赛冠军；2013赛季和2015赛季，广州恒大两次闯荡世俱杯李帅都是亲历者，并得到了与罗纳尔迪尼奥等世界球星同场竞技的千载良机。

2016年1月19日，李帅加盟上海申花迎来了职业生涯的“第二春”，2016赛季他以29次出场纪录毫无争议地荣获申花年度特别贡献奖，2017赛季又为申花出场27次并力助球队斩获足协杯桂冠，两年后再次随申花在杯赛中夺魁。

李帅的国字号生涯长达6年，2002年他首次入选国青队参加了亚青赛预选赛；2005年6月李帅入选国家队成为首位进入国家队的青岛籍门将，并参加了当年的东亚运动会并最终夺冠而归；2007年9月他以唯一一位中甲国脚的身份入选福拉多执教的国家队。

热情、务实、刻苦、执着，是李帅镌刻在绿茵场上的最好标识，是他不断超越自我的法宝，这也让他赢得了巨大认可。2020年4月，李帅以特殊人才身份落户上海，在更大的舞台上继续发挥着自己的才华。

动
西门子移动

◎史汉军

1995年，12岁的史汉军披上小海牛战袍，代表青岛海牛三线队征战全国小甲A青少年比赛并夺冠，正式开启足球生涯；1998年，史汉军升至青岛海牛二线队，夺得当年全国U17青年联赛的冠军，1999年代表青岛队获得第四届城运会冠军，同年跟随青岛海牛二线队获得全国U18青年联赛冠军；2000赛季，史汉军的名字出现在青岛颐中海牛甲A联赛的阵容中，开始了自己长达9个赛季的顶级联赛征战史；2002年，在队中一直扮演超级替补的史汉军受到李章洙的赏识，出场机会逐渐增多，和队友一起为青岛捧得足协杯桂冠；2003赛季和2004赛季，史汉军因为连续受伤，又从主力位置退居到替补席。2005年，在中能对阵辽足的比赛中，史汉军打进了制胜球，回报了主教练殷铁生对他的信任，这个进球也是他个人在顶级联赛中打进的第一个球。2006年5月21日，史汉军再次迎来了职业生涯的高光时刻，在中超联赛第14轮中能主场3:2力克天津泰达的比赛中，他在最后一分钟奉上一记绝杀。2008赛季，史汉军一度是主帅郭侃峰排兵布阵中不可或缺的棋子，联赛中后期因为阑尾炎手术，直至赛季结束他也没有再出场亮相。2009年年初，史汉军正式挂靴。

史汉军的国字号经历虽然不长但也不乏亮点，1997年他代表国少队夺得亚洲U16比赛季军，1999年代表国青队获得亚洲U18小组比赛第一名。

退役后，史汉军参加了2016年的“青超”联赛，2018年加盟青岛红狮参加了当年中冠联赛，并冲乙成功，2019赛季重返职业赛场以主力身份代表红狮征战中乙，打进3球；2020赛季，史汉军兼任红狮教练，在中乙舞台上继续编织自己的职业梦。与此同时，史汉军将很多精力放在了“从娃娃抓起”上，他协助恩师汤乐普深入小学开展校园足球活动，2018年1月他带领青岛未来之星足球俱乐部夺得全国少年锦标赛U9组冠军，当年5月带领麦岛小学获得青岛市“市长杯”小学乙组五人制足球赛冠军。

史汉军在球员生涯中历经多位主帅，他是殷铁生时代铁打不动的三队长之一。无论是洋帅奥斯托杰奇、李章洙，还是土帅汤乐普、殷铁生、郭侃峰，都对他的人品和球品褒扬有加。

青岛钢铁

青岛钢铁

◎刘健

1997年冬，年仅13岁的刘健被青岛海牛青年队主教练汤乐普从淄博挖到青岛，开始接受更为专业的训练；来到青岛之后他师从张陆平、刘乐阳和左文清，技术水平不断提升；2002年年底，主帅李章洙将他提拔到一线队。

2004赛季，海牛最后一个主场对阵四川，他下半场替补出场打入自己职业生涯的首个联赛进球。2005赛季，殷铁生入主青岛中能后，力主球队本土化和年轻化，刘健自此成为队中主力。随后刘健一直为青岛足球效力，直至2013年中能中超降级才萌生去意。在青岛效力期间，他共计出场中超245场进38球。

2014赛季伊始，刘健加盟广州恒大，4月19日中超第七轮恒大主场迎战上海绿地申花他首次代表恒大亮相，2015年年底与恒大续约两年；2017年年底，刘健转会中超升班马北京人和。

2005年底刘健首次进入国家队，时任主教练朱广沪看好的是他在中场能够独当一面。2007年10月21日，世界杯预选赛资格赛中国对阵缅甸的第一回合比赛，刘健迎来国家队首秀，替补出场的他打进一球回报了主教练福拉多的信任；第二回合，刘健助攻一球还创造一粒点球，表现抢眼。此后，刘健成为国家队的常客，总共为国家队出场36场打进4球。

作为一名非青岛本土球员，刘健在青岛足坛成长，也为青岛足球贡献了最好的年华，中能时期他与姜宁、曲波组成的前场“三叉戟”所向披靡，打出了青岛足球的英风豪气。

◎姜宁

姜宁的成长经历，最能体现青岛足球的传承感。11岁时，他被汤乐普相中，进入了青岛颐中海牛俱乐部的梯队。

在颐中海牛梯队，姜宁先后师从刘乐阳、张全利、左文清等名帅，技战术素养不断提升，并在2004年中超元年就完成职业生涯首秀，当时他还未满18岁。有趣的是，那时执掌颐中海牛帅印的正是几年前一手挖掘姜宁的汤乐普。

2005赛季，姜宁一个赛季为中能打进6球；2006赛季，在中能对阵重庆力帆的比赛中姜宁上演了青岛足球12年来第一个帽子戏法，同时他以"弱冠之年"刷新了中国联赛帽子戏法最年轻队员的纪录；2007赛季，他在主场迎战深圳的比赛中长途奔袭60米打入精彩绝伦的一粒进球；2009赛季，他将个人联赛单赛季进球数提高到9球。

2010年年底，姜宁加盟广州恒大，随队加冕2011赛季中超冠军和2012赛季中超和足协杯"双冠王"；2013年年初，他转会恒大同城对手广州富力，2015年年底他加盟河北华夏幸福，2020年上半年重返青岛，助阵中能全力冲甲。

2016年，姜宁在国家队4∶0大胜马尔代夫的比赛中上演了帽子戏法。

如果用一个词来浓缩姜宁在绿茵场上的风采与成就，"帽子戏法"是最为恰当的。姜宁的技术、速度、意识堪称全面，他在足球场上的灵气，充分展现着青岛足球的赏心悦目和才华横溢。

历史和它真诚的作者

中国体育报　周继明

什么是历史？

——历史即过去发生的事。

不，不是所有发生的事都能成为历史。历史不是日记和流水账，历史只是“大事记”，只有那些经得住岁月考验、让人无法忘记、多年后还会让人想起的事件和人物，才能成为历史。

最早听说“秦宁”这个名字大约是在20年前，那是中国足球一个承前启后、剧烈变革的特殊年代——专业足球黯然离场，职业足球初登历史舞台，前所未有的自由转会、外援、洋帅，以及第一拨土生土长、充满活力、横冲直撞的“足球经理人”被历史潮流“冲上了”历史舞台。

这拨“前无来者”的总经理有几个人是原属足球圈的，或者是球星出身，八一队的前国门李富胜，大连万达的前国脚林乐丰，北京国安的杨祖武；有几个是记者（四川全兴的许勇）、秘书（天津泰达的孟群）、大企业中层管理人员（山东泰山的邵克难），他们给足球圈

李章洙是秦宁合作的最后一位主教练，更衣室内的气氛令人难忘。

带来了不一样的视野；还有那几年以事件而出名的，比如沈阳的章健、上海的郁知非。青岛海牛的秦宁被人记住的特征是：学历最高、法学硕士。

历史经常是这样，它貌似只记住了那些“能折腾”者。

据说演过话剧的章健像极了“真演员”，举手投足全是“戏”；郁知非因率先为申花队引进大牌外援、洋帅，被誉为开创了“中国足球的洋务运动”；低调、朴实的邵克难，因山东泰山连夺甲A、足协杯“双冠王”而出尽风头于一时……2002年，一直在甲A中下游徘徊的青岛海牛曾逆转辽宁、夺得足协杯冠军——青岛历史上第一个全国冠军，但站在聚光灯下的是韩国教练李章洙，进球功臣曲波、比坎尼奇，总经理秦宁还是一如既往，低调到只留下个名字。

2013年，主持完这个新春晚会，从此足球成为秦宁生命中的一道深刻印记。

直到2020年末看到秦宁这本书，我一个写足球几十年（2004年前以国际足球为主）的码字工作者，才第一次清晰地看到这位总经理的照片，才把记忆中他的名字、他的形象、他的经历，以及文字背后他的内心世界统一了起来，才真正“认识”了他。

当大浪退去，海面恢复平静；当喧嚣过去，剩下的只有抹不掉的回忆。从30岁开始，长达5年的一段“金戈铁马”般峥嵘岁月，随着回忆一直在内心深处沉淀，那些从不曾忘记的就积淀成了历史。

秦宁个人的回忆显然能在相当一部分甲A时代的球迷中找到响应与共鸣。很多人当年都见证过“追风少年”曲波18岁即在甲A赛场上劈波斩浪、驰骋天下；亚青赛一骑绝尘、世青赛身手不凡；19岁被米卢招入国家队出征2002年世界杯的“青春三部曲”。但很少有人知道青岛颐中海牛的总经理秦宁在曲波15岁时，把他从条件非常简陋的火车头俱乐部“挖”来，一路细心呵护成长、成才的过程。其中，秦宁以相对低的价格、更大的诚意和信得过的承诺，捷足先登拿下曲波的细节，堪称中国足球转会谈判中的典范。

如今中超赛场上，U23都成了“新人”，哪里还有18岁“追风少年”的身影和生存环境？

这本书还是了解韩国教头李章洙的最好途径，因为秦宁后来成了李章洙在中国“最好的哥们儿”。都说中国人里北京人好面子，你知道李章洙多好面子吗？凡是在青岛的韩国人去看海牛队比赛，李章洙一律自己买票“请客”，还好吃好喝好招待。李章洙在青岛几年，后来竟成了在青岛韩国人的“带头大哥”。如果有人再碰到李章洙，和他说“干就是了（有点像just do it）”，他一定会很高兴，因为这是他在海牛队更衣室里战前动员最喜欢、最有鼓动性的一句话。

秦宁把李章洙从重庆（李章洙带队夺得了足协杯）“挖”来的过程与“挖”曲波极为相似，也是以山东人特有的真诚、实诚、事后都兑现了的承诺，以及更低的价格“得手”。而李章洙率海牛足协杯夺冠，再被雄心勃勃、号称将“称霸亚洲”的恒大重金聘走，也算中国足球这么多年无数来去匆匆洋帅中为数不多的“圆满结局”。

听说秦宁写书，我第一反应是和秦宁同时代那些足球经理人的故事。但书中几乎没横向提及这方面的故事，不仅如此，秦宁的笔触还远离了秘闻、内幕、争议，涉及那么多人和事，秦宁几乎全是正面的评价。唯一一件“矛盾冲突”是他与某足协中层因态度在电话里大声吵了几句。这显然是一本主要写给青岛足球、青岛球迷的书，它甚至是一部青岛足球浓缩的历史，几乎提及了所有的青岛足球人，他们共同构建了青岛“足球之城”的底色，也在时代的大潮中起伏着、思考着、前行着。结果也许并不如期待那般美妙，但付出是长期的、真诚的。

历史并非只记住了那些能“折腾的”人，它也会记住那些真诚的、一诺千金的、低调的人。所以，这是值得郑重写下的中国职业足球片段，值得细细翻阅的青岛足球篇章。

图书在版编目（C I P）数据

海牛 / 秦宁著 . — 青岛 : 青岛出版社 , 2020.12
ISBN 978-7-5552-6003-5

Ⅰ . ①海… Ⅱ . ①秦… Ⅲ . ①足球运动 – 俱乐部 – 介绍 – 青岛 Ⅳ . ① G843.62

中国版本图书馆 CIP 数据核字 (2020) 第 268691 号

书　　名　海牛——我与青岛足球的黄金岁月
著　　者　秦　宁
出版发行　青岛出版社
社　　址　青岛市海尔路 182 号（266061）
本社网址　http://www.qdpub.com
全案策划　丛　云
责任编辑　陈　宁
装帧设计　祝玉华
照　　排　光合时代 · 赵庆扬
印　　刷　青岛乐喜力科技发展有限公司
出版日期　2021 年 4 月第 1 版　2021 年 4 月第 1 次印刷
开　　本　16 开（890 mm × 1024 mm）
印　　张　19.5
字　　数　300 千
书　　号　ISBN 978-7-5552-6003-5
定　　价　97.00 元

编校质量、盗版监督服务电话：4006532017　0532-68068050